中等职业教育会计专业系列教材

Shuifei Jisuan
Yu Jiaona

税费计算与缴纳

（第三版）

于家臻　王兆立　主编

东北财经大学出版社
Dongbei University of Finance & Economics Press

大连

图书在版编目（CIP）数据

税费计算与缴纳 / 于家臻，王兆立主编. —3版. —大连：东北财经大学
出版社，2020.6（2022.6重印）
（中等职业教育会计专业系列教材）
ISBN 978-7-5654-3850-9

Ⅰ．税…　Ⅱ．①于…②王…　Ⅲ．①税费–计算–中等专业学校–教
材 ②纳税–税收管理–中国–中等专业学校–教材　Ⅳ．F812.423

中国版本图书馆CIP数据核字（2020）第069896号

东北财经大学出版社出版
（大连市黑石礁尖山街217号　邮政编码　116025）
网　　址：http://www.dufep.cn
读者信箱：dufep@dufe.edu.cn
大连日升彩色印刷有限公司印刷　东北财经大学出版社发行
幅面尺寸：185mm×260mm　字数：373千字　印张：16.5　插页：1
2020年6月第3版　　　　　　　　　2022年6月第3次印刷
责任编辑：周　欢　徐　群　　　　　责任校对：田　杰
封面设计：冀贵收　　　　　　　　　版式设计：钟福建
定价：38.00元

《国家职业教育改革实施方案》指出，职业教育与普通教育是两种不同的教育类型，具有同等重要地位。《教育部关于职业院校专业人才培养方案制订与实施工作的指导意见》（教职成〔2019〕13号）提出，深化教师、教材、教法改革，健全教材选用制度，选用体现新技术、新工艺、新规范等的高质量教材，引入典型生产案例。可以看出，加强职业教育教材建设，是推动课堂教学革命、提升课堂教学质量的重要保障。

本教材的第一版、第二版自出版发行以来，得到了全国职业院校广大师生的好评，收到了很多宝贵意见和建议。为了紧跟我国税制改革的步伐，突出职业教育的类型特点，方便教师教学和学生自学使用，编者对本教材进行了修订，本次为第二次修订后的第三版教材。

本次修订体现了近两年国家颁布的最新财税政策，扩写和修订了增值税等其他项目的有关内容；为了更好地体现配套习题的有效性，使任务教学更加直观，将"拓展提升"模块以二维码的形式嵌入教材中，通过扫描二维码可以获取相关的多媒体学习资源，实现了学习资源线上线下的有机结合。

修订后的教材具有以下突出特点：

1.体现新时代职教改革精神，落实立德树人根本任务。本教材突出职业教育类型特点，贯彻"三教"改革精神，体现"以能力为本位"的职业教育理念，突出了"做中学，做中教"的职业教育特色。为学生有针对性地确立新常态下的素质、知识和能力目标，将理论知识和实训内容进行了有机的结合，在完成税收理论教学的同时，通过大量的例题、案例分析和实训，培养学生从事涉税业务的实践操作能力，使本教材更加具有实用性。

2.突破传统教材编写模式，构建财税一体的新型教材。本教材以企业实际工作任务为目标，以实际工作流程为导向，重新整合了与税务会计岗位有关的税收法律法规、税费计算与税费缴纳的知识点，尤其是"纳税申报表"的填写。同时，根据企业工作情景精心设计了情景案例，引导学生按照企业实际工作流程，全面学习如何解决我国当前税收实际问题，体现了税务会计工作的整体性。

　　3.采用项目-任务式教学设计，使教学内容更加科学合理。每个项目均由几个任务来实现，各个任务又设置了"任务描述""案例导入""知识准备""任务实施""实践活动"等模块，各个项目结束后设有"项目小结"。同时，在正文中根据教学需要随机设置了"想一想""小提示""知识链接"等小栏目，将教材立体化地展现在学生面前，实现了理论与实践的有机结合，从而达到了本教材"立足理论，突出实践，学以致用"的目的。

　　4.国家在疫情期间出台的针对部分企业的暂时性优惠政策，本教材不再介绍。

　　5.为了方便教师教学和学生自学使用，本教材还配套编有《税费计算与缴纳导学与习题》（第三版）一书。

　　本教材由正高级讲师于家臻、王兆立担任主编，宋兰庆、于传龙担任副主编。参与本教材编写工作的人员还有何欣、刘春胜、高志艳、王爱民、陈爱新、尤晓婷、管艳梅等老师。全书由王兆立负责统稿，于家臻总纂并定稿。

　　此外，在本教材的编写过程中参考了部分同类教材和相关网站的资料，在此向有关作者一并表示感谢！由于编写人员水平有限，加之编写时间仓促，书中疏漏、不足之处在所难免，敬请各位专家、同仁和广大读者批评指正。

编　者

2020年6月

目录

项目一 税收基本知识

任务1.1 认识税收

■■■■ 任务描述

学习税收的首要任务是认识税收。本任务中学生通过学习税收的概念、特征、税制构成要素以及税收的分类，初步了解税收的基本知识，为后面学习各税种的计算与缴纳奠定理论基础。

【案例导入】

诚信代理记账公司因工作需要招聘办税员，公司负责人李霞到某职业学校会计专业进行面试。为了考查应聘的同学们对税收基本知识的掌握情况，李霞出了如下面试题目：

（1）税收的三个基本要素是什么？

（2）免征额和起征点有什么区别和联系？

■■■■ 知识准备

一、税收的概念

美国著名政治家、科学家本杰明·富兰克林有一句名言："人的一生有两件事是不可避免的，一是死亡，二是纳税。"由此可以看出，税收在社会生活中的重要性。那么，什么是税收呢？税收是国家为了实现其职能，凭借政治权力，按照法律规定，强制、无偿地取得财政收入的一种特定分配形式。税收的概念包含以下几个方面的意思：

（1）税收是一种分配形式。征税的过程就是国家把一部分国民收入和社会产品，以税收的形式转变为国家所有的分配过程。

（2）税收是以国家为主体，凭借政治权力进行的分配。税收是一种特殊的分配形式，凭借的是国家的政治权力，国家征税不受所有权的限制，对不同所有者普遍适用。

（3）税收的目的是满足社会公共需要。国家在履行其职能的过程中必须要有相应的人力和物力消耗，由此形成一定的公共支出，这种公共支出一般不可能自愿付出，而只能采取强制征收的方式进行。国家征税的目的是满足提供社会公共产品的需要，以及弥补市场失灵、促进公平分配的需要。同时，国家征税受到所提供的公共产品规模和质量的制约。

【想一想】

我们的日常生活中哪些是与税收有关系的？

二、税收的特征

作为筹集财政收入的工具，税收具有3大基本特征：强制性、无偿性和固定性。

（1）强制性，是指国家以社会管理者的身份，用法律、法规等形式对税收制度加以规定，并依照规定强制征收。如果纳税人不依法纳税，就要受到法律的制裁。

（2）无偿性，是指国家征税后，税款成为财政收入，不再归还给纳税人，也不支付任何报酬。应该注意的是，对具体纳税人而言，税收是无偿的；而对纳税人整体而言，税收又是有偿的。政府将所征收的税款用于提供公共产品，如通过修路、修桥、建立社会保障体系等方式为纳税人提供相应的服务，体现了税收"取之于民，用之于民"的宗旨。

（3）固定性，是指国家通过法律形式，预先规定了征税对象、纳税人和征税标准等纳税行为规则，征纳双方都必须遵守，不能随意改变。一方面，纳税人只要有应税行为，就应当承担纳税义务，按照法定标准缴纳税款；另一方面，国家对纳税人征税也只能按照预定的标准进行，不能随意变更征收标准。

税收的"三性"特征是一个完整的统一体，相辅相成、缺一不可。其中，税收的无偿性是核心，强制性是保证，固定性是上述二者的必然结果。

三、税收制度构成要素

税收制度构成要素，也称税法构成要素，是指组成税收法律制度的共同要素，简称税制构成要素，一般包括总则、纳税义务人、课税对象、税率、纳税环节、纳税期限、纳税地点、减免税、罚则等。其中，纳税义务人、课税对象、税率是税制的基本构成要素。

(一) 纳税义务人

纳税义务人，简称纳税人，是指税法规定的直接负有纳税义务的单位和个人，是纳税主体。税法规定了纳税人，就解决了对谁征税的问题。纳税义务人包括自然人和法人。在税收理论与实践中，与纳税人相关的概念有负税人和代扣代缴义务人。

1.负税人

负税人就是实际负担税款的单位和个人。负税人与纳税人有些情况是一致的，有些情况是不一致的。如果税收负担（如企业所得税、个人所得税）不能转嫁，其负税人与纳税人就是一致的；如果税收负担（如增值税）能转嫁，其纳税人主要是生产厂商、批发商和零售商，这些纳税人在缴纳增值税之后，通过提高产品售价的方式将税收负担转嫁给了消费者，这种情况下负税人与纳税人则是不一致的。

【小提示】

纳税人与负税人有时候一致，有时候不一致。

2.代扣代缴义务人

代扣代缴义务人，也称扣缴义务人，即有义务从持有的纳税人收入中扣除应纳税款并代为缴纳的企业、单位或个人。比如，《中华人民共和国个人所得税法》规定，个人所得税以收入的取得人为纳税人，以支付其收入的单位和个人为扣缴义务人。

(二) 课税对象

课税对象，又称征税对象，是征税客体，是税法中规定征税的目的物。税法规定课税对象，就解决了对什么征税的问题。课税对象是税法最基本的要素，因为它体现了征税的最基本界限，决定了某一种税的基本征税范围。同时，课税对象决定了各个不同税种的名称，课税对象是一种税区别于另一种税的根本标志。

【小提示】

消费税、房产税、个人所得税等税种因课税对象不同，税目也就不同。

与课税对象相关的概念有计税依据和税目。

1.计税依据

计税依据，又称税基，是指税法中规定的计算应纳税额的依据和标准，是对课税对象的量的规定。

课税对象与计税依据有着密切的关系：课税对象是征税的目的物，计税依据则是在目的物已经确定的前提下，对目的物据以计算应纳税额的标准。前者是从质的方面对征税进行规定，即对什么征税；后者是从量的方面对征税进行规定，即如何计量。有些税的课税对象和计税依据是一致的，如所得税中的应税所得额，既是课税对象，又是计税依据；有些税的课税对象和计税依据是不一致的，如房产税的课税对象是房产，它的计税依据则是房产的计税价值或租金收入。

2.税目

税目是对各个税种规定的具体征税项目，反映具体的征税范围，是对课税对象质的界定。设置税目的目的是明确具体的征税范围，凡列入税目的即为应税项目，未列入税目的，则不属于应税项目。比如，烟、酒、高档化妆品等15种消费品是消费税的税目，这就是消费税的征税范围，而像税目之外的电视机、电冰箱等属于非应税消费品，就不属于消费税的应税项目。

（三）税率

税率是应纳税额与课税对象之间的数量关系或比例，是计算税额的尺度，也是衡量税收负担轻重与否的重要标志。我国现行税率主要有比例税率、累进税率和定额税率3种基本形式。

1.比例税率

比例税率是对同一课税对象，不论数额大小，都按同一比例征税。例如，增值税的基本税率是13%、企业所得税的税率是25%等，都属于比例税率。比例税率是最常见的税率之一，具有横向公平性，其主要优点是计算简便，便于征收和缴纳。

2.累进税率

累进税率，是指按课税对象数额的大小规定不同的等级，数额越大，等级越高，不同等级适用由低到高不同的税率。我国现行税收体系采用的是超额累进税率和超率累进税率。

（1）超额累进税率，即把课税对象按数额大小分成若干等级，每一个等级适用一级税率，课税对象的数额在哪一级次则按哪一级次的税率计算，仅就超过的部分按高一级的税率计算征收，然后将计算出的每级税额相加，得出的就是应纳税额。目前采用这种税率的是个人所得税。表1-1是个人所得税税率表。

表1-1　　　　　　　　　　　个人所得税税率表
（综合所得适用）

级数	全年应纳税所得额	税率（％）	速算扣除数（元）
1	不超过36 000元的	3	0
2	超过36 000元至144 000元的部分	10	2 520
3	超过144 000元至300 000元的部分	20	16 920
4	超过300 000元至420 000元的部分	25	31 920
5	超过420 000元至660 000元的部分	30	52 920
6	超过660 000元至960 000元的部分	35	85 920
7	超过960 000元的部分	45	181 920

（2）超率累进税率，即以课税对象的相对率划分若干级距，分别规定相应的差别税率，相对率每超过一个级距的，对超过部分就按高一级的税率计算征税。目前采用这种税率的是土地增值税，土地增值税税率表，见表1-2。

表1-2 土地增值税税率表

级数	增值额占扣除项目金额的比例	税率（%）	速算扣除系数（%）
1	未超过扣除项目金额50%的	30	0
2	超过扣除项目金额50%但不超过扣除项目金额100%的部分	40	5
3	超过扣除项目金额100%但不超过扣除项目金额200%的部分	50	15
4	超过扣除项目金额200%的部分	60	35

3.定额税率

定额税率，又称固定税率，是对单位课税对象规定固定的税额，是税率的一种特殊形式，一般适用于从量计征的税种。例如，城镇土地使用税、车船税采用的就是定额税率。

（四）纳税环节

纳税环节，是指税法规定的课税对象在从生产到消费的整个流转过程中应当缴纳税款的环节，如流转税在生产和流通环节纳税、所得税在分配环节纳税等。

（五）纳税期限

纳税期限，是指税法规定的纳税人向税务机关缴纳税款的具体时间。我国现行税制的纳税期限一般有以下3种形式：

1.按期征收

依据纳税义务的发生时间，确定纳税间隔期，实行按期纳税。按期纳税间隔期分为1天、3天、5天、10天、15天、1个月和1个季度。纳税人的具体纳税间隔期由其主管税务机关按规定核定。

2.按次纳税

不能按照固定期限纳税的，可根据纳税行为的发生次数确定纳税期限。例如，车辆购置税，个人所得税中的利息、股息、红利所得和偶然所得等都采用按次纳税的办法。

3.按年计征，分期预缴

按规定的期限预缴税款，年度结束后汇算清缴，多退少补。分期预缴一般是按月或按季预缴。企业所得税采用的是这种方法。

（六）纳税地点

纳税地点，是指纳税人申报纳税的地点。我国现行税制规定的纳税地点一般为机构所在地、劳务提供地、报关地等。

（七）减免税

减税是对应纳税额减征一部分税款，免税是对应纳税额全部免征。减免税是对某些纳税人和课税对象给予鼓励和照顾的一种措施，制定这种特殊规定，一方面是为了鼓励和支持某些行业和项目的发展，另一方面是为了照顾纳税人的特殊困难。减免税有3种形式：

1.税基式减免

税基式减免是通过缩小计税依据方式来实现税收减免，具体应用形式有起征点、免征额等。

起征点，是指开始计征税款的界限。课税对象数额没达到起征点的不征税，达到起征点的就按全部数额征税。

免征额，是指在课税对象全部数额中免予征税的数额，也称费用扣除标准。它是按照一定标准从课税对象的全部数额中预先扣除的数额，免征额部分不征税，只对超过免征额部分征税。

例如，李四的月工资为5 001元，如按起征点5 000元征税，就要以全部的5 001元为基数征税；如果按免征额5 000元征税，就只对超出的1元钱征税。

2.税率式减免

税率式减免是通过降低税率的方式来实现税收的减免。

3.税额式减免

税额式减免是通过直接减免税收的方式来实现税收减免，具体包括全额免征、减半征收、核定减征率征收和另定减征额等。

【想一想】

个人所得税中工资、薪金所得，以每月收入额减除费用5 000元及其他扣除项目金额后的余额为应纳税所得额，这里的5 000元是免征额还是起征点？

（八）罚则

违章处理，是指对纳税人违反税法的行为所采取的处罚措施，它对于维护国家税法的强制性和严肃性具有重要意义。

【案例导入分析】

多数同学都能够顺利地回答问题。李艳同学回答得最好，如下：

（1）纳税义务人、课税对象和税率是税收制度构成的基本要素。纳税义务人是纳税主体，课税对象是征税客体，税率是税制的中心环节。

（2）免征额和起征点既有区别，又有联系。

①区别：当课税对象的额度大于起征点和免征额时，采用起征点制度的要对课税对象的全部数额征税；采用免征额制度的仅对课税对象超过免征额部分征税。

二者的侧重点不同，前者照顾的是低收入者，后者则是对所有纳税人的照顾。

②联系：二者均属于减免税范围，一般都是针对个人。当课税对象的额度小于起征点和免征额时，二者都不予以征税。

四、税收分类

我国的税收体系中，税种繁多，为了正确理解和认识税收，掌握各个税种之间的内在规律，就需要按照一定的标准对不同税种进行归类。税收的分类标准和方法很多，我国对税收的分类主要有以下几种方法：

(一) 以课税对象为标准分类

按课税对象的不同进行分类是最常见的一种分类方法。以课税对象为标准可以将我国税种划分为流转税类、所得税类、财产税类、资源税类和行为税类5大类。

1.流转税类

流转税类是以商品或劳务买卖的流转额为课税对象的税种。我国现行税收体系中属于流转税类的有增值税、消费税和关税，城市维护建设税和教育费附加属于流转税类的附加税。

2.所得税类

所得税类是以纳税人的所得额为课税对象的税种。我国现行税收体系中属于所得税类的有企业所得税、个人所得税，其特点是可以调节纳税人之间的收入，发挥其公平税负和调整分配关系的作用。

3.财产税类

财产税类是以纳税人拥有或支配的财产为课税对象的税种。我国现行税收体系中属于财产税类的有房产税、车船税、契税等。

4.资源税类

资源税类是对纳税人因开发和利用自然资源获取的收入为课税对象的税种。我国现行税收体系中属于资源税类的有资源税、城镇土地使用税、土地增值税和耕地占用税等。

5.行为税类

行为税类是以纳税人所发生的某种特定行为为课税对象的税种。我国现行税收体系中属于行为税类的有印花税、车辆购置税等。

(二) 以税收收入的归属权为标准分类

1.中央税

中央税，是指税收收入归中央一级政府所有的税种，主要有消费税、车辆购置税、证券交易印花税、关税和进口环节的增值税和消费税。

2.地方税

地方税，是指税收收入归地方各级政府所有的税种，如城镇土地使用税、耕地占用税、房产税、土地增值税、契税等。

3.中央和地方共享税

中央和地方共享税，是指税收收入由中央和地方按一定的比例分成的税种。具体来说，中央和地方共享税包括以下税种：①增值税（不含进口环节由海关代征的部分），中央分享50%，地方分享50%；②企业所得税，中国铁路总公司（原铁道部）、各银行总行及海洋石油企业缴纳的部分归中央，其余部分中央分享60%，地方分享40%；③个人所得税，除储蓄存款利息所得的个人所得税外，其余部分中央分享60%，地方分享40%；④资源税，按不同的资源品种划分，部分资源税作为地方收入，海洋石油资源税作为中央收入。

（三）以计税依据为标准分类

1.从价税

从价税是以课税对象的价值或价格为计税依据的税种，一般采用比例税率，如增值税、个人所得税等。

2.从量税

从量税是以课税对象的数量、重量、容量、面积和体积等为计税依据的税种，一般采用定额税率，如耕地占用税、城镇土地使用税等。

3.复合税

复合税是对课税对象采取从价和从量相结合的复合计税的方法征收的税种，如对卷烟、白酒征收的消费税等。

（四）以税收与价格的关系为标准分类

1.价内税

价内税是将税金作为价格组成部分、必须按含税价计税的税种，如消费税。

2.价外税

价外税是税金不属于价格的组成部分的税种，如增值税。

（五）按税负是否转嫁为标准分类

1.直接税

直接税，是指由纳税人直接负担，不易转嫁的税种，如所得税、财产税等。

2.间接税

间接税，是指纳税人能将税负转嫁他人的税种，如增值税、消费税、关税等。

■■ ■■ ■ **任务实施**

实践活动1

【活动目标】

通过练习，进一步熟悉税收的基本知识。

【活动要求】

下列选择题中有四个选项，请根据税收的基本知识，选择出一个或多个正确选项。

【活动实施】

1.税收的特征包括（　　）。

A.强制性　　　　　　B.有偿性　　　　　　C.无偿性　　　　　　D.固定性

2.下列关于课税对象和计税依据关系的叙述，正确的是（　　）。

A.所得税的课税对象和计税依据是一致的

B.计税依据是课税对象的量的表现

C.计税依据是从质的方面对课税作出的规定，课税对象是从量的方面对课税作出的规定

D.我国房产税的课税对象和计税依据是不一致的

3.关于税率，下列说法错误的有（　　）。

A.我国个人所得税中的"工资、薪金所得"项目采用的是超额累进税率

B.目前我国还没有采用超率累进税率

C.车船税属于比例税率

D.税率是应纳税额与课税对象之间的数量关系或比例，也是衡量税收负担轻重与否的重要标志

4.下列关于税收分类的说法中正确的有（　　）。

A.流转税类中有增值税、消费税和印花税

B.土地增值税属于资源税类

C.对卷烟、白酒征收的消费税属于复合税

D.房产税属于财产税类

【活动指导】

1.本题考查的是税收的特征。税收具有强制性、无偿性和固定性的特点。答案为ACD。

2.本题考查的是税制构成要素中课税对象和计税依据的关系。计税依据是从量的方面对课税作出的规定，课税对象是从质的方面对课税作出的规定。答案为ABD。

3.本题考查的是税制构成要素中的税率。目前我国土地增值税采用超率累进税率。车船税属于定额税率。答案为BC。

4.本题考查的是税收分类。流转税类中有增值税、消费税和关税。答案为BCD。

实践活动2

【活动目标】

通过社会实践，初步认识税收。

【活动要求】

以小组为单位，通过走访税务机关、企业，以及上网查找有关资料，进一步了解和认识税收的相关知识，并制作PPT，写出调查报告，以小组为单位进行交流。

【活动实施】

1.以小组为单位，走访税务机关、企业，并上网查找有关资料，了解税收在世界范围及在我国的发展过程、税收的特点、税制构成要素等基本知识。

2.整理搜集的材料，以小组为单位制作PPT，写出调查报告，在班级内进行交流。

【活动指导】

1.建议尽可能多地选择税务机关及有代表性的企业作为调查对象。

2.在调查时可以先列出调查提纲，有针对性地进行调查。

3.在调查时可以采用录音、录像、拍照、问卷等方式，尽可能全面地进行调查。

4.整理材料，并进行数据分析，在此基础上，作出调查结果：PPT和调查报告，并交流。

拓展提升：我国的税收发展历史

任务1.2　税务登记

■■■ 任务描述

通过本任务的学习，学生应掌握纳税人办理设立、变更、停业复业和注销税务登记的基本知识，熟悉"五证合一、一照一码"登记制度的基本内容及办证流程。

【案例导入】

诚信代理记账公司招聘办税员的工作于2019年10月5日进入最紧张的最后实战考核阶段。李霞要求应聘的同学为新设立的公司办理营业执照"五证合一"换证，同学们摩拳擦掌、跃跃欲试，都想在实战中一展身手。那么办理换照时应准备哪些资料呢？

■■■ 知识准备

一、税务登记的概念

税务登记是税务机关对纳税人的生产、经营活动进行登记并据此对纳税人实施税务管理的一种法律制度。它主要包括设立（开业）税务登记、变更税务登记、停业复业税务登记和注销税务登记等。税务登记是整个税收征收管理的起点，由此纳税人的身份及征纳双方的法律关系得到了确认。

二、税务登记的内容

我国现行税务登记制度主要包括设立（开业）税务登记、变更税务登记、停业复业税务登记和注销税务登记等。

1.设立（开业）税务登记

设立（开业）税务登记，又称注册登记，是指新开业户在正式生产经营之前，在办理工商登记领取营业执照后，依法就有关纳税事项，向生产经营所在地税务机关办理登记的法定手续，是整个税收征管的首要环节，办理开业税务登记是纳税人必须履行的法定义务。

2.变更税务登记

变更税务登记，是指纳税人在办理设立（开业）税务登记后，因需要对原登记内容进行更改，而向原税务机关申报办理的税务登记。

【知识链接】

变更税务登记的范围：

（1）改变名称。（2）改变法人代表。（3）改变经济性质或类型。（4）改变住所或经营地点。（5）改变生产经营范围或经营方式。（6）增减注册资本。（7）改变隶属关系。（8）改变生产经营期限。（9）改变开户银行和账号。（10）改变生产经营权属及其他税务登记内容。

3.停业复业税务登记

（1）停业税务登记。实行定期定额征收方式的纳税人，在营业执照核准的经营期限内需要停业的，应当向税务机关提出停业登记，说明停业的理由、时间，停业前的纳税情况和发票的领、用、存情况，并如实填写申请停业登记表。税务机关经过审核，应当责成申请停业的纳税人结清税款并收回税务登记证件正、副本，发票领购簿和发票，办理停业登记。

（2）复业税务登记。已办理停业登记的纳税人应当于恢复生产、经营前，向税务机关提出复业申请，经确认后，办理复业税务登记，领回或启用税务登记证件正、副本，发票领购簿和领购的发票，纳入正常管理。若纳税人停业期满不能及时恢复生产、经营的，应当在停业期满前向税务机关提出延长停业登记。纳税人停业期满未按期复业又不申请延长停业的，税务机关应当视为已恢复营业，实施正常的税收征收管理。

4.注销税务登记

注销税务登记，是指纳税人在办理税务登记后，因发生特定情形，需要在所登记的税务机关终止纳税，而注销其登记的行为。

【知识链接】

注销税务登记的范围：

（1）纳税人因发生解散、破产、撤销及其他情形，依法终止纳税义务的。

（2）纳税人因住所、经营地点变动而涉及改变税务登记机关的。

（3）纳税人被市场监督管理局吊销营业执照的。

（4）境外企业在中国境内承包建筑、安装、装配、勘探工程和提供劳务的，其在建项目完工、离开中国的。

（5）纳税人依法终止履行纳税义务的其他行为。

三、"五证合一、一照一码"登记制度的基本内容及办证流程

（一）"五证合一、一照一码"登记制度的基本内容

为深化商事制度改革、优化营商环境、推动大众创业万众创新。2016年6月30日，国务院办公厅印发《关于加快推进"五证合一、一照一码"登记制度改革的通知》，指出在前期全面实施工商营业执照、组织机构代码证、税务登记证"三证合一"登记制度改革的基础上，再整合社会保险登记证和统计登记证，实现"五证合一、一照一码"登记制度。

【小提示】

我国自2013年开始实施商事制度改革；自2015年10月1日起，"三证合一、一照一码"在全国施行；自2016年10月1日起，"五证合一、一照一码"全面推开。

该项改革自2016年10月1日起实施。"五证合一、一照一码"登记制度改革实施后设立过渡期，至2017年12月31日止。在过渡期内未换发的证照可继续使用，过渡期结

束后一律使用加载统一社会信用代码的营业执照办理相关业务，未换发的营业执照不再有效。

1. "五证合一、一照一码"登记制度的概念

"五证合一、一照一码"登记制度，是指将企业登记时依次申请，分别由市场监管部门核发工商营业执照、质监部门核发组织机构代码证、税务部门核发税务登记证、人力社保部门核发社会保险登记证、统计部门核发统计登记证，改为一次申请、由市场监管部门核发一个加载法人和其他组织统一社会信用代码的营业执照，即"一照一码"登记模式。

【知识链接】

统一社会信用代码，是指对法人和其他组织建立覆盖全面、稳定且唯一的统一社会信用代码，该代码设计为18位，一个主体只能拥有一个统一代码，一个统一代码只能赋予一个主体。主体注销后，该代码将被留存，保留回溯查询功能。

2. "五证合一、一照一码"登记制度的适用主体范围

"五证合一、一照一码"登记制度改革适用于依法由市场监管部门登记的除个体工商户以外的所有市场主体，包括各类企业、农民专业合作社及其分支机构，具体包括：

（1）内资公司及其分公司。

（2）内资非公司企业法人及其分支机构。

（3）个人独资企业及其分支机构。

（4）合伙企业及其分支机构。

（5）内资非法人企业。

（6）外商投资公司及其分公司。

（7）非公司外商投资企业及其分支机构。

（8）外商投资合伙企业及其分支机构。

（9）外国（地区）企业在中国境内从事生产经营活动。

（10）农民专业合作社及其分支机构。

（11）外国（地区）企业常驻代表机构（常驻代表机构仍使用外国企业常驻代表机构登记证，在登记证上加载统一社会信用代码）。

【知识链接】

自2016年12月1日起，对个体工商户全面实施"两证合一"。也就是说，将原有个体工商户登记时依次申请营业执照和税务登记证，改为一次申请、由市场监管部门核发一个营业执照。该营业执照具有原营业执照和税务登记证的功能，税务部门不再发放税务登记证。此次"两证合一"改革没有设置过渡期。对于改革前设立的个体工商户申请办理变更登记或主动要求换照的，换发加载统一社会信用代码的营业执照。对未取得加载统一社会信用代码营业执照的个体工商户，其原有营业执照和税务登记证继续有效。

3. "一照一码"营业执照的适用业务范围

"五证合一、一照一码"登记制度改革后，原需要使用营业执照、组织机构代码证、

税务登记证、社会保险登记证、统计登记证，办理银行开户、缴纳社保费、办理房产登记、办理车辆登记等相关事务的，企业持"五证合一"后的营业执照都可以办理。根据改革要求，各相关部门都要在各自的领域认可、使用、推广"一照一码"营业执照，实现"五证合一、一照一码"后的营业执照在各地各领域互认互通。

（二）"五证合一"办证流程

"五证合一"办证模式采取"一表申请、一窗受理、并联审批、一份证照"的流程。首先，办证人持工商网报系统申请审核通过后打印的新设企业"五证合一"登记申请表，携带其他纸质资料，前往大厅"多证合一"综合受理窗口。然后，在窗口核对信息资料，无误后，将信息导入工商准入系统，生成工商注册号，并在"五证合一"打证平台生成各部门号码，补录相关信息。同时，窗口专员将企业材料扫描，与工商企业注册登记联办流转申请表传递至质监、税务、人力社保、统计四部门，由四部门分别完成后台信息录入。最后，打印出载有一个证号的营业执照。具体步骤分为：

1. 提交资料

市场监管登记窗口收到申请人申请资料后，经审核，申请资料齐全并符合法定形式的，应向申请人出具"五证合一"受理通知书，并及时将相关申请信息录入企业注册登记系统，进入联合审批流程；申请资料不齐全的，市场监管登记窗口应当场一次性告知申请人需要补正的全部内容，并出具补办通知书。同时，综合受理窗口对受理的相关资料进行拍照或扫描，并及时传至平台。

2. 部门审核

市场监管登记窗口在承诺时间（内资 2 个工作日，外资 3 个工作日）内完成营业执照审批手续后，将申请资料和营业执照信息传至平台。

质监窗口收到平台推送申请资料和营业执照信息后，要在 0.5 个工作日内办理组织机构代码登记手续，并将组织机构代码发送至平台。

税务、统计和人力社保窗口收到平台推送的申请资料、营业执照和组织机构代码信息后，要在 0.5 个工作日内分别办理税务登记证、统计登记证和社会保险登记证相关手续，并分别将税务登记证号、统计登记证号、社会保险登记证号发送至平台。

3. 及时办结

综合受理窗口收到各相关部门核准（或确认）登记的信息后，在"五证合一"系统平台上打印出载有注册号、组织机构代码证号、税务登记证号、社会保险登记证号和统计登记证号的营业执照。

4. 一窗发证

申请人凭"五证合一"受理通知书或有效证件到综合受理窗口领取"五证合一"营业执照。申请资料原件由市场监管部门保存，在申请人需要向有关部门提交资料原件时，可向市场监管部门查询、复印。"五证合一"办证流程，如图 1-1 所示。

需要说明的是，在疫情期间，所有柜台涉税业务（除特殊业务外）均可在电子税务局网上办理。

申请人申请（含电子邮件、传真、邮寄等方式申请）

不属于"五证合一"受理范畴的，不予受理，并告知申请人理由及办理方式

受理（综合受理窗口）
"五证合一"申请材料齐全，符合法定形式，或者申请人按要求提交全部申请材料的，予以受理

"五证合一"申请材料不齐全或不符合法定形式的，当场告知需要补正材料

申请人补正材料

作出不予许可决定的，发书面通知说明理由，并告知申请复议、提起诉讼的权利

决定（市场监管部门）
对申请材料进行审核，依法当场或受理后1日内作出许可或不予许可的决定（以传真、电子邮件、邮寄等方式申请的，以收到原件起计算）

作出不予办证决定的，应及时告知申请人或受理窗口，并说明理由

质监部门
1.审查系统推送材料；2.办理机构代码证并将号码反馈给其他部门

税务部门
1.审查系统推送材料；2.办理税务登记证并将号码反馈给其他部门

人力社保部门
1.审查系统推送材料；2.办理社保证并将号码反馈给其他部门

统计部门
1.审查系统推送材料；2.办理统计证并将号码反馈给其他部门

市场监管部门
制作、打印、扫描"五证合一"营业执照，并将扫描件推送给其他部门

市场监管部门
发放"五证合一"营业执照

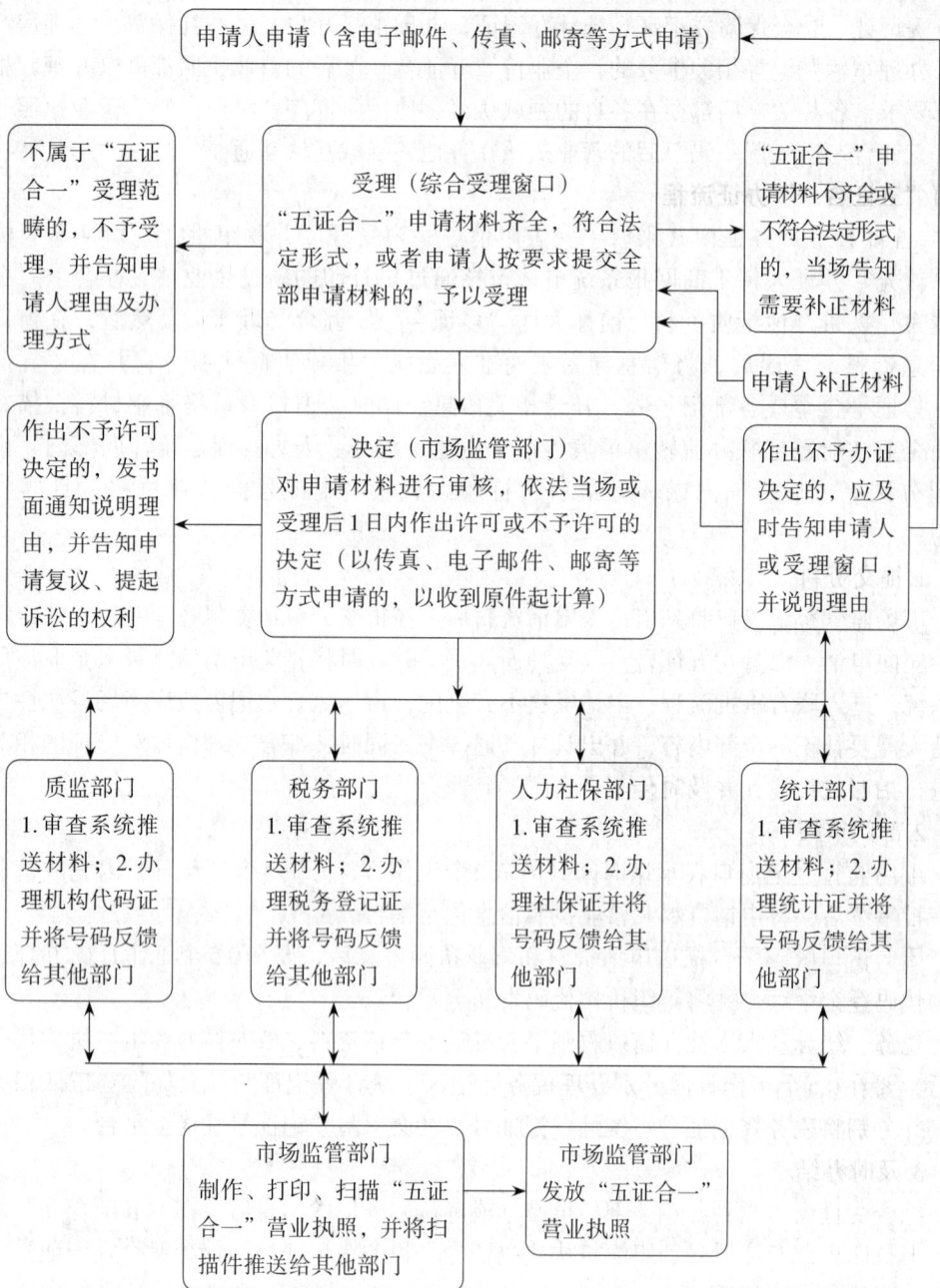

图1-1 "五证合一"办证流程

【案例导入分析】

办理营业执照"五证合一"换证需要以下资料：

1.在市行政服务中心市场监管窗口领取换照表（法定代表人签字，经办人身份证复印件）、财务负责人信息表、联络员信息表，并填写盖章。

2.原来的工商营业执照、组织机构代码证、税务登记证、社会保险登记证、统计登记证的正、副本原件都带去收回。

3.填写一份声明（法定代表人签字盖章）。

■ ■■ ■ **任务实施**

实践活动

【活动目标】

通过练习，进一步熟悉税务登记的相关知识。

【活动要求】

下列选择题中有四个选项，请根据税务登记的相关知识，选择出一个或多个正确选项。

【活动实施】

1.根据税收征收管理法律制度的规定，纳税人发生下列情形时，应办理税务注销登记的有（　　）。

A.破产
B.变更法定代表人

C.被吊销营业执照
D.暂停经营活动

2.下列选项中属于变更税务登记范围的有（　　）。

A.改变名称
B.改变生产经营期限

C.改变住所或经营地点
D.增减注册资本

3.自（　　）起，全国实施"五证合一、一照一码"登记制度。

A.2016年10月1日
B.2015年10月1日

C.2015年12月1日
D.2016年12月1日

4."五证合一"中的"五证"包括工商营业执照、（　　）。

A.组织机构代码证
B.税务登记证

C.社会保险登记证
D.统计登记证

【活动指导】

1.本题考查注销登记的相关规定。纳税人变更法定代表人的，需要办理变更登记；纳税人暂停经营活动的，需要办理停业登记，而不是注销税务登记。答案为AC。

2.本题考查变更税务登记的范围。变更税务登记的范围包括：（1）改变名称。（2）改变法人代表。（3）改变经济性质或类型。（4）改变住所或经营地点。（5）改变生产经营范围或经营方式。（6）增减注册资本。（7）改变隶属关系。（8）改变生产经营期限。（9）改变开户银行和账号。（10）改变生产经营权属及其他税务登记内容。答案为ABCD。

3.本题考查"五证合一、一照一码"登记制度改革实施的时间。"五证合一、一照一码"登记制度自2016年10月1日起施行。答案为A。

4.本题考查"五证合一"登记制度的内容。"五证"，具体是指工商营业执照、组织机构代码证、税务登记证、社会保险登记证和统计登记证。答案为ABCD。

项目小结

本项目主要有认识税收和税务登记两项任务。

认识税收是学习税收知识的起点和基础，介绍了税收的基本理论知识，学生应重点理解税收的概念和特点；掌握税制构成要素，尤其是纳税义务人、计税依据、税目、税率等要素；掌握税收按不同标准的分类。

税务登记是税收管理工作的起点，学生应掌握设立（开业）税务登记、变更税务登记、停业复业税务登记、注销税务登记的基本内容，熟悉"五证合一、一照一码"登记制度的基本内容及办证流程。

项目二　增值税的计算与缴纳

──────────────────□ **知识目标**

1. 理解增值税的基本法规知识。
2. 掌握增值税应纳税额的计算。
3. 掌握出口退税的计算。
4. 掌握增值税的纳税申报和税款缴纳。

──────────────────□ **能力目标**

1. 能够正确判断哪些项目应当征收增值税，适用何种税率。
2. 能够根据业务资料计算应纳增值税额和出口退税额。
3. 会根据业务资料填制增值税纳税申报表，并进行增值税网上申报。

任务2.1　认识增值税

■ ■ ■ ■ **任务描述**

增值税是现行税制中最为重要的税种，本任务主要学习增值税的概念、类型、特征、纳税人、征税范围、税率等主要税收法律规定，学生应全面理解增值税，为增值税的计算与缴纳做好知识准备。完成本项任务时，要求重点掌握增值税的基本要素规定。

【案例导入】

山水公司是一家经营陶瓷用品的经销商，大多数陶瓷用品都需要安装。王老板问张会计："我们是在销售陶瓷用品的同时为客户安装呢，还是另成立一个安装公司呢？请你分析一下有关税收方面的问题，然后向我报告。"过了几天，张会计提交了税收方面的报告，你想知道他是怎样回答的吗？

■ ■ ■ ■ **知识准备**

一、增值税概述

（一）增值税的概念

增值税是对在中国境内销售货物、服务、无形资产或不动产以及进口货物的单位和个人取得的增值额为课税对象征收的一种税。简单地说，增值税就是对增值额的征税。

（二）增值税的特征

增值税与其他流转税相比有以下特征：

（1）按增值额征税，避免了重复征税问题，税收负担不受生产经营环节多少和生产经营结构的影响。它只就销售额中的增值部分征税，对销售额中已征过税的部分不再征税，从而有效地避免了重复征税。

（2）实行价外税，将税款和价款明确分开，更鲜明地体现了增值税的转嫁性质，明确企业只是税款的缴纳者，消费者才是税款的最终负担者，增强国家和企业之间分配关系的透明度。

（3）对不同经营规模的纳税人，采取不同的征收计算方法。增值税纳税人分为两大类：一类是一般纳税人，采用一般计税办法计税；另一类是小规模纳税人，采用简易计税办法计税，这有利于增值税制度的推行，简化征税，强化征管。

二、增值税的主要法律规定

（一）纳税义务人

在中国境内销售货物、服务、无形资产或不动产以及进口货物的单位和个人，为增值税的纳税人。

"单位"，是指企业、行政单位、事业单位、军事单位、社会团体及其他单位。

"个人"，是指个体工商户和其他个人。

单位以承包、承租、挂靠方式经营的，承包人、承租人、挂靠人（以下统称承包人）以发包人、出租人、被挂靠人（以下统称发包人）名义对外经营并由发包人承担相关法律责任的，以该发包人为纳税人，否则，以承包人为纳税人。

中国境外单位或个人在中国境内销售服务、无形资产或不动产而在中国境内未设有经营机构的，其应纳税款以代理人为扣缴义务人；没有代理人的，以购买者或接受方为扣缴义务人。

增值税的纳税人按其生产经营规模的大小和会计核算是否健全的标准，可以分为小规模纳税人和一般纳税人。

1.小规模纳税人

小规模纳税人，是指年应税销售额在规定标准以下，并且会计核算不健全，不能按规定报送有关税务资料的增值税纳税人。

自2018年5月1日起，增值税小规模纳税人标准为年应税销售额500万元及以下。

年应税销售额，是指纳税人在连续不超过12个月的经营期内累计应缴增值税销售额，包括纳税申报销售额、稽查查补销售额、纳税评估调整销售额、税务机关代开发票销售额和免税销售额。

年应税销售额超过小规模纳税人标准的其他个人按小规模纳税人纳税；非企业性单位、不经常发生应税行为的企业可选择按小规模纳税人纳税。

2.一般纳税人

一般纳税人，是指年应税销售额超过小规模纳税人标准的增值税纳税人。

小规模纳税人会计核算健全，能够提供准确税务资料的，可以向主管税务机关申请资格登记。所谓会计核算健全，是指能够按照国家统一的会计制度规定设置账簿，根据合法、有效凭证核算。

符合一般纳税人条件的纳税人应当向主管税务机关办理一般纳税人资格登记。

除国家税务总局另有规定外，纳税人一经登记为一般纳税人后，不得转为小规模纳税人。

【练一练】根据增值税法律制度的规定，下列纳税人应当登记为一般纳税人资格的是（　　）。

A.年应税销售额达到550万元的工厂

B.年应税销售额达到350万元的商场

C.年应税销售额达到850万元的批发公司

D.年应税服务额达到550万元的运输公司

（二）征税范围

凡在中国境内销售货物、服务、无形资产或不动产以及进口货物，均属于增值税的征税范围，具体包括：

1.销售货物

销售货物，是指有偿转让货物的所有权。货物，是指有形动产，包括电力、热力、气体在内。

2.提供加工、修理修配劳务

提供加工、修理修配劳务，又称销售应税劳务，是指在中国境内有偿提供加工修理修配劳务。加工，是指受托加工货物，即由委托方提供原料及主要材料，受托方按照委托方的要求制造货物并收取加工费的业务。修理修配，是指受托对损伤和丧失功能的货物进行修复，使其恢复原状和功能的业务。但是，单位或个体工商户聘用的员工为本单位或雇主提供加工修理修配劳务，不包括在内。

3.销售服务

销售服务是指提供交通运输服务、邮政服务、电信服务、建筑服务、金融服务、现代服务、生活服务。具体内容如下：

（1）交通运输服务包括陆路运输服务、水路运输服务、航空运输服务和管道运输服务。

（2）邮政服务包括邮政普遍服务、邮政特殊服务和其他邮政服务。

（3）电信服务包括基础电信服务和增值电信服务。

（4）建筑服务包括工程服务、安装服务、修缮服务、装饰服务和其他建筑服务。

（5）金融服务包括贷款服务、直接收费金融服务、保险服务和金融商品转让。

（6）现代服务包括研发和技术服务、信息技术服务、文化创意服务、物流辅助服务、租赁服务、鉴证咨询服务、广播影视服务、商务辅助服务和其他现代服务。

①研发和技术服务包括研发服务、合同能源管理服务、工程勘察勘探服务、专业技术服务。

②信息技术服务包括软件服务、电路设计及测试服务、信息系统服务、业务流程管

理服务和信息系统增值服务。

③文化创意服务包括设计服务、知识产权服务、广告服务和会议展览服务。

④物流辅助服务包括航空服务、港口码头服务、货运客运场站服务、打捞救助服务、装卸搬运服务、仓储服务和收派服务。

⑤租赁服务包括融资租赁服务和经营租赁服务。

⑥鉴证咨询服务包括认证服务、鉴证服务和咨询服务。

⑦广播影视服务包括广播影视节目（作品）的制作服务、发行服务和播映（含放映）服务。

⑧商务辅助服务包括企业管理服务、经纪代理服务、人力资源服务、安全保护服务。

⑨其他现代服务，是指除研发和技术服务、信息技术服务、文化创意服务、物流辅助服务、租赁服务、鉴证咨询服务、广播影视服务和商务辅助服务以外的现代服务。

（7）生活服务包括文化体育服务、教育医疗服务、旅游娱乐服务、餐饮住宿服务、居民日常服务和其他生活服务。

①文化体育服务包括文化服务和体育服务。

②教育医疗服务包括教育服务和医疗服务。

③旅游娱乐服务包括旅游服务和娱乐服务。

④餐饮住宿服务包括餐饮服务和住宿服务。

⑤居民日常服务包括市容市政管理、家政、婚庆、养老、殡葬、照料和护理、救助救济、美容美发、按摩、桑拿、氧吧、足疗、沐浴、洗染、摄影扩印等服务。

⑥其他生活服务。

以上服务不包括：

（1）单位或者个体工商户聘用的员工为本单位或者雇主提供取得工资的服务。

（2）单位或者个体工商户为聘用的员工提供服务。

4.销售无形资产

销售无形资产是指有偿转让无形资产，是转让无形资产所有权或者使用权的活动。无形资产包括技术、商标、著作权、商誉、自然资源使用权和其他权益性无形资产。

（1）技术包括专利技术和非专利技术。

（2）自然资源使用权包括土地使用权、海域使用权、探矿权、采矿权、取水权和其他自然资源使用权。

（3）其他权益性无形资产包括基础设施资产经营权、公共事业特许权、配额、经营权（包括特许经营权、连锁经营权、其他经营权）、经销权、分销权、代理权、会员权、席位权、网络游戏虚拟道具、域名、名称权、肖像权、冠名权、转会费等。

5.销售不动产

销售不动产，是指有偿转让不动产，是转让不动产所有权的活动。不动产包括建筑物、构筑物等。

（1）建筑物包括住宅、商业营业用房、办公楼等。

（2）构筑物包括道路、桥梁、隧道、水坝等建造物。

单位或个人销售货物、服务、无形资产或不动产，不论从对方取得的是货币，还是货物或其他经济利益，均应视为有偿转让货物、服务、无形资产或不动产的销售行为。

在中国境内销售货物或者提供加工修理修配劳务，是指销售货物的起运地或者所在地在境内，提供的应税劳务发生在境内。在境内销售服务、无形资产或不动产，是指服务（租赁不动产除外）或者无形资产（自然资源使用权除外）的销售方或者购买方在境内。

6.进口货物

进口货物，是指申报进入中国关境内的货物，除依法征收关税外，还征收增值税。

7.视同销售行为

视同销售行为，就是将不属于销售范围或尚未实现销售的货物、服务、无形资产或不动产当作销售行为，征收增值税。单位或个体工商户的下列行为，应作为视同销售行为：

（1）将货物交付其他单位或个人代销。

（2）销售代销货物。

（3）设有两个以上机构并实行统一核算的纳税人，将货物从一个机构移送其他机构用于销售，但相关机构设在同一县（市）的除外。

（4）将自产、委托加工的货物用于集体福利或个人消费。

（5）将自产、委托加工或购买的货物作为投资，提供给其他单位或个体工商户。

（6）将自产、委托加工或购买的货物分配给股东或投资者。

（7）将自产、委托加工或购买的货物无偿赠送给其他单位或个人。

（8）单位或个体工商户向其他单位或个人无偿提供服务，但用于公益事业或以社会公众为对象的除外。

（9）单位或个人向其他单位或个人无偿转让无形资产或不动产，但用于公益事业或以社会公众为对象的除外。

（三）税率和征收率

1.税率

（1）基本税率。

基本税率为13%，适用于纳税人销售或者进口货物（适用9%的低税率货物除外），提供加工、修理修配劳务，以及有形动产租赁服务。

（2）低税率。

低税率分为以下两档：

①适用9%低税率的具体范围：

农产品（含粮食）、食用植物油；自来水、暖气、冷气、热水、煤气、石油液化气、天然气、沼气、二甲醚、居民用煤炭制品、食用盐；图书、报纸、杂志音像制品、电子出版物；饲料、化肥、农药、农机、农膜；提供交通运输服务、邮政服务、基础电信服务、建筑服务、不动产租赁服务；销售不动产、转让土地使用权。

②适用6%低税率的具体范围：

销售增值电信服务、金融服务、现代服务和生活服务；销售无形资产（除转让土地使用权外）。

（3）零税率。

纳税人出口货物，适用零税率，财政部和国家税务总局另有规定的除外。

境内单位和个人跨境销售国务院规定范围内的服务、无形资产，也适用零税率，具体范围由财政部和国家税务总局另行规定。

2.征收率

小规模纳税人和实行简易计税办法的一般纳税人，增值税的征收率为3%，财政部和国家税务总局另有规定的除外。

自2020年5月1日至2023年12月31日，从事二手车经销的纳税人销售其收购的二手车，按照简易办法依3%征收率减按0.5%征收增值税。

纳税人销售旧货，按照简易办法依照3%的征收率减按2%征收增值税。

小规模纳税人销售（不含个体工商户销售购买的住房和其他个人销售不动产）或出租（不含个人出租住房）不动产，按照简易办法依照5%的征收率征收增值税。

特殊经营行为的税务处理：

（1）混合销售

如果一项销售行为既涉及货物又涉及服务，即为混合销售。从事货物的生产、批发、零售的单位或个体工商户的混合销售，按照销售货物缴纳增值税；其他单位和个体工商户的混合销售，按照销售服务缴纳增值税。

上述从事货物的生产、批发、零售的单位或个体工商户，包括以从事货物的生产、批发、零售为主，并兼营销售服务的单位或个体工商户在内。

（2）兼营

纳税人销售货物、服务、无形资产或者不动产适用不同税率或者征收率的，应当分别核算适用不同税率或者征收率的销售额，未分别核算销售额的，按照以下方法适用税率或者征收率：兼有不同税率的销售货物，提供加工、修理修配劳务，销售服务、无形资产或者不动产，从高适用税率；兼有不同征收率的销售货物，提供加工、修理修配劳务，销售服务、无形资产或者不动产，从高适用征收率；兼有不同税率和征收率的销售货物，提供加工、修理修配劳务，销售服务、无形资产或者不动产，从高适用税率。

不征收增值税项目包括：

（1）根据国家指令无偿提供的铁路运输服务、航空运输服务。

（2）存款利息。

（3）被保险人获得的保险赔付。

（4）房地产主管部门或者其指定机构、公积金管理中心、开发企业以及物业管理单位代收的住宅专项维修资金。

（5）在资产重组过程中，通过合并、分立、出售、置换等方式，将全部或者部分实物资产以及与其相关联的债权、负债和劳动力一并转让给其他单位或个人，其中涉及的不动产、土地使用权转让行为。

【想一想】

某汽车制造厂生产、销售小汽车，并兼营小汽车出租，是以上所说的"兼营行为"吗？如果能够分开核算，其应适用的税率各是多少？

【练一练】下列各项中，属于混合销售行为应当按照销售货物征收增值税的有（　　）。

A.饭店提供餐饮服务的同时销售酒水

B.塑钢门窗商店销售产品，并为客户加工与安装

C.商店销售空调，并负责安装

D.肉联厂生产肉制品，同时开设饭店

【案例导入分析】

张会计通过仔细研究发现，如果在销售陶瓷用品的同时为客户安装，则属于混合销售，应当按照销售货物缴纳增值税；如果另成立一个安装公司，则属于兼营。纳税人销售货物或服务适用不同税率的，应当分别核算适用不同税率的销售额；未分别核算销售额的，从高适用税率。单纯从增值税税负角度来考虑，建议王老板按后者运作。

三、增值税的税收优惠

(一)《中华人民共和国增值税暂行条例》规定的免税项目

(1) 农业生产者销售的自产农产品。

(2) 避孕药品和用具。

(3) 古旧图书。

(4) 直接用于科学研究、科学试验和教学的进口仪器、设备。

(5) 外国政府、国际组织无偿援助的进口物资和设备。

(6) 由残疾人的组织直接进口供残疾人专用的物品。

(7) 销售的自己使用过的物品。

(二)"营改增"政策及有关部门规定的免税项目

(1) 托儿所、幼儿园提供的保育和教育服务。

(2) 养老机构提供的养老服务。

(3) 残疾人福利机构提供的育养服务。

(4) 婚姻介绍服务。

(5) 殡葬服务。

(6) 残疾人员本人为社会提供的服务。

(7) 医疗机构提供的医疗服务。

(8) 从事学历教育的学校提供的教育服务。

(9) 学生勤工俭学提供的服务。

（10）农业机耕、排灌、病虫害防治、植物保护、农牧保险以及相关技术培训业务，家禽、牲畜、水生动物的配种和疾病防治。

（11）纪念馆、博物馆、文化馆、文物保护单位管理机构、美术馆、展览馆、书画院、图书馆在自己的场所提供文化体育服务取得的第一道门票收入。

（12）寺院、宫观、清真寺和教堂举办文化、宗教活动的门票收入。

（13）个人转让著作权。

（14）个人销售自建自用住房。

（15）纳税人提供的直接或者间接国际货物运输代理服务。

（16）保险公司开办的1年期以上人身保险产品取得的保费收入。

（17）个人从事金融商品转让业务。

（18）金融同业往来利息收入。

（19）符合条件的担保机构从事中小企业信用担保或者再担保业务取得的收入（不含信用评级、咨询、培训等收入）3年内免征增值税。

（20）纳税人提供技术转让、技术开发与之相关的技术咨询、技术服务。

（21）符合规定条件的合同能源管理服务。

（22）家政服务企业由员工制家政服务员提供家政服务取得的收入。

（23）福利彩票、体育彩票的发行收入。

（24）将土地使用权转让给农业生产者用于农业生产。

（25）涉及家庭财产分割的个人无偿转让不动产、土地使用权。

（26）随军家属、军队转业干部就业。

另外，个人将购买不足2年的住房对外销售的，按照5%的征收率全额缴纳增值税；个人将购买2年以上（含2年）的住房对外销售的，免征增值税。上述政策适用于北京市、上海市、广州市和深圳市之外的地区。

对内资研发机构和外资研发中心采购国产设备，实行全额退还增值税的优惠政策。

增值税一般纳税人初次购买税控专用设备支付的费用，可凭取得的增值税专用发票，在增值税应纳税额中全额抵减（抵减额为价税合计额），不足抵减的可结转下期继续抵减。增值税一般纳税人支付的技术维护费，可凭技术服务单位开具的技术维护费发票，在增值税应纳税额中全额抵减，不足抵减的可结转下期继续抵减。

纳税人兼营免税、减税项目的，应当分别核算免税、减税项目的销售额；未分别核算销售额的，不得免税、减税。

纳税人销售货物、服务、无形资产或不动产，适用免税、减税规定的，可以放弃免税、减税，按照规定缴纳增值税。放弃免税、减税后，36个月内不得再申请免税。

（三）起征点

为照顾小型业户，简化征管手续，对未达到增值税起征点的，免征增值税。增值税起征点不适用于登记为一般纳税人的个体工商户。

增值税起征点的幅度规定如下：

（1）按期纳税的，为月销售额5 000～20 000元（含本数）。

（2）按次纳税的，为每次（日）销售额300～500元（含本数）。

各省、自治区、直辖市财政厅（局）和税务局应在规定的幅度内，根据实际情况确定本地区适用的起征点，并报财政部、国家税务总局备案。

小规模纳税人发生增值税应税销售行为，合计月销售额未超过10万元（以1个季度为1个纳税期的，季度销售额未超过30万元）的，免征增值税。

■ ■ ■ ■ 任务实施

实践活动1

【活动目标】

通过练习，进一步熟悉增值税的基本要素规定。

【活动要求】

下列选择题中有四个选项，请根据增值税的基本知识，选择出一个或多个正确选项。

【活动实施】

1.下列单位中，属于增值税纳税人的是（　　）。

A.造纸厂　　　　　　　　　　　　B.房地产开发公司

C.进出口公司　　　　　　　　　　D.服装加工厂

2.下列各项中，属于增值税征收范围的是（　　）。

A.提供邮政服务　　B.提供金融服务　　C.提供生活服务　　D.提供电信服务

3.下列货物中按9%税率计算销项税额的有（　　）。

A.电视机　　　　　　B.方便面　　　　　　C.膨化食品　　　　　　D.农业机械

【活动指导】

1.本题考查的是增值税纳税人的基本规定。凡在中国境内销售货物、服务、无形资产或不动产以及进口货物的单位和个人，为增值税的纳税人。答案为ABCD。

2.本题考查的是增值税的征税范围。凡是在中国境内销售货物、服务、无形资产或不动产以及进口货物，均属于增值税的征税范围。答案为ABCD。

3.本题考查的是增值税低税率的适用范围。A、B、C选项适用13%的税率。答案为D。

实践活动2

【活动目标】

通过社会实践，进一步熟悉增值税的基本要素规定。

【活动要求】

选择一条比较繁华的商业街，看一看道路两旁的门店都在经营什么业务，各属于哪一类增值税业务，了解增值税纳税人的类型、适用税率或征收率等，填写增值税纳税业务调查表，见表2-1。

【活动实施】

表2-1   增值税纳税业务调查表

门店名称	经营范围	纳税人类型	适用税率或征收率

【活动指导】

1. 建议选择有代表性的门店作为调查对象，无须面面俱到。

2. 在调查时可以参考上述增值税纳税业务调查表的调查项目，也可以根据调查的实际情况调整或重新设计调查表。

拓展提升：我国的增值税发展

任务2.2　增值税的计算

■ ■ ■ 任务描述

增值税的计算涉及的规定多，较为复杂，重在理解。本任务主要学习增值税销项税额的计算、进项税额的确定等内容，学生应掌握应纳税额的计算技能，为学习增值税纳税申报技能做好知识准备。

【案例导入】

环宇制衣有限公司是增值税一般纳税人，税率为13%。2019年10月份发生下列经济业务：

（1）10月5日，销售衬衣1000件，开出增值税专用发票，金额为110000元，税额为14300元。

（2）10月8日，销售男士西服10套，开出增值税普通发票，含税销售额为33900元。

（3）10月10日，采购布匹100匹，取得增值税专用发票，金额为100000元，税额为13000元。

思考：该公司10月份应缴纳的增值税是多少？（已知上期无留抵税额）

■ ■ ■ 知识准备

一、一般纳税人应纳税额的计算

（一）销项税额的计算

销项税额，是指纳税人销售货物、服务、无形资产或不动产，按照销售额和适用税率计算并向购买方收取的增值税税额。其计算公式为：

$$销项税额=销售额×税率$$

1.计税销售额的基本规定

销售额，是指纳税人销售货物、服务、无形资产或不动产向购买方收取的全部价款和价外费用。需要注意的是，增值税是价外税，销售额必须是不含销项税额的销售额。

价外费用，是指价外向购买方收取的手续费、补贴、基金、集资费、返还利润、奖励费、违约金、滞纳金、延期付款利息、赔偿金、代收款项、代垫款项、包装费、包装物租金、储备费、优质费、运输装卸费以及其他各种性质的价外收费。但下列项目不包括在内：

（1）受托加工应征消费税的消费品所代收代缴的消费税。

（2）符合以下条件的代垫运输费用：一是承运部门的运输费用发票开具给购买方的；二是纳税人将该项发票转交给购买方的。

（3）代为收取的符合下列条件的政府性基金或者行政事业性收费：一是由国务院或者财政部批准设立的政府性基金，由国务院或者省级人民政府及其财政、价格主管部门批准设立的行政事业性收费；二是收取时开具省级以上财政部门印制的财政票据；三是所收款项全额上缴财政。

（4）销售货物的同时代办保险等而向购买方收取的保险费，以及向购买方收取的代购买方缴纳的车辆购置税、车辆牌照费。

凡价外费用，无论其会计制度如何核算，均应并入销售额计算应纳税额。

【想一想】

计税销售额包含哪些项目？不包含哪些项目？

2.计税销售额的特殊规定

（1）纳税人为销售货物出租、出借包装物而收取的押金，单独记账核算的，不并入销售额；但是对逾期未收回的包装物不再退还的押金，应并入销售额征税。需要说明的是，酒类产品收取的包装物押金，除销售啤酒、黄酒外，无论是否返还以及会计制度如何核算，均应并入当期销售额征税。

（2）纳税人采取折扣方式销售货物、服务、无形资产或不动产，如果将折扣额另开发票的，不论财务上如何处理，均不得从销售额中扣除折扣额。采取销售折扣（又称现金折扣）方式销售的，不得从销售额中扣减销售折扣，即应按销售额全额征税。

（3）采取以旧换新方式销售货物的，应按新货物的同期销售价格确定销售额，不得冲减旧货物的收购价格。但对金银首饰以旧换新业务，按销售方实际收取的不含增值税的全部价款征税。

【想一想】

当你逛商场时，发现商家有哪些打折方式？

（4）纳税人销售货物、服务、无形资产或不动产的价格明显偏低或者偏高，且不具有合理商业目的的，或者视同销售行为而无销售额的，由主管税务机关核定其销售额。税务机关可按下列顺序确定销售额：

①按纳税人最近时期销售同类货物、服务、无形资产或不动产的平均价格确定；

②按其他纳税人最近时期销售同类货物、服务、无形资产或不动产的平均价格

确定；

③按组成计税价格确定。其计算公式为：

$$组成计税价格=成本×（1+成本利润率）$$

如销售的货物属于征收消费税的范围，其组成计税价格还应加上消费税税额。其计算公式为：

$$组成计税价格=成本×（1+成本利润率）+消费税税额$$

上述公式中，"成本"分为三种情况：一是销售自产货物的，为实际生产成本；二是销售外购货物的，为实际采购成本；三是销售服务、无形资产、不动产的，为实际发生成本。

一般货物的"成本利润率"根据规定统一为10%，但属于从价定率征收消费税的货物，以及销售服务、无形资产或不动产的成本利润率由国家税务总局确定。

（5）含税销售额的换算。

通常销售额是不含销项税额的。但是，在销售货物、服务、无形资产或不动产时，常采用合并定价的方法。这样，在计税时就需将含税销售额换算为不含税销售额。其计算公式为：

$$不含税销售额=含税销售额÷（1+适用税率或征收率）$$

（6）差额计税规定。

①金融商品转让，按照卖出价扣除买入价后的余额为销售额。

②纳税人提供客运场站服务，以其取得的全部价款和价外费用，扣除支付给承运方运费后的余额为销售额。

③纳税人提供旅游服务，可以选择以取得的全部价款和价外费用，扣除向旅游服务购买方收取并支付给其他单位或者个人的住宿费、餐饮费、交通费、签证费、门票费和支付给其他接团旅游企业的旅游费用后的余额为销售额。

④纳税人提供签证代理服务，以取得的全部价款和价外费用，扣除向服务接受方收取并代为支付给外交部和外国驻华使（领）馆的签证费、认证费后的余额为销售额。

⑤房地产开发企业销售其开发的房地产项目（选择简易计税方法的房地产老项目除外），以取得的全部价款和价外费用，扣除受让土地时向政府部门支付的土地价款以及向其他单位或个人支付的拆迁补偿费用后的余额为销售额。

"向政府部门支付的土地价款"，包括土地受让人向政府部门支付的征地和拆迁补偿费用、土地前期开发费用和土地出让收益等。

房地产开发企业中的一般纳税人销售其开发的房地产项目（选择简易计税方法的房地产老项目除外），在取得土地时向其他单位或个人支付的拆迁补偿费用也允许在计算销售额时扣除。纳税人按上述规定扣除拆迁补偿费用时，应提供拆迁协议、拆迁双方支付和取得拆迁补偿费用凭证等能够证明拆迁补偿费用真实性的材料。

$$销售额=\left(\begin{matrix}全部价款和\\价外费用\end{matrix}-\begin{matrix}当期允许扣除的土地价款以及向其他\\单位或个人支付的拆迁补偿费用\end{matrix}\right)÷（1+9\%）$$

$$\begin{matrix}当期允许扣除的\\土地价款\end{matrix}=\left(\begin{matrix}当期销售房地产\\项目建筑面积\end{matrix}÷\begin{matrix}房地产项目可供\\销售建筑面积\end{matrix}\right)×\begin{matrix}支付的\\土地价款\end{matrix}$$

当期销售房地产项目建筑面积，是指当期进行纳税申报的增值税销售额对应的建筑面积。

房地产项目可供销售建筑面积，是指房地产项目可以出售的总建筑面积，不包括销售房地产项目时未单独作价结算的配套公共设施的建筑面积。

支付的土地价款，是指向政府、土地管理部门或受政府委托收取土地价款的单位直接支付的土地价款，并应当取得省级以上（含省级）财政部门监（印）制的财政票据。

【例2-1】美味食品厂是增值税一般纳税人，税率为13%。2019年11月份发生下列业务：

（1）向特约经销商批发销售食品，不含税销售额为600 000元，开出增值税专用发票。

（2）向消费者直接销售食品取得含税销售额为33 900元。

（3）本月新试制一批甜味食品发放春节福利，该批产品没有同类产品销售价格，成本价为10 000元。

要求：计算该厂11月份的销项税额。

【解析】（1）向特约经销商批发销售食品：

销项税额=600 000×13%=78 000（元）

（2）向消费者直接销售食品：

销项税额=33 900÷（1+13%）×13%=3 900（元）

（3）新试制一批甜味食品发放春节福利：

销项税额=10 000×（1+10%）×13%=1 430（元）

（4）该厂11月份的销项税额：

销项税额=78 000+3 900+1 430=83 330（元）

（二）进项税额的计算

进项税额，是指纳税人购进货物、服务、无形资产或不动产所支付或负担的增值税税额。

1.准予从销项税额中抵扣的进项税额

（1）从销售方取得的增值税专用发票（包括税控机动车销售统一发票）上注明的增值税税额。

（2）从海关取得的海关进口增值税专用缴款书上注明的增值税税额。

（3）自2017年7月1日起，纳税人购进农产品，按下列规定抵扣进项税额：

纳税人购进农产品，取得一般纳税人开具的增值税专用发票或海关进口增值税专用缴款书的，以增值税专用发票或海关进口增值税专用缴款书上注明的增值税税额为进项税额；从按照简易计税方法依照3%征收率计算缴纳增值税的小规模纳税人取得增值税专用发票的，以增值税专用发票上注明的金额和9%的扣除率计算进项税额；取得（开具）农产品销售发票或收购发票的，以农产品销售发票或收购发票上注明的农产品买价和9%的扣除率计算进项税额。其计算公式为：

$$进项税额=买价×扣除率$$

购买农产品的买价，包括纳税人购进农产品在农产品收购发票或者销售发票上注明的价款和按规定缴纳的烟叶税。

【知识链接】

烟叶税是向收购烟叶产品的单位征收的一种税。烟叶税实行比例税率，税率为20%。应纳税额的计算公式为：

$$应纳税额=烟叶收购金额×税率$$

纳税人收购烟叶，应当向烟叶收购地的主管税务机关申报纳税。

纳税人购进用于生产或者委托加工适用13%税率货物的农产品，按照10%的扣除率计算进项税额。

为加强农产品增值税进项税额抵扣管理，经国务院批准，对财政部和国家税务总局纳入试点范围的增值税一般纳税人购进农产品增值税进项税额，实施核定扣除办法。

自2012年7月1日起，对以购进农产品为原料，生产销售液体乳及乳制品、酒及酒精、植物油的增值税一般纳税人，实行农产品进项税额核定扣除试点。自2013年9月1日起，各省、自治区、直辖市、计划单列市税务部门可商同级财政部门，根据有关规定，结合本省特点，扩大农产品增值税进项税额核定扣除试点行业范围。

农产品增值税进项税额核定方法主要有投入产出法和成本法两种：

投入产出法的计算公式为：

$$\frac{当期允许抵扣农产品}{增值税进项税额}=\frac{当期农产品}{耗用数量}×\frac{农产品平均}{购买单价}×扣除率÷（1+扣除率）$$

成本法的计算公式为：

$$\frac{当期允许抵扣农产品}{增值税进项税额}=\frac{当期主营}{业务成本}×\frac{农产品}{耗用率}×扣除率÷（1+扣除率）$$

【例2-2】 某公司2019年9月份销售10 000吨巴氏杀菌羊乳，其主营业务成本为6 000万元，农产品耗用率为70%，原乳单耗数量为每吨1.06（国家统一扣除标准），原乳平均购买单价为4 000元/吨。

要求：分别按照投入产出法和成本法计算当期允许抵扣农产品增值税进项税额。

【解析】（1）按投入产出法计算：

当期允许抵扣农产品增值税进项税额=10 000×1.06×0.4×9%÷（1+9%）

=350.09（万元）

（2）按成本法计算：

当期允许抵扣农产品增值税进项税额=6 000×70%×9%÷（1+9%）=346.79（万元）

（4）纳税人购进国内旅客运输服务，其进项税额允许从销项税额中抵扣。纳税人未取得增值税专用发票的，暂按照以下规定确定进项税额：

①取得增值税电子普通发票的，为发票上注明的税额。

②取得注明旅客身份信息的航空运输电子客票行程单的，为按照下列公式计算的进项税额：

$$航空旅客运输的进项税额=（票价+燃油附加费）÷（1+9%）×9%$$

③取得注明旅客身份信息的铁路车票的，为按照下列公式计算的进项税额：

$$铁路旅客运输的进项税额=票面金额÷（1+9%）×9%$$

④取得注明旅客身份信息的公路、水路等其他客票的，为按照下列公式计算的进项税额：

$$公路、水路等其他旅客运输的进项税额=票面金额÷（1+3\%）×3\%$$

（5）纳税人取得的收费公路通行费增值税电子普通发票注明的增值税税额。

（6）从境外单位或个人购进服务、无形资产或不动产，自税务机关或者扣缴义务人取得的解缴税款的完税凭证上注明的增值税税额，同时应具备书面合同、付款证明和境外单位的对账单或发票，资料不全的，其进项税额不得从销项税额中抵扣。

【想一想】

以上在进项税额抵扣时，扣税凭证包括哪些？

2.不得从销项税额中抵扣的进项税额

（1）用于简易计税方法计税项目、免征增值税项目、集体福利或者个人消费的购进货物、服务、无形资产或不动产，以及提供的加工、修理修配劳务。

（2）非正常损失的购进货物及相关的加工、修理修配劳务和交通运输服务。

（3）非正常损失的在产品、产成品所耗用的购进货物及相关的加工、修理修配劳务和交通运输服务。

（4）非正常损失的不动产，以及该不动产所耗用的购进货物、设计服务和建筑服务。

（5）非正常损失的不动产在建工程所耗用的购进货物、设计服务和建筑服务。

非正常损失，是指因管理不善造成货物被盗、丢失、霉烂变质，以及因违反法律法规造成货物或者不动产被依法没收、销毁、拆除的情形。

已抵扣进项税额的购进货物（不含固定资产）、劳务、服务，发生转移用途后用于集体福利或者个人消费，或者发生非正常损失的，应当将相应的进项税额从当期进项税额中扣减；无法确定该进项税额的，按照当期实际成本计算应扣减的进项税额。

已抵扣进项税额的固定资产、无形资产或不动产，发生转移用途后用于集体福利或者个人消费，或者发生非正常损失的，按照下列公式计算不得抵扣的进项税额：

$$不得抵扣的进项税额=固定资产、无形资产或不动产净值×适用税率$$

固定资产、无形资产或不动产净值，是指纳税人根据财务会计制度计提折旧或摊销后的余额。

一般纳税人因销售折让、中止或者退回而收回的增值税税额，应当从当期的进项税额中扣减。

（6）购进的贷款服务、餐饮服务、居民日常服务和娱乐服务。

（7）适用一般计税方法的纳税人，兼营简易计税方法计税项目、免征增值税项目而无法划分不得抵扣的进项税额，按照下列公式计算不得抵扣的进项税额：

$$不得抵扣的进项税额=当期无法划分的全部进项税额×\left(\frac{当期简易计税方法计税项目销售额+免征增值税项目销售额}{当期全部销售额}\right)$$

3.加计抵减规定

自2019年4月1日至2021年12月31日，允许生产性服务业纳税人按照当期可抵扣进项税额加计10%，抵减应纳税额；允许生活性服务业纳税人按照当期可抵扣进项税额加计15%，抵减应纳税额。其计算公式为：

当期计提加计抵减额=当期可抵扣进项税额×加计抵减比例

【例2-3】临海市酱菜厂是增值税一般纳税人，2019年10月份发生下列业务：

（1）购进生产用原材料一批，取得增值税专用发票，金额为12 000元，税额为1 560元；同时支付运费，取得增值税专用发票，运费金额为1 000元，税额为90元。

（2）购进大型货车一辆，取得机动车销售统一发票，金额为500 000元，税额为65 000元。

（3）从农民手中购进蔬菜一批，开具农产品收购发票，金额共计30 000元。

（4）购进电子秤10台，取得增值税专用发票，金额为800元，税额为104元。供本厂职工幼儿园使用。

要求：计算该厂10月份允许抵扣的进项税额。

【解析】（1）购进生产用原材料一批：

允许抵扣的进项税额=1 560+90=1 650（元）

（2）购进大型货车一辆：

允许抵扣的进项税额=65 000（元）

（3）从农民手中购进蔬菜一批：

允许抵扣的进项税额=30 000×9%=2 700（元）

（4）购进电子秤10台：

不允许抵扣的进项税额=104（元）

（5）该厂10月份允许抵扣的进项税额：

允许抵扣的进项税额=1 650+65 000+2 700=69 350（元）

（三）应纳税额的计算

现行增值税采用购进扣税法，一是凭增值税专用发票和海关进口增值税专用缴款书或税收缴款凭证注明的税额扣税，二是按农产品收购发票的金额计算扣税。一般纳税人销售货物、服务、无形资产或不动产的应纳税额为当期销项税额抵扣当期进项税额后的余额。

应纳税额=当期销项税额-当期进项税额

当期销项税额小于当期进项税额不足抵扣时，其不足部分可以结转下期继续抵扣。

【例2-4】家亮涂料厂是增值税一般纳税人，税率为13%。2019年9月份发生下列经济业务：

（1）购进化工原料一批，取得增值税专用发票，金额为80 000元，税额为10 400元。同时支付运费，取得增值税专用发票，金额为3 000元，税额为270元。

（2）购进包装物一批，取得增值税专用发票，金额为3 000元，税额为390元。

（3）销售甲种涂料2 000桶，开具增值税专用发票，金额为120 000元；同时向客户收取优质费22 600元，开具增值税普通发票。

（4）为粉刷职工宿舍和厂办幼儿园，从成品库领用上月购进的乙种涂料20桶，已按成本价转账核算。乙种涂料的单位成本为60元/桶。

要求：计算该涂料厂9月份应缴纳的增值税。

【解析】（1）购进化工原料一批和包装物一批：

进项税额=10 400+270+390=11 060（元）

（2）为粉刷职工宿舍和厂办幼儿园：

不得抵扣的进项税额=20×60×13%=156（元）

（3）销售甲种涂料：

销项税额=120 000×13%+22 600÷（1+13%）×13%=18 200（元）

（4）该涂料厂9月份应缴纳的增值税：

应纳税额=18 200-（11 060-156）=7 296（元）

【例2-5】春天货运有限公司是增值税一般纳税人，税率为9%。2019年11月份发生如下业务：

（1）购入新货车，取得机动车销售统一发票，注明税额为51 000元。

（2）购买成品油，取得增值税专用发票，注明税额为42 500元。

（3）购买材料、低值易耗品、支付动力费用，取得增值税专用发票，注明税额为59 200元。

（4）修理货车，取得增值税普通发票，注明税额为23 400元。

（5）货运业务取得收入（含税）为905 500元。

（6）物流辅助服务取得收入（含税）为127 200元。

（7）经营性出租货车（不配司机）取得收入（含税）为702 000元。

要求：计算该公司11月份应缴纳的增值税。

【解析】（1）进项税额：

进项税额=51 000+42 500+59 200=152 700（元）

（2）销项税额：

货运业务的销项税额=905 500÷（1+9%）×9% =74 766.06（元）

物流辅助服务的销项税额=127 200÷（1+6%）×6%=7 200（元）

经营性出租货车的销项税额=702 000÷（1+13%）×13% =80 761.06（元）

销项税额= 74 766.06+7 200+80 761.06=162 727.12（元）

（3）该公司11月份应缴纳的增值税：

应纳税额=162 727.12-152 700=10 027.12（元）

【例2-6】东方设计公司为增值税一般纳税人，税率为6%，符合加计抵减政策。2019年10月份发生以下经济业务：

（1）为甲个人提供服装设计服务，取得收入为100 000元。

（2）为乙个人提供创意策划服务，取得收入为80 000元。

（3）为丙企业提供环境设计服务，取得收入为60 000元。

（4）提供广告策划服务，取得收入为10 000元。

（5）购买办公用电脑，取得增值税专用发票，注明税款为5 000元；购买公司小轿车用汽油，取得增值税专用发票，注明税款为3 420元。

以上收入为含税价款。

要求：计算该公司10月份应缴纳的增值税。

【解析】（1）购买办公用电脑：

进项税额=5 000+3 420=8 420（元）

加计抵减额=8 420×10%=842（元）

（2）提供各项服务：

销项税额=（100 000+80 000+60 000+10 000）÷（1+6%）×6%=14 150.94（元）

（3）该公司10月份应缴纳的增值税：

应纳税额=14 150.94-8 420-842=4 888.94（元）

【案例导入分析】

（1）进项税额=13 000（元）

（2）销项税额=14 300+33 900÷（1+13%）×13%=18 200（元）

（3）应纳税额=18 200-13 000=5 200（元）

二、小规模纳税人应纳税额的计算

小规模纳税人销售货物、服务、无形资产或不动产，应纳税额的计算采用简易办法，即按销售额乘以3%的征收率，不得抵扣进项税额。采取销售额与税额合并定价的，应将其换算为不含税销售额，计算公式为：

$$不含税销售额=含税销售额÷（1+征收率）$$
$$应纳税额=不含税销售额×征收率$$

【例2-7】大华超市为增值税小规模纳税人，选择按季纳税，2019年第二季度实现零售额为319 300元。

要求：计算该超市第二季度应缴纳的增值税。

【解析】应纳税额=319 300÷（1+3%）×3%=9 300（元）

【例2-8】兰华货运站为增值税小规模纳税人，选择按月纳税，2019年9月份取得货运业务收入（含税）103 000元。

要求：计算该货运站9月份应缴纳的增值税。

【解析】不含税销售额=103 000÷（1+3%）=100 000（元），月销售额不超过10万元，享受小微企业暂免征收增值税优惠政策。

【例2-9】华阳租赁公司为增值税小规模纳税人，选择按月纳税，2019年10月份出租一批汽车，取得租金收入（含税）185 400元。

要求：计算该公司10月份应缴纳的增值税。

【解析】应纳税额=185 400÷（1+3%）×3%=5 400（元）

一般纳税人发生下列应税行为可以选择适用简易计税方法计税：

1.一般服务

（1）公共交通运输服务。

（2）动漫企业。

（3）电影放映服务、仓储服务、装卸搬运服务、收派服务和文化体育服务。

2.建筑服务

（1）一般纳税人以清包工方式提供的建筑服务，可以选择适用简易计税方法计税。

（2）一般纳税人为甲供工程提供的建筑服务，可以选择适用简易计税方法计税。

（3）一般纳税人为建筑工程老项目提供的建筑服务，可以选择适用简易计税方法计税。

（4）一般纳税人跨县（市）提供建筑服务，适用一般计税方法计税的，应以取得的全部价款和价外费用扣除支付的分包款后的余额，按2%的预征率在建筑服务发生地预缴税款后，向机构所在地主管税务机关进行纳税申报。

按2%的预征率在建筑服务发生地差额预缴，按9%的税率在机构所在地申报纳税。其计算公式为：

$$\text{适用一般计税方法计税的应预缴税款} = \left(\text{全部价款和价外费用} - \text{支付的分包款}\right) \div (1+9\%) \times 2\%$$

（5）一般纳税人跨县（市）提供建筑服务，选择适用简易计税方法计税的，应以取得的全部价款和价外费用扣除支付的分包款后的余额为销售额，按3%的征收率计算应纳税额。纳税人应按照上述计税方法在建筑服务发生地预缴税款后，向机构所在地主管税务机关进行纳税申报。

按3%的征收率在建筑服务发生地差额预缴，按3%的征收率在机构所在地申报纳税。其计算公式为：

$$\text{适用简易计税方法计税的应预缴税款} = \left(\text{全部价款和价外费用} - \text{支付的分包款}\right) \div (1+3\%) \times 3\%$$

3.销售不动产

（1）一般纳税人销售其2016年4月30日前取得（不含自建）的不动产，可以选择适用简易计税方法，以取得的全部价款和价外费用减去该项不动产购置原价或者取得不动产时的作价后的余额为销售额，按5%的征收率计算应纳税额。纳税人应按照上述计税方法在不动产所在地预缴税款后，向机构所在地主管税务机关进行纳税申报。

（2）一般纳税人销售其2016年4月30日前自建的不动产，可以选择适用简易计税方法，以取得的全部价款和价外费用为销售额，按5%的征收率计算应纳税额。纳税人应按照上述计税方法在不动产所在地预缴税款后，向机构所在地主管税务机关进行纳税申报。

（3）一般纳税人销售其2016年5月1日后取得（不含自建）的不动产，应适用一般计税方法，纳税人应以取得的全部价款和价外费用减去该项不动产购置原价或者取得不动产时的作价后的余额，按5%的预征率在不动产所在地预缴税款后，向机构所在地主管税务机关进行纳税申报。

（4）一般纳税人销售其2016年5月1日后自建的不动产，应适用一般计税方法，纳税人应以取得的全部价款和价外费用，按5%的预征率在不动产所在地预缴税款后，向机构所在地主管税务机关进行纳税申报。

（5）房地产开发企业中的一般纳税人，销售自行开发的房地产老项目，可以选择适用简易计税方法按5%的征收率计税。

（6）房地产开发企业采取预收款方式销售所开发的房地产项目，在收到预收款时按3%的预征率预缴增值税。待纳税义务发生时间确定时，再清算应纳税款，并扣除已预缴的增值税款。其计算公式为：

$$应预缴税款=预收款÷（1+适用税率或征收率）×3\%$$

适用一般计税方法计税的，按9%的适用税率计算；适用简易计税方法计税的，按5%的征收率计算。

房地产开发企业收到这类预收款以后，应区分项目的具体情况，是老项目还是新项目，确定适用的计税方法，计算当期的应预缴税款。

一般纳税人应在取得预收款的次月纳税申报期向项目所在地主管税务机关预缴税款。

4.不动产经营租赁服务

房地产开发企业出租不动产，不动产所在地与机构所在地不在同一县（市、区）的，纳税人应向不动产所在地主管税务机关预缴税款，向机构所在地主管税务机关申报纳税。纳税人出租的不动产所在地与机构所在地在同一县（市、区）的，纳税人应向机构所在地主管税务机关申报纳税。

①纳税人出租不动产适用一般计税方法计税的，按照以下公式计算应预缴税款：

$$应预缴税款=含税销售额÷（1+9\%）×3\%$$

②纳税人出租不动产适用简易计税方法计税的，除个人出租住房外，按照以下公式计算应预缴税款：

$$应预缴税款=含税销售额÷（1+5\%）×5\%$$

纳税人出租不动产，按照本办法规定需要预缴税款的，应在取得租金的次月纳税申报期或不动产所在地主管税务机关核定的纳税期限预缴税款。

三、进口货物应纳税额的计算

纳税人进口货物以组成计税价格为计算其增值税的计税依据。其计算公式如下：

$$组成计税价格=关税完税价格+关税+消费税$$
$$应纳税额=组成计税价格×税率$$

从以上计算公式中可以看出，进口货物增值税的组成计税价格中包括已纳关税税额，如果进口货物属于消费税应税消费品，其组成计税价格中还应包括已纳消费税税额。

【例2-10】华源进出口公司2019年9月份从美国进口一批空调，完税价格为800 000元，关税为160 000元。

要求：计算该公司9月份应缴纳的增值税。

【解析】应纳税额=（800 000+160 000）×13%=124 800（元）

四、出口退税的计算

（一）出口货物退（免）税规定

按照税法规定，纳税人出口货物实行零税率，实际是指货物出口时整体税负为零，不仅出口环节不征税，而且可以退还该货物以前环节已征的税款，这就是通常所说的

"出口退税"。出口退税是国际上的通行做法，主要为了避免对出口货物的重复征税；同时，出口退税可使本国产品以不含税的价格进入国际市场，增强竞争能力，是国家调节货物进出口，促进对外贸易的重要手段。

纳税人出口适用零税率的货物，在向海关办理报关出口手续后，凭出口报关单等有关凭证，可以按照规定向税务机关申报办理该项出口货物的增值税退税。

1.出口货物退（免）税适用范围

下列企业出口的货物，除另有规定外，给予免税并退税：

（1）出口企业出口货物。

出口企业，是指依法办理工商登记、税务登记、对外贸易经营者备案登记，自营或委托出口货物的单位或个体工商户，以及依法办理工商登记、税务登记但未办理对外贸易经营者备案登记，委托出口货物的生产企业。

出口货物，是指向海关报关后实际离境并销售给境外单位或个人的货物，分为自营出口货物和委托出口货物两类。

（2）出口企业或其他单位视同出口货物。

在下列特殊情况下，出口企业可按视同出口货物处理，适用增值税退（免）税政策：

①出口企业对外援助、对外承包、境外投资的出口货物。

②出口企业经海关报关进入国家批准的出口加工区、保税港区等特殊区域并销售给特殊区域内单位或境外单位、个人的货物。

③免税品经营企业销售的货物。免税品经营企业，是指按照海关总署核准的经营品种，免税运进进口商品，专供免税商店向规定对象销售的经营单位。

④出口企业或其他单位销售的用于国际金融组织或外国政府贷款国际招标建设项目的中标机电产品。

⑤生产企业向海上石油天然气开采企业销售的自产海洋工程结构物。

⑥出口企业或其他单位销售给国际运输企业用于国际运输工具上的货物。

⑦出口企业或其他单位销售给特殊区域内生产企业生产耗用，且不向海关报关而输入特殊区域的水、电力、燃气。

2.出口货物的退税率

除财政部和国家税务总局根据国务院决定而明确的增值税出口退税率外，出口货物的退税率为其适用税率。

【想一想】

增值税的税率和退税率完全一致吗？

3.出口货物退税的计算

（1）"免、抵、退"税的计算方法。

生产企业出口自产货物和视同自产货物及对外提供加工、修理修配劳务，实行"免、抵、退"税管理办法。

实行"免、抵、退"税管理办法的"免"税，是指对生产企业出口免征生产销售环节增值税；"抵"税，是指生产企业出口所耗用的原材料、零部件、燃料、动力等所含应予退还的进项税额，抵顶内销货物的应纳税额；"退"税，是指生产企业出口在当月内应抵顶的进项税额大于应纳税额时，对未抵顶完的部分予以退税。其计算公式为：

①当期应纳税额的计算。

$$\text{当期应纳税额} = \text{当期内销货物的销项税额} - (\text{当期进项税额} - \text{当期免抵退税不得免征和抵扣税额}) - \text{上期留抵税额}$$

其中：

$$\text{当期免抵退税不得免征和抵扣税额} = \text{当期出口货物离岸价} \times \text{人民币外汇牌价} \times (\text{出口货物征税率} - \text{出口货物退税率}) - \text{当期免抵退税不得免征和抵扣税额抵减额}$$

②当期免抵退税额的计算。

$$\text{当期免抵退税额} = \text{当期出口货物离岸价} \times \text{人民币外汇牌价} \times \text{出口货物退税率} - \text{当期免抵退税额抵减额}$$

③当期应退税额和免抵税额的计算。

如当期期末留抵税额≤当期免抵退税额，则：

当期应退税额=当期期末留抵税额

当期免抵税额=当期免抵退税额−当期应退税额

如当期期末留抵税额＞当期免抵退税额，则：

当期应退税额=当期免抵退税额

当期免抵税额=0

【例2-11】春华公司为自营出口的生产企业，为增值税一般纳税人，2019年9月份的有关经营业务如下：

（1）购进原材料一批，取得的增值税专用发票，注明价款为200万元，外购货物准予抵扣的进项税额为26万元，通过认证。

（2）内销货物不含税销售额为100万元，收款113万元存入银行。

（3）出口货物的销售额折合人民币200万元。

已知8月末留抵税款为3万元；出口货物的征税率为13%，退税率为11%。

要求：计算该公司9月份出口货物的免抵退税额。

【解析】（1）9月份免抵退税不得免征和抵扣税额=200×（13%−11%）=4（万元）

（2）9月份应纳税额=100×13%−（26−4）−3=13−22−3=−12（万元）

（3）出口货物的免抵退税额=200×11%=22（万元）

（4）按规定，当期期末留抵税额≤当期免抵退税额时：

当期应退税额=当期期末留抵税额，即该公司9月份的应退税额为12万元。

当期免抵税额=当期免抵退税额−当期应退税额，即该公司9月份的免抵税额为10万元（22−12）。

（2）"免、退"税的计算方法。

不具有生产能力的出口企业或其他单位出口货物、劳务，免征增值税，相应的进项税额予以退还。其计算公式为：

$$\text{应退税额} = \text{购进出口货物的增值税专用发票注明的金额或海关进口增值税专用缴款书注明的完税价格} \times \text{出口货物退税率}$$

【例2-12】金秋进出口有限公司2019年10月购进服装5 000件，增值税专用发票上注明金额为77 500元，税额为10 075元。出口至美国，离岸价为2万美元（汇率为1美元=7.0 726元人民币），服装退税率为13%。

要求：计算该公司出口应退税额。

【解析】应退税额=77 500×13%=10 075（元）

（二）跨境应税行为退（免）税规定

1.境内的单位和个人销售的下列服务和无形资产，适用增值税零税率

（1）国际运输服务。

①在境内载运旅客或者货物出境。

②在境外载运旅客或者货物入境。

③在境外载运旅客或者货物。

（2）航天运输服务。

（3）向境外单位提供的完全在境外消费的下列服务：

①研发服务。

②合同能源管理服务。

③设计服务。

④广播影视节目（作品）的制作和发行服务。

⑤软件服务。

⑥电路设计及测试服务。

⑦信息系统服务。

⑧业务流程管理服务。

⑨离岸服务外包业务。

⑩转让技术。

2.境内的单位和个人销售的下列服务和无形资产免征增值税

（1）境内的单位和个人销售的下列服务免征增值税，但财政部和国家税务总局规定适用增值税零税率的除外：

①工程项目在境外的建筑服务。

②工程项目在境外的工程监理服务。

③工程、矿产资源在境外的工程勘察勘探服务。

④会议展览地点在境外的会议展览服务。

⑤存储地点在境外的仓储服务。

⑥标的物在境外使用的有形动产租赁服务。

⑦在境外提供的广播影视节目（作品）的播映服务。

⑧在境外提供的文化体育服务、教育医疗服务、旅游服务。

（2）为出口货物提供的邮政服务、收派服务、保险服务。

（3）向境外单位提供的完全在境外消费的下列服务和无形资产：

①电信服务。

②知识产权服务。

③物流辅助服务（仓储服务、收派服务除外）。

④鉴证咨询服务。

⑤专业技术服务。

⑥商务辅助服务。

⑦广告投放地在境外的广告服务。

⑧无形资产。

（4）以无运输工具承运方式提供的国际运输服务。

（5）为境外单位之间的货币资金融通及其他金融业务提供的直接收费金融服务，且该服务与境内的货物、无形资产和不动产无关。

（6）财政部和国家税务总局规定的其他服务。

3.境内的单位和个人提供适用增值税零税率的服务或者无形资产

如果属于适用简易计税方法的，实行免征增值税办法。如果属于适用一般计税方法的，生产企业实行"免、抵、退"税办法。外贸企业外购服务或者无形资产出口，实行"免、退"税办法。外贸企业直接将服务或自行研发的无形资产出口，视同生产企业连同其出口货物统一实行"免、抵、退"税办法。企业按月向主管退税的税务机关申报办理增值税退（免）税手续。具体管理办法由国家税务总局商财政部另行制定。

■■　■■　■■　**任务实施**

实践活动1

【活动目标】

通过练习，进一步掌握增值税税额计算的主要法律规定。

【活动要求】

下列选择题中有四个选项，请根据增值税的基本知识，选择出一个或多个正确选项。

【活动实施】

1.下列项目中，即使取得法定扣税凭证，也不得从销项税额中抵扣其税额的是（　　　）。

A.购进的用于对外投资的钢材　　　B.购进的用于职工福利的大米

C.购进的用于无偿赠送的运动服装　　D.购进的用于分配给股东的汽车

2.计算销项税额的销售额不包括（　　　）。

A.全部价款　　　　　　　　　B.价外费用

C.增值税　　　　　　　　　　D.代收的消费税

3.根据增值税法律规定，下列属于增值税扣税凭证的是（　　　）。

A.农产品收购发票　　　　　　B.增值税专用发票

C.税收缴款凭证　　　　　　　D.海关进口增值税专用缴款书

【活动指导】

1.本题考查的是增值税进项税额不得抵扣的基本规定。用于集体福利或者个人消费的购进货物，其进项税额不得从销项税额中抵扣。答案为B。

2.本题考查的是计算增值税销项税额的规定。销售额包括向购买方收取的全部价款、价外费用，但不包括增值税和代收的消费税。答案为CD。

3.本题考查的是增值税扣税凭证范围。增值税扣税凭证，是指增值税专用发票、海关进口增值税专用缴款书、农产品收购发票、农产品销售发票和税收缴款凭证。答案为ABCD。

实践活动2

【活动目标】

通过网络搜集资料，进一步掌握增值税税额计算的应知应会。

【活动要求】

初级、中级会计师均涉及增值税税额计算的内容，请同学们通过网络搜集以上考试的历年考题，了解考题的题型、分值、涉及要点等，填写增值税历年考题调查表，见表2-2。

【活动实施】

表2-2　　　　　　　　增值税历年考题调查表

年份	会计师考题（初级）			会计师考题（中级）		
201×年	题型	分值	考试要点	题型	分值	考试要点
201×年	题型	分值	考试要点	题型	分值	考试要点
201×年	题型	分值	考试要点	题型	分值	考试要点

【活动指导】

1.建议选择有代表性的考题作为调查对象。

2.在调查时可以参考上述调查表的调查项目，也可以根据实际情况调整或重新设计调查表。

拓展提升：纳税人销售自己使用过的物品的相关增值税政策

任务2.3　增值税的缴纳

■■■■ **任务描述**

增值税是最具现代化征收手段的一个税种，本任务主要学习增值税的征收管理规定、发票认证、抄报税及纳税申报表的填制和网上报税流程，学生应掌握报税技能，为今后的工作运用打好基础。

【案例导入】

小张是华光财经学校会计电算化专业的一名学生，2019年6月底刚刚毕业，就应聘到新设立的丁丁食品厂，眼看进入8月份，需要申报7月份应缴纳的增值税，你帮小张想一想，他应该准备哪些资料，按照怎样的步骤，才能完成网上申报工作？

■■ ■■ ▩ 知识准备

一、增值税的征收管理

（一）纳税义务发生时间

销售货物、服务、无形资产或不动产的纳税义务发生时间，为收讫销售额或取得索取销售款凭据的当天；先开具发票的，为开具发票的当天；进口货物，为报关进口的当天。

取得索取销售款项凭据的当天，是指书面合同确定的付款日期；未签订书面合同或者书面合同未确定付款日期的，为货物发出、服务及无形资产转让完成或者不动产权属变更的当天。

根据销售方式和结算方式的不同，其纳税义务发生时间具体规定为：

（1）采取直接收款方式销售货物，不论货物是否发出，均为收到销售款或者取得索取销售款凭据的当天。

（2）采取托收承付和委托银行收款方式销售货物，为发出货物并办妥托收手续的当天。

（3）采取赊销和分期收款方式销售货物，为书面合同约定的收款日期的当天，无书面合同的或者书面合同没有约定收款日期的，为货物发出的当天。

（4）采取预收货款方式销售货物，为货物发出的当天，但生产销售生产工期超过12个月的大型机械设备、船舶、飞机等货物，为收到预收款或者书面合同约定的收款日期的当天，纳税人采取预收款方式提供租赁服务的，其纳税义务发生时间为收到预收款的当天。

（5）委托其他纳税人代销货物，为收到代销单位的代销清单或者收到全部或者部分货款的当天。未收到代销清单及货款的，为发出代销货物满180天的当天。

（6）销售应税劳务，为提供劳务同时收讫销售款或者取得索取销售款凭据的当天。

（7）纳税人从事金融商品转让的，为金融商品所有权转移的当天。

（8）纳税人提供建筑服务，被工程发包方从应支付的工程款中扣押的质押金、保证金，未开具发票的，以纳税人实际收到质押金、保证金的当天为纳税义务发生时间。

（9）纳税人发生视同销售行为（第（4）项至第（8）项），为货物移送或服务、无形资产转让完成、不动产权属变更的当天。

（10）增值税扣缴义务发生时间为纳税人增值税纳税义务发生的当天。

（二）纳税地点

（1）固定业户应当向其机构所在地的主管税务机关申报纳税。总机构和分支机构不在同一县（市）的，应当分别向各自所在地的主管税务机关申报纳税；经国务院财政、税务主管部门或者其授权的财政、税务机关批准，可以由总机构汇总向总机构所在地的主管税务机关申报纳税。

（2）固定业户到外县（市）销售货物或应税劳务，应当向其机构所在地的主管税务机关申请开具外出经营活动税收管理证明，并向其机构所在地的主管税务机关申报纳税；未开具证明的，应当向销售地或者劳务发生地的主管税务机关申报纳税；未向销售地或劳务发生地的主管税务机关申报纳税的，由其机构所在地的主管税务机关补征税款。

（3）非固定业户销售货物、服务、无形资产或不动产，应当向销售地或者服务发生地的主管税务机关申报纳税；未向销售地或者服务发生地的主管税务机关申报纳税的，由其机构所在地或者居住地的主管税务机关补征税款。

（4）其他个人提供建筑服务，销售或者租赁不动产，转让自然资源使用权，应向建筑服务发生地、不动产所在地、自然资源所在地主管税务机关申报纳税。

（5）进口货物，应当向报关地海关申报纳税。

（6）扣缴义务人应当向其机构所在地或者居住地的主管税务机关申报缴纳其扣缴的税款。

（三）纳税期限

增值税的纳税期限分别为1日、3日、5日、10日、15日、1个月或者1个季度。纳税人的具体纳税期限，由主管税务机关根据纳税人应纳税额的大小分别核定。以1个季度为纳税期限的规定适用于小规模纳税人、银行、财务公司、信托投资公司、信用社，以及财政部和国家税务总局规定的其他纳税人。不能按照固定期限纳税的，可以按次纳税。

自2016年4月1日起，增值税小规模纳税人缴纳增值税、消费税及附征的城市维护建设税、教育费附加等税费，原则上实行按季申报。

纳税人以1个月或者1个季度为1个纳税期的，自期满之日起15日内申报纳税；以1日、3日、5日、10日或者15日为1个纳税期的，自期满之日起5日内预缴税款，于次月1日起15日内申报纳税并结清上月应纳税款。

纳税人进口货物，应当自海关填发税款缴纳书之日起15日内缴纳税款。

纳税人出口货物，应当按月向税务机关申报办理该项出口货物退税。

二、增值税专用发票管理

增值税专用发票（以下简称专用发票），是指专门用于销售或提供增值税应税项目的一种发票。专用发票不仅是纳税人经济活动中的重要商事凭证，而且是兼记销货方销项税额和购货方进项税额的合法证明。

(一) 专用发票的领购使用范围

专用发票只限于增值税一般纳税人领购使用。小规模纳税人和非增值税纳税人不得领购使用。纳税信用A级的纳税人可一次领取不超过3个月的增值税发票用量，纳税信用B级的纳税人可一次领取不超过2个月的增值税发票用量。

自2020年2月1日起，全面推行小规模纳税人自行开具增值税专用发票，小规模纳税人（其他个人除外）发生增值税应税行为、需要开具增值税专用发票的，可以自愿使用增值税发票管理系统自行开具。选择自行开具增值税专用发票的小规模纳税人，税务机关不再为其代开增值税专用发票。

一般纳税人有下列情形之一者，不得领购使用专用发票：

（1）会计核算不健全，即不能按会计制度和税务机关的要求准确核算增值税的销项税额、进项税额和应纳税额的。

（2）不能向税务机关准确提供增值税销项税额、进项税额、应纳税额数据及其他有关增值税税务资料的。

（3）有下列行为之一者，经税务机关责令限期改正而仍未改正的：

①私自印制专用发票。

②向个人或税务机关以外的单位买取专用发票。

③借用他人专用发票。

④向他人提供专用发票。

⑤未按规定开具、保管专用发票。

⑥未按规定申报专用发票的购、用、存情况。

⑦未按规定接受税务机关检查。

（4）销售的货物全部属于免税项目的。

（5）纳税人当月购买专用发票而未申报纳税的。

有以上情形之一的一般纳税人如已领购专用发票，税务机关应收缴其结存的专用发票。

(二) 专用发票开具范围

纳税人销售货物或者应税劳务，应当向索取增值税专用发票的购买方开具增值税专用发票，并在增值税专用发票上分别注明销售额和销项税额。

属于下列情形之一的，不得开具增值税专用发票：

（1）向消费者个人销售货物、服务、无形资产或不动产的。

（2）销售货物、服务、无形资产或不动产适用免税规定的。

(三) 专用发票开具要求

（1）字迹清楚。

（2）不得涂改，如填写有误，应另行开具专用发票，并在误填的专用发票上注明"误填作废"四个字。

（3）项目填写齐全。

（4）票、物相符，票面金额与实际收取的金额相符。

（5）各项目内容准确无误。

（6）全部联次一次填开，上、下联的内容和金额一致。

（7）发票联和抵扣联加盖财务专用章或发票专用章。

（8）按照规定的时限开具专用发票。

（9）不得开具伪造的专用发票。

（10）不得拆本使用专用发票。

（11）不得开具票样与国家税务总局统一监制的票样不相符合的专用发票。

开具的专用发票有不符合上列要求者，不得作为扣税凭证，购买者有权拒收。

（四）专用发票开具时限

专用发票开具时限规定如下：

（1）采取直接收款方式销售货物，不论货物是否发出，均为收到销售款或者取得索取销售款凭据的当天。

（2）采取托收承付和委托银行收款方式销售货物，为发出货物并办妥托收手续的当天。

（3）采取赊销和分期收款方式销售货物、服务、无形资产或不动产，为书面合同约定的收款日期的当天；无书面合同的或者书面合同没有约定收款日期的，为货物发出、服务及无形资产转让完成或者不动产权属变更的当天。

（4）采取预收货款方式销售货物，为货物发出的当天，但生产销售生产工期超过12个月的大型机械设备、船舶、飞机等货物，为收到预收款或者书面合同约定的收款日期的当天，纳税人采取预收款方式提供租赁服务的，为收到预收款的当天。

（5）委托其他纳税人代销货物，为收到代销单位的代销清单或者收到全部或者部分货款的当天。未收到代销清单及货款的，为发出代销货物满180天的当天。

（6）销售应税劳务，为提供劳务同时收讫销售款或者取得索取销售款的凭据的当天。

（7）纳税人从事金融商品转让的，为金融商品所有权转移的当天。

（8）纳税人发生视同销售货物行为，为货物移送或服务、无形资产转让完成、不动产权属变更的当天。

一般纳税人必须按规定时限开具专用发票，不得提前或滞后。对已经开具专用发票的销售货物，应及时足额计入当期销售额征税。凡是已经开具了专用发票，其销售额未按规定计入销售额征税的，一律按偷税论处。对于代开、虚开专用发票的，一律按票面所列货物的适用税率全额计算补缴税款，并视情节依据征管法的规定予以处罚。

三、一般纳税人增值税申报表的填报

（一）增值税专用发票的用途确认

自2020年3月1日起，增值税一般纳税人取得的增值税专用发票、海关进口增值税专用缴款书、机动车销售统一发票、收费公路通行费增值税电子普通发票，取消认证确认、稽核比对、申报抵扣的期限。

纳税人在进行增值税纳税申报时，应当通过本省增值税发票综合服务平台对上述扣税凭证信息进行用途确认。

【想一想】

本月取得增值税专用发票，其进项税额可以在下月进行抵扣吗？

（二）增值税的抄税

抄税，是指在防伪税控开票的电脑上把上月的开票情况全部记入税控 IC 卡，同时将增值税发票汇总表、明细表打印加盖公章，然后带抄税卡到税务机关报税；或者利用远程抄报系统进行抄税清卡报税。企业应在每月月初（15 日前）对本期资料进行抄税。一般抄了税才能报税，且抄过税后才能开具下个月发票，就相当于是将一个月的开出的发票上的销项税额结清一下。

除了特定纳税人及特殊情形外，取消增值税发票抄报税，改由纳税人对开票数据进行确认。

（三）一般纳税人增值税申报表的填报

增值税纳税申报分为一般纳税人和小规模纳税人两种，其计税原始资料的填报与办税程序均有不同要求。增值税一般纳税人申报的特点是报表体系严密，计税资料齐全。

一般纳税人进行纳税申报必须实行电子信息采集。使用防伪税控系统开具增值税专用发票的纳税人必须在抄报税成功后，方可进行纳税申报。

一般纳税人的纳税申报资料包括纳税申报表及其附列资料和纳税申报其他资料两类，纳税申报表及其附列资料为必报资料。

1.申报表及其附列资料

（1）增值税纳税申报表（一般纳税人适用），见表 2-3。

（2）增值税纳税申报表附列资料（一）（本期销售情况明细），见表 2-4。

（3）增值税纳税申报表附列资料（二）（本期进项税额明细），见表 2-5。

（4）增值税纳税申报表附列资料（三）（服务、不动产和无形资产扣除项目明细），见表 2-6。纳税人销售服务、不动产和无形资产，在确定销售服务、不动产和无形资产销售额时，按照有关规定可以从取得的全部价款和价外费用中扣除价款的，需填报本表。其他纳税人不填写本表。

（5）增值税纳税申报表附列资料（四）（税额抵减情况），见表 2-7。

此表一是由发生增值税税控系统专用设备费用和技术维护费的纳税人填写，反映纳税人增值税税控系统专用设备费用和技术维护费按规定抵减增值税应纳税额的情况；二是由营业税改征增值税试点纳税人，以及服务、不动产和无形资产按规定汇总计算缴纳增值税的总机构填写，反映其分支机构预征缴纳税款抵减总机构应纳增值税税额的情况；三是由提供建筑服务、销售或出租不动产并按规定预缴增值税的纳税人填写，反映预征缴纳税款抵减应纳增值税税额的情况。其他纳税人不填写本表。

（6）增值税补充申报表，见表 2-8。

（7）增值税减免税申报明细表，见表 2-9。

表2-3 　　　　　　　　　　　增值税纳税申报表

（一般纳税人适用）

根据国家税收法律法规及增值税相关规定制定本表。纳税人不论有无销售额，均应按税务机关核定的纳税期限填写本表，并向当地税务机关申报。

税款所属时间：　　年　月　日至　　年　月　日　　填表日期：　　年　月　日　　金额单位：元（列至角分）

纳税人识别号													所属行业：			
纳税人名称	（公章）法定代表人姓名						注册地址			生产经营地址						
开户银行及账号					登记注册类型					电话号码						

项　目		栏次	一般项目		即征即退项目	
			本月数	本年累计	本月数	本年累计
销售额	（一）按适用税率计税销售额	1				
	其中：应税货物销售额	2				
	应税劳务销售额	3				
	纳税检查调整的销售额	4				
	（二）按简易办法计税销售额	5				
	其中：纳税检查调整的销售额	6				
	（三）免、抵、退办法出口销售额	7			—	—
	（四）免税销售额	8			—	—
	其中：免税货物销售额	9			—	—
	免税劳务销售额	10			—	—
税款计算	销项税额	11				
	进项税额	12				
	上期留抵税额	13				—
	进项税额转出	14				
	免、抵、退应退税额	15			—	—
	按适用税率计算的纳税检查应补缴税额	16			—	—
	应抵扣税额合计	17=12+13-14-15+16		—		—
	实际抵扣税额	18（如17<11，则为17，否则为11）				—

续表

项　目		栏次	一般项目		即征即退项目	
			本月数	本年累计	本月数	本年累计
税款计算	应纳税额	19=11-18				
	期末留抵税额	20=17-18				—
	简易计税办法计算的应纳税额	21				
	按简易计税办法计算的纳税检查应补缴税额	22			—	—
	应纳税额减征额	23				
	应纳税额合计	24=19+21-23				
税款缴纳	期初未缴税额（多缴为负数）	25				
	实收出口开具专用缴款书退税额	26			—	—
	本期已缴税额	27=28+29+30+31				
	①分次预缴税额	28			—	—
	②出口开具专用缴款书预缴税额	29			—	—
	③本期缴纳上期应纳税额	30				
	④本期缴纳欠缴税额	31				
	期末未缴税额（多缴为负数）	32=24+25+26-27				
	其中：欠缴税额（≥0）	33=25+26-27			—	—
	本期应补（退）税额	34=24-28-29			—	—
	即征即退实际退税额	35	—	—		
	期初未缴查补税额	36			—	—
	本期入库查补税额	37			—	—
	期末未缴查补税额	38=16+22+36-37			—	—
授权声明	如果你已委托代理人申报，请填写下列资料： 为代理一切税务事宜，现授权＿＿＿＿＿＿＿＿（地址）＿＿＿＿＿＿＿＿为本纳税人的代理申报人，任何与本申报表有关的往来文件，都可寄予此人。 授权人签字：	申报人声明	本纳税申报表是根据国家税收法律法规及相关规定填报的，我相信它是真实的、可靠的、完整的。 声明人签字：			

主管税务机关（章）：　　　　　接收人：　　　　　接收日期：

表2-4

增值税纳税申报表附列资料（一）

（本期销售情况明细）

税款所属时间：　　　年　月　日至　　　年　月　日

纳税人名称：（公章）

金额单位：元（列至角分）

项目及栏次		开具增值税专用发票		开具其他发票		未开具发票		纳税检查调整		合计			服务、不动产和无形资产扣除项目本期实际扣除金额	扣除后	
		销售额	销项（应纳）税额	销售额	销项（应纳）税额	销售额	销项（应纳）税额	销售额	销项（应纳）税额	销售额	销项（应纳）税额	价税合计		含税（免税）销售额	销项（应纳）税额
		1	2	3	4	5	6	7	8	9=1+3+5+7	10=2+4+6+8	11=9+10	12	13=11-12	14=13÷(100%+税率或征收率)×税率或征收率
一、一般计税方法计税 全部征税项目	13%税率的货物及加工、修理修配劳务 1													—	—
	13%税率的服务、不动产和无形资产 2														
	9%税率的货物及加工、修理修配劳务 3													—	—
	9%税率的服务、不动产和无形资产 4														
	6%税率 5														
其中：即征即退项目	即征即退货物及加工、修理修配劳务 6			—	—	—	—							—	—
	即征即退服务、不动产和无形资产 7			—	—	—	—								
二、简易计税方法计税 全部征税项目	6%征收率 8														—
	5%征收率的货物及加工、修理修配劳务 9a													—	—
	5%征收率的服务、不动产和无形资产 9b														
	4%征收率 10													—	—

续表

项目及栏次	开具增值税专用发票 销售额	开具增值税专用发票 销项(应纳)税额	开具其他发票 销售额	开具其他发票 销项(应纳)税额	未开具发票 销售额	未开具发票 销项(应纳)税额	纳税检查调整 销售额	纳税检查调整 销项(应纳)税额	合计 销售额	合计 销项(应纳)税额	价税合计	服务、不动产和无形资产扣除项目本期实际扣除金额	扣除后 含税(免税)销售额	扣除后 销项(应纳)税额
（栏次）	1	2	3	4	5	6	7	8	$9=1+3+5+7$	$10=2+4+6+8$	$11=9+10$	12	$13=11-12$	$14=13\div(100\%+税率或征收率)\times税率或征收率$
二、简易计税方法计税 全部征税项目 3%征收率的货物及加工、修理修配劳务 11														—
3%征收率的服务、不动产和无形资产 12							—	—					—	
预征率 % 13a							—	—						
预征率 % 13b														
预征率 % 13c														
其中:即征即退项目 即征即退货物及加工、修理修配劳务 14													—	—
即征即退服务、不动产和无形资产 15					—		—	—				—	—	—
三、免抵退税 货物及加工、修理修配劳务 16					—		—	—			—	—	—	—
服务、不动产和无形资产 17	—				—		—	—			—	—	—	—
四、免税 货物及加工、修理修配劳务 18	—	—		—		—		—		—	—	—	—	—
服务、不动产和无形资产 19	—	—		—		—		—		—	—	—	—	—

表2-5 　　　　　　　　　增值税纳税申报表附列资料（二）

（本期进项税额明细）

税款所属时间：　　年　月　日至　　年　月　日

纳税人名称：（公章）　　　　　　　　　　　　　　　　　金额单位：元（列至角分）

一、申报抵扣的进项税额				
项目	栏次	份数	金额	税额
（一）认证相符的增值税专用发票	1=2+3			
其中：本期认证相符且本期申报抵扣	2			
前期认证相符且本期申报抵扣	3			
（二）其他扣税凭证	4=5+6+7+8a+8b			
其中：海关进口增值税专用缴款书	5			
农产品收购发票或者销售发票	6			
代扣代缴税收缴款凭证	7		—	
加计扣除农产品进项税额	8a	—	—	
其他	8b			
（三）本期用于购建不动产的扣税凭证	9			
（四）本期用于抵扣的旅客运输服务扣税凭证	10			
（五）外贸企业进项税额抵扣证明	11		—	—
当期申报抵扣进项税额合计	12=1+4-9+10+11			
二、进项税额转出额				
项目	栏次	税额		
本期进项税额转出额	13=14+15+…+23			
其中：免税项目用	14			
集体福利、个人消费	15			
非正常损失	16			
简易计税方法征税项目用	17			
免抵退税办法不得抵扣的进项税额	18			
纳税检查调减进项税额	19			
红字专用发票信息表注明的进项税额	20			
上期留抵税额抵减欠税	21			
上期留抵税额退税	22			
其他应作进项税额转出的情形	23			

续表

三、待抵扣进项税额				
项目	栏次	份数	金额	税额
（一）认证相符的增值税专用发票	24	—	—	—
期初已认证相符但未申报抵扣	25			
本期认证相符且本期未申报抵扣	26			
期末已认证相符但未申报抵扣	27			
其中：按照税法规定不允许抵扣	28			
（二）其他扣税凭证	29=30+31+32+33			
其中：海关进口增值税专用缴款书	30			
农产品收购发票或者销售发票	31			
代扣代缴税收缴款凭证	32		—	
其他	33			
	34			
四、其他				
项目	栏次	份数	金额	税额
本期认证相符的增值税专用发票	35			
代扣代缴税额	36	—	—	

表2-6　　　　　　　　　**增值税纳税申报表附列资料（三）**

（服务、不动产和无形资产扣除项目明细）

税款所属时间：　　年　月　日至　　年　月　日

纳税人名称：（公章）　　　　　　　　　　　　　　　　　　金额单位：元（列至角分）

项目及栏次		本期服务、不动产和无形资产价税合计额（免税销售额）	服务、不动产和无形资产扣除项目				
			期初余额	本期发生额	本期应扣除金额	本期实际扣除金额	期末余额
		1	2	3	4=2+3	5（5≤1且5≤4）	6=4-5
13%税率的项目	1						
9%税率的项目	2						
6%税率的项目（不含金融商品转让）	3						
6%税率的金融商品转让项目	4						
5%征收率的项目	5						
3%征收率的项目	6						
免抵退税的项目	7						
免税的项目	8						

表2-7 　　　　　　　　　　　　　**增值税纳税申报表附列资料（四）**

（税额抵减情况）

税款所属时间：　　　年　月　日至　　年　月　日

纳税人名称：（公章）　　　　　　　　　　　　　　　　　　金额单位：元（列至角分）

一、税额抵减情况						
序号	抵减项目	期初余额	本期发生额	本期应抵减税额	本期实际抵减税额	期末余额
		1	2	3=1+2	4≤3	5=3-4
1	增值税税控系统专用设备费及技术维护费					
2	分支机构预征缴纳税款					
3	建筑服务预征缴纳税款					
4	销售不动产预征缴纳税款					
5	出租不动产预征缴纳税款					

二、加计抵减情况						
序号	加计抵减项目	期初余额	本期发生额	本期调减额	本期可抵减税额	本期实际抵减税额	期末余额
		1	2	3	4=1+2-3	5	6=4-5
6	一般项目加计抵减额计算						
7	即征即退项目加计抵减额计算						
8	合计						

表2-8   增值税补充申报表

纳税人识别号				纳税人名称		
经营地址						
法定代表人			财务负责人		联系电话	
办税人员				所属期		
登记行业				明细行业		
编号	数据项		本期		填报说明	
Q0002	银行结算及刷卡收入（元）				通过银行结算或刷卡取得的货款或应税劳务含税收入合计	
Q0021	现金收款收入（元）				以现金形式收取的货款或应税劳务含税收入合计	
Q0022	未收款收入（元）				全部货款和应税劳务收入中除上两项之外的含税收入	
Q0003	现金支出（元）				现金日记账贷方发生额合计	
Q0004	应收账款借方余额（元）				应收账款科目期末借方余额	
Q0038	制造费用借方发生额（元）				制造费用科目借方发生额合计	
Q0606	购进货物用于集体福利及个人消费转出进项税额（元）				本期进项转出税额中属于购进货物用于集体福利及个人消费的部分	
Q0607	应付福利费借方发生额（元）				本期应付福利费科目借方发生额合计	
Q0608	在建工程项目借方发生额（元）				本期在建工程科目借方发生额合计	
Q0054	其他业务收入（元）				本期其他业务收入科目贷方发生额合计	
Q0052	购进运费抵扣税额（元）				本期全部运费中用于购进业务的部分抵扣的进项税额合计	
Q0053	销售运费抵扣税额（元）				本期全部运费中用于销售业务的部分抵扣的进项税额合计	

纳税人（盖章）：

表2-9　　　　　　　　　　　　增值税减免税申报明细表

税款所属时间：　　年　月　日至　　年　月　日

纳税人名称（公章）：　　　　　　　　　　　　　　　　　　金额单位：元（列至角分）

一、减税项目						
减税性质代码及名称	栏次	期初余额	本期发生额	本期应抵减税额	本期实际抵减税额	期末余额
		1	2	3=1+2	4≤3	5=3-4
合计	1					
	2					
	3					
	4					
	5					
	6					
二、免税项目						
免税性质代码及名称	栏次	免征增值税项目销售额	免税销售额扣除项目本期实际扣除金额	扣除后免税销售额	免税销售额对应的进项税额	免税额
		1	2	3=1-2	4	5
合计	7					
出口免税	8		—	—	—	
其中：跨境服务	9		—	—	—	
	10					
	11					
	12					
	13					
	14					
	15					
	16					

2.纳税申报其他资料

（1）已开具的税控机动车销售统一发票和普通发票的存根联。

（2）符合抵扣条件且在本期申报抵扣的增值税专用发票（含机动车销售统一发票）的抵扣联。

（3）符合抵扣条件且在本期申报抵扣的海关进口增值税专用缴款书、购进农产品取得的普通发票的复印件。

（4）符合抵扣条件且在本期申报抵扣的完税凭证及其清单，书面合同、付款证明和境外单位的对账单或者发票。

（5）已开具的农产品收购凭证的存根联或报查联。

（6）纳税人销售服务、不动产和无形资产，在确定服务、不动产和无形资产销售额时，按照有关规定从取得的全部价款和价外费用中扣除价款的合法凭证及其清单。

（7）主管税务机关要求的其他资料。

纳税申报其他资料的报备要求由各省、自治区、直辖市和计划单列市税务机关确定。

3.申报资料填报顺序

根据表间数据的逻辑关系，纳税人应按照以下顺序填报：

（1）增值税纳税申报表附列资料（二）（本期进项税额明细）（必填）。

（2）增值税纳税申报表附列资料（三）（服务、不动产和无形资产扣除项目明细）（选填）。

（3）增值税纳税申报表附列资料（一）（本期销售情况明细）（必填）。

（4）增值税纳税申报表（一般纳税人适用）（必填）。

（5）增值税补充申报表（必填）。

（6）增值税纳税申报表附列资料（四）（税额抵减情况）（选填）。

（7）增值税减免税申报明细表（选填）。

4.纳税申报资料的管理

（1）增值税纳税申报必报资料。

纳税人在纳税申报期内，应及时将全部必报资料的电子数据报送主管税务机关，并在主管税务机关按照税法规定确定的期限内（具体时间由各省级税务机关确定），将纸质的必报资料（具体份数由省级税务机关确定）报送主管税务机关，税务机关签收后，一份退还纳税人，其余留存。

（2）增值税纳税申报备查资料。

纳税人在月度终了后，应将备查资料认真整理并装订成册。

①防伪税控系统开具的增值税专用发票的存根联，应按开票顺序号码每25份装订一册，不足25份的按实际开具份数装订。

②对属于扣税凭证的单证，根据取得的时间顺序，按单证种类每25份装订一册，不足25份的按实际份数装订。

③装订时，必须使用税务机关统一规定的征税/扣税单证汇总簿封面，并按规定填写封面内容，由办税人员和财务人员审核签章。

纳税人开具的普通发票及收购凭证在其整本使用完毕的当月，加装征税/扣税单证汇总簿封面。

④征税/扣税单证汇总簿封面的内容包括纳税人单位名称、本册单证份数、金额、税额、本月此种单证总册数及本册单证编号、税款所属时间等，具体格式由各省级税务机关制定。

【例2-13】中环电器有限公司是增值税一般纳税人（纳税人识别号：913713127915169166）2019年9月发生下列业务（无其他涉税事项）：

购进业务：

（1）9月4日，从圣天电机厂（纳税人识别号：913713027788071233）购进Z型电动机200台，取得增值税专用发票（发票代码3200134140，号码14017719），单价为400元，金额合计80 000元，税额为10 400元。

（2）9月10日，从东方风机公司（纳税人识别号：913713027658978766）购入离心式风机40个，取得增值税专用发票（发票代码3300131140，号码21186818），单价为250元，金额合计10 000元，税额为1 300元。

（3）9月20日，从远达包装材料厂（纳税人识别号：913713117973284666）购入包装材料200箱，取得增值税专用发票（发票代码3200134140，号码14017725），单价为180元，金额合计36 000元，税额为4 680元。

（4）9月21日，从天安机械厂（纳税人识别号：913713027788045777）购入设备一台，取得增值税专用发票（发票代码3700134190，号码00188456），金额为78 000元，税额为10 140元。

销售业务：

（1）9月5日，销售给金鸟家用电器经销公司（纳税人识别号：913713127788045977）洁净牌吸尘器210台，销售额为210 000元，税额为27 300元；销售靓爽牌电吹风50台，销售额为22 800元，税额为2 964元，开出增值税专用发票（发票代码3700122140，号码00177078）。

（2）9月11日，向沂蒙百货大楼（纳税人识别号：913713027788567977）销售洁净牌吸尘器69台，销售额为69 000元，税额为8 970元，开出增值税专用发票（发票代码3700122140，号码00177079）。

（3）9月14日，销售给费城区人民商场（纳税人识别号：913713127788502666）洁净牌吸尘器4台，销售额为4 000元，税额为520元；销售靓爽牌电吹风1台，销售额为560元，税额为72.8元，开出增值税专用发票（发票代码3700122140，号码00177080）。

（4）9月25日，销售给常林春天有限公司（纳税人识别号：913713227790902466）靓爽牌电吹风4台，销售额为2 000元，税额为260元，开出增值税专用发票（发票代码3700122140，号码00177081）。

要求：计算该公司本月应缴纳的增值税，并填报增值税纳税申报表。

【解析】1.计算步骤

（1）进项税额=10 400+1 300+4 680+10 140=26 520（元）

（2）销项税额=27 300+2 964+8 970+520+72.8+260=40 086.8（元）

（3）应纳税额=40 086.8-26 520=13 566.8（元）

2.填报申报表

首先，纳税人应当在本省增值税发票综合服务平台上对本月取得的增值税专用发票信息进行用途确认，即发票抵扣勾选，生成发票统计表。见表2-10。

表2-10 发票统计表

纳税人名称：中环电器有限公司

纳税人识别号：913713127915169166

所属时间：2019年9月

金额单位：元（列至角分）

用途 发票类型	抵扣			不抵扣		
	份数	金额	有效税额	份数	金额	有效税额
增值税专用发票	4	204 000.00	26 520.00	0	0.00	0.00
机动车销售统一发票	0	0.00	0.00	0	0.00	0.00
通行费电子发票	0	0.00	0.00	0	0.00	0.00
出口转内销发票	0	0.00	0.00	0	0.00	0.00
总计	4	204 000.00	26 520.00	0	0.00	0.00

其次，在税控机上将本月开出的专用发票金额资料抄报到IC卡上，同时将专用发票汇总表和明细表打印如下，见表2-11、表2-12：

表2-11 专用发票汇总表

制表日期：2019年9月30日

所属期间：9月第1期

专用发票统计表1-01

增值税专用发票汇总表（2019年9月）

纳税人识别号：913713127915169166

企业名称：中环电器有限公司

地址电话：山东省兰山区兰山路18号 0539-83112779

★ 发票领用存情况 ★

期初库存份数	8	正数发票份数	4	负数发票份数	0
购进发票份数	10	正数废票份数	0	负数废票份数	0
退回发票份数	0	期末库存份数	14		

★ 销项情况 ★

金额单位：元（列至角分）

序号	项目名称	合计	13%	9%	3%	其他
1	销项正废金额	0.00	0.00	0.00	0.00	0.00
2	销项正数金额	308 360.00	308 360.00	0.00	0.00	0.00
3	销项负废金额	0.00	0.00	0.00	0.00	0.00

续表

序号	项目名称	合计	13%	9%	3%	其他
4	销项负数金额	0.00	0.00	0.00	0.00	0.00
5	实际销售金额	308 360.00	308 360.00	0.00	0.00	0.00
6	销项正废税额	0.00	0.00	0.00	0.00	0.00
7	销项正数税额	40 086.80	40 086.80	0.00	0.00	0.00
8	销项负废税额	0.00	0.00	0.00	0.00	0.00
9	销项负数税额	0.00	0.00	0.00	0.00	0.00
10	实际销售税额	40 086.80	40 086.80	0.00	0.00	0.00

表 2-12　　　　　　　　　　　　专用发票明细表

制表时间：2019 年 09 月 30 日

专用发票统计表 1-02

正数发票清单（2019 年 9 月）本期数据

纳税人识别号：913713127915169166

企业名称：中环电器有限公司

地址电话：山东省兰山区兰山路 18 号　0539-83112779　　　　　　　金额单位：元（列至角分）

序号	发票种类	类别代码	发票号码	开票日期	纳税人识别号	合计金额	合计税额	税率
1	专用发票	3700122140	00177078	2019-09-05	913713127788045977	232 800.00	30 264.00	13%
2	专用发票	3700122140	00177079	2019-09-11	913713027788567977	69 000.00	8 970.00	13%
3	专用发票	3700122140	00177080	2019-09-14	913713127788502666	4 560.00	592.80	13%
4	专用发票	3700122140	00177081	2019-09-25	913713227790902466	2 000.00	260.00	13%

填表人：　　　　　抽样员：　　　　　录入员：　　　　　复核员：　　　　　审核员：

最后，登录主管税务机关网上办税平台，进入申报系统，填列有关纳税报表，确认申报即可。会计报表不随税种申报，而是单独申报，先行填报提交，然后再按顺序填列纳税申报表。

【案例导入分析】

小张可以按照下列步骤完成网上申报工作：

（1）一般在每月月末登录本省增值税发票综合服务平台对本月取得的抵扣凭证进行用途确认，即发票抵扣勾选。

（2）次月初进行抄税或对开票数据进行确认。

（3）抄完税后就要准备进行网上纳税申报，在"增值税纳税申报系统"中填制纳税申报表及附表、资产负债表和利润表。

（4）申报成功后网上划款缴税。

四、小规模纳税人增值税申报表的填报

小规模纳税人由于计税方法简单，其纳税申报的操作也相对容易。小规模纳税人应在规定的期限内向主管税务机关报送增值税纳税申报表。

增值税小规模纳税人纳税申报表及其附列资料包括：

（1）增值税纳税申报表（小规模纳税人适用），见表2-13。

表2-13　　　　　　　　　　　增值税纳税申报表

（小规模纳税人适用）

纳税人识别号：□□□□□□□□□□□□□□□□□□

纳税人名称（公章）：　　　　　　　　　　　　　　　　金额单位：元（列至角分）

税款所属时间：　年　月　日至　年　月　日　　　　　填表日期：　年　月　日

项目	栏次	本期数		本年累计	
		货物及劳务	服务、不动产和无形资产	货物及劳务	服务、不动产和无形资产
一、计税依据	（一）应征增值税不含税销售额（3%征收率）	1				
	税务机关代开的增值税专用发票不含税销售额	2				
	税控器具开具的普通发票不含税销售额	3				
	（二）应征增值税不含税销售额（5%征收率）	4	—			
	税务机关代开的增值税专用发票不含税销售额	5	—			
	税控器具开具的普通发票不含税销售额	6	—			
	（三）销售使用过的固定资产不含税销售额	7（7≥8）		—		—
	其中：税控器具开具的普通发票不含税销售额	8		—		—
	（四）免税销售额	9=10+11+12				
	其中：小微企业免税销售额	10				

续表

项目		栏次	本期数		本年累计	
			货物及劳务	服务、不动产和无形资产	货物及劳务	服务、不动产和无形资产
一、计税依据	未达起征点销售额	11				
	其他免税销售额	12				
	(五)出口免税销售额	13(13≥14)				
	其中：税控器具开具的普通发票销售额	14				
二、税款计算	本期应纳税额	15				
	本期应纳税额减征额	16				
	本期免税额	17				
	其中：小微企业免税额	18				
	未达起征点免税额	19				
	应纳税额合计	20=15−16				
	本期预缴税额	21		—	—	
	本期应补(退)税额	22=20−21		—	—	

纳税人或代理人声明：	如纳税人填报，由纳税人填写以下各栏：	
本纳税申报表是根据国家税收法律法规及相关规定填报的，我确定它是真实的、可靠的、完整的。	办税人员： 法定代表人：	财务负责人： 联系电话：
	如委托代理人填报，由代理人填写以下各栏：	
	代理人名称(公章)：	经办人： 联系电话：

主管税务机关：(章)　　　　　　接收人：　　　　　　接收日期：

(2)增值税纳税申报表(小规模纳税人适用)附列资料，见表2-14。小规模纳税人销售服务、不动产和无形资产，在确定销售服务、不动产和无形资产销售额时，按照有关规定可以从取得全部价款和价外费用中扣除价款的，需填报本表。其他纳税人不填写本表。

表2-14　　　　　　　　增值税纳税申报表（小规模纳税人适用）附列资料

税款所属时间：　年　月　日至　年　月　日　　　　　　　　填表日期：　年　月　日

纳税人名称（公章）：　　　　　　　　　　　　　　　　　　金额单位：元（列至角分）

应税行为（3%征收率）扣除额计算			
期初余额	本期发生额	本期扣除额	期末余额
1	2	3（3≤1+2之和，且 3≤5）	4=1+2-3

应税行为（3%征收率）计税销售额计算			
全部含税收入（适用3%征收率）	本期扣除额	含税销售额	不含税销售额
5	6=3	7=5-6	8=7÷1.03

应税行为（5%征收率）扣除额计算			
期初余额	本期发生额	本期扣除额	期末余额
9	10	11（11≤9+10之和，且11≤13）	12=9+10-11

应税行为（5%征收率）计税销售额计算			
全部含税收入（适用5%征收率）	本期扣除额	含税销售额	不含税销售额
13	14=11	15=13-14	16=15÷1.05

【例2-14】味美食品厂为小规模纳税人，2019年第1季度实现产品销售额为95 000元（不含税），全部为自行开具增值税普通发票。

要求：计算该厂本季度应缴纳的增值税，并填报"增值税纳税申报表"，见表2-15。

【解析】该厂本季度销售额低于30万元，免征增值税。

表2-15

增值税纳税申报表

（小规模纳税人适用）

纳税人识别号：□□□□□□□□□□□□□□□□□□□□

纳税人名称（公章）：味美食品厂　　　　　　　　　　金额单位：元（列至角分）

税款所属时间：2019年1月1日至2019年3月31日　　　填表日期：2019年4月11日

项目		栏次	本期数		本年累计	
			货物及劳务	服务、不动产和无形资产	货物及劳务	服务、不动产和无形资产
一、计税依据	（一）应征增值税不含税销售额（3%征收率）	1				
	税务机关代开的增值税专用发票不含税销售额	2				
	税控器具开具的普通发票不含税销售额	3				
	（二）应征增值税不含税销售额（5%征收率）	4	—		—	
	税务机关代开的增值税专用发票不含税销售额	5	—		—	
	税控器具开具的普通发票不含税销售额	6	—		—	
	（三）销售使用过的固定资产不含税销售额	7（7≥8）		—		—
	其中：税控器具开具的普通发票不含税销售额	8		—		—
	（四）免税销售额	9=10+11+12	95 000			
	其中：小微企业免税销售额	10	95 000			
	未达起征点销售额	11				
	其他免税销售额	12				
	（五）出口免税销售额	13（13≥14）				
	其中：税控器具开具的普通发票销售额	14				
二、税款计算	本期应纳税额	15	0			
	本期应纳税额减征额	16				
	本期免税额	17	2 850			
	其中：小微企业免税额	18	2 850			
	未达起征点免税额	19				
	应纳税额合计	20=15-16	0			
	本期预缴税额	21		—		—
	本期应补（退）税额	22=20-21	0			

纳税人或代理人声明：	如纳税人填报，由纳税人填写以下各栏：	
本纳税申报表是根据国家税收法律法规及相关规定填报的，我确定它是真实的、可靠的、完整的。	办税人员：　　　　　　　　财务负责人： 法定代表人：　　　　　　　联系电话：	
	如委托代理人填报，由代理人填写以下各栏：	
	代理人名称（公章）：　　　经办人： 　　　　　　　　　　　　　联系电话：	

主管税务机关：　　　　　　接收人：　　　　　　接收日期：

【例2-15】味美食品厂为小规模纳税人，2019年第1季度实现产品销售额为95 000元（不含税），全部为税务机关代开增值税专用发票。

要求：计算该厂本季度应缴纳的增值税，并填报"增值税纳税申报表（小规模纳税人适用）"，见表2-16。

表2-16 　　　　　　　　　　增值税纳税申报表
（小规模纳税人适用）

纳税人识别号：□□□□□□□□□□□□□□□□□□□□

纳税人名称（公章）：味美食品厂　　　　　　　　　　金额单位：元（列至角分）

税款所属时间：2019年1月1日至2019年3月31日　　　　填表日期：2019年4月11日

		项目	栏次	本期数		本年累计	
				货物及劳务	服务、不动产和无形资产	货物及劳务	服务、不动产和无形资产
一、计税依据		（一）应征增值税不含税销售额（3%征收率）	1	95 000			
		税务机关代开的增值税专用发票不含税销售额	2	95 000			
		税控器具开具的普通发票不含税销售额	3				
		（二）应征增值税不含税销售额（5%征收率）	4	—			
		税务机关代开的增值税专用发票不含税销售额	5	—			
		税控器具开具的普通发票不含税销售额	6	—			
		（三）销售使用过的固定资产不含税销售额	7（7≥8）				
		其中：税控器具开具的普通发票不含税销售额	8	—			
		（四）免税销售额	9=10+11+12				
		其中：小微企业免税销售额	10				
		未达起征点销售额	11				
		其他免税销售额	12				
		（五）出口免税销售额	13（13≥14）				
		其中：税控器具开具的普通发票销售额	14				
二、税款计算		本期应纳税额	15	2 850			
		本期应纳税额减征额	16				
		本期免税额	17				
		其中：小微企业免税额	18				
		未达起征点免税额	19				
		应纳税额合计	20=15-16	2 850			
		本期预缴税额	21	2 850		—	—
		本期应补（退）税额	22=20-21	0		—	—
纳税人或代理人声明： 本纳税申报表是根据国家税收法律法规及相关规定填报的，我确定它是真实的、可靠的、完整的。		如纳税人填报，由纳税人填写以下各栏：					
		办税人员： 法定代表人：			财务负责人： 联系电话：		
		如委托代理人填报，由代理人填写以下各栏：					
		代理人名称（公章）：			经办人： 联系电话：		

主管税务机关：　　　　　　接收人：　　　　　　接收日期：

【解析】代开增值税专用发票时应缴纳增值税。填写在"增值税纳税申报表（小规模纳税人适用）"第21栏"本期预缴税额"相应栏次中。

【例2-16】味美食品厂为小规模纳税人，2019年第1季度实现产品销售额为320 000元（不含税），全部为自行开具普通发票。

要求：计算该厂本季度应缴纳的增值税，并填报"增值税纳税申报表（小规模纳税人适用）"，见表2-17。

表2-17   增值税纳税申报表

(小规模纳税人适用)

纳税人识别号：□□□□□□□□□□□□□□□□□□□

纳税人名称（公章）：味美食品厂　　　　　　　　　　　　　金额单位：元（列至角分）

税款所属时间：2019年1月1日至2019年3月31日　　　　　　填表日期：2019年4月11日

项目		栏次	本期数		本年累计	
			货物及劳务	服务、不动产和无形资产	货物及劳务	服务、不动产和无形资产
一、计税依据	（一）应征增值税不含税销售额（3%征收率）	1	320 000			
	税务机关代开的增值税专用发票不含税销售额	2				
	税控器具开具的普通发票不含税销售额	3	320 000			
	（二）应征增值税不含税销售额（5%征收率）	4	—		—	
	税务机关代开的增值税专用发票不含税销售额	5				
	税控器具开具的普通发票不含税销售额	6				
	（三）销售使用过的固定资产不含税销售额	7（7≥8）		—		—
	其中：税控器具开具的普通发票不含税销售额	8		—		—
	（四）免税销售额	9=10+11+12				
	其中：小微企业免税销售额	10				
	未达起征点销售额	11				
	其他免税销售额	12				
	（五）出口免税销售额	13（13≥14）				
	其中：税控器具开具的普通发票销售额	14				
二、税款计算	本期应纳税额	15	9 600			
	本期应纳税额减征额	16				
	本期免税额	17				
	其中：小微企业免税额	18				
	未达起征点免税额	19				
	应纳税额合计	20=15-16	9 600			
	本期预缴税额	21			—	—
	本期应补（退）税额	22=20-21	9 600			

纳税人或代理人声明：	如纳税人填报，由纳税人填写以下各栏：	
本纳税申报表是根据国家税收法律法规及相关规定填报的，我确定它是真实的、可靠的、完整的。	办税人员： 法定代表人：	财务负责人： 联系电话：
	如委托代理人填报，由代理人填写以下各栏：	
	代理人名称（公章）：	经办人： 联系电话：

主管税务机关：　　　　　　接收人：　　　　　　接收日期：

【解析】该厂本季度应缴纳的增值税：

应纳税额=320 000×3%=9 600（元）

■■■■ 任务实施

实践活动1

【活动目标】

通过练习，进一步熟悉增值税的征收管理规定。

【活动要求】

下列选择题中有四个选项，请根据增值税的基本知识，选择出一个或多个正确选项。

【活动实施】

1.下列关于允许小规模纳税人开具增值税专用发票的范围，说法正确的是（　　）。

A仅限于住宿业、鉴证咨询业、建筑业　　B不再限于部分行业

C所有小规模纳税人（其他个人除外）　　D所有小规模纳税人和个人

2.增值税纳税义务发生的时间是（　　）。

A.采取预收货款方式销货时，为货物发出的当天

B.采取预收货款方式销货时，为收到货款的当天

C.采取托收承付和委托银行收款方式销货的，为发出货物并办妥托收手续的当天

D.采取托收承付和委托银行收款方式销货的，为收到货款的当天

3.某商品贸易公司2019年9月份进口空调一批，9月10日海关填发税款缴纳书。下列说法正确的是（　　）。

A.缴纳的最后期限为9月24日　　　　　　B.缴纳的最后期限为9月25日

C.缴纳的最后期限为9月23日　　　　　　D.缴纳的最后期限为9月10日

【活动指导】

1.本题考查的是小规模纳税人开具增值税专用发票的范围。自2020年2月1日起，全面推行小规模纳税人自行开具增值税专用发票，小规模纳税人（其他个人除外）发生增值税应税行为、需要开具增值税专用发票的，可以自愿使用增值税发票管理系统自行开具。答案为BC。

2.本题考查的是增值税纳税义务发生时间的规定。采取预收货款方式销售货物，为货物发出的当天；采取托收承付和委托银行收款方式销售货物，为发出货物并办妥托收手续的当天。答案为AC。

3.本题考查的是进口货物增值税的纳税期限的规定。纳税人进口货物，应当自海关填发税款缴纳书之日起15日内缴纳税款。答案为A。

实践活动2

【活动目标】

通过社会实践，进一步熟悉增值税的报税流程，实现与现实的零接触。

【活动要求】

在报税期内，将班级分为5个调研小组，在老师的帮助下，就近联系5家企业（规模不一定大），调研增值税报税流程。并填写增值税报税流程调查表，见表2-18，最后整理填写增值税报税流程调查汇总表，见表2-19。

【活动实施】

见表2-18、表2-19。

表2-18　　　　　　　　　　　　增值税报税流程调查表

组别：　　　　　　　　　　　　　　组长：

报税流程	要点	注意事项

表2-19　　　　　　　　　　　　增值税报税流程调查汇总表

报税流程	要点汇总	注意事项汇总

【活动指导】

1.建议选择有代表性的企业作为调查对象。

2.在调查时可以参考上述调查表的调查项目，也可以根据纳税人的实际情况调整或重新设计调查表。

拓展提升："营改增"总分支机构试点纳税人增值税的纳税申报

项目小结

本项目主要有认识增值税、增值税的计算和增值税的缴纳三项任务，应注重理解增值税的概念和特征，掌握增值税的纳税人、征税范围和税率等主要法律规定，在此基础上，重点掌握一般纳税人增值税的计算，熟悉小规模纳税人和进口货物增值税的计算，并会进行增值税的纳税申报，重点掌握纳税申报表的填制。

项目三 消费税的计算与缴纳

──────────────□ 知识目标 ──────────

1.理解消费税的概念及特征。

2.掌握消费税的主要法律规定。

3.掌握消费税应纳税额的计算。

4.掌握消费税的纳税申报和税款缴纳。

──────────────□ 能力目标 ──────────

1.能够正确判断消费税的纳税环节、税目和税率。

2.能够根据业务资料计算应税消费品的应纳税额。

3.会根据业务资料填制消费税纳税申报表。

任务3.1 认识消费税

■ ■ ■ 任务描述

消费税是我国现行税制中重要的流转税。本任务主要介绍消费税的概念、特征、纳税人、税目、税率等主要税收法律规定，学生应当全面认识消费税，为掌握消费税的计算与缴纳做好知识准备。

【案例导入】

红韵卷烟厂为增值税一般纳税人，主要生产云牌卷烟，云牌卷烟不含增值税的调拨价为69元/标准条。红韵卷烟厂将云牌卷烟以调拨价销售给批发商之后，批发商以98元/标准条（不含增值税）的销售价格将云牌卷烟销售给各大商场，最终商场以160元/标准条（含增值税）的价格将云牌卷烟销售给消费者。

请思考：红韵卷烟厂在云牌卷烟的各销售环节上应该如何缴纳消费税？

■ ■ ■ 知识准备

一、消费税概述

（一）消费税的概念

消费税是对在中国境内从事生产、委托加工和进口应税消费品的单位和个人，就其销售额或销售数量，在特定环节征收的一种税。

(二) 消费税的特征

与其他流转税相比，消费税具有如下特征：

1.消费税以特定消费品为课税对象

消费税的征收范围包括15个税目，主要针对某些高档消费品或奢侈品，如游艇、高档手表；某些不可再生的资源类消费品，如木制一次性筷子；某些危害人类健康和社会生态环境的消费品，如烟、酒、鞭炮、焰火。

【想一想】

我们生活中常见的手机、空调等消费品需要缴纳消费税吗？

2.消费税实行单一环节纳税

消费税一般是在消费品的生产、委托加工和进口环节纳税，在以后的批发、零售环节不再纳税。经国务院批准，自1995年1月1日起，金银首饰由原来在生产销售环节征收消费税，改为在零售环节征收消费税；自2009年5月1日起，卷烟由原来在生产环节征收消费税，调整为在生产环节与批发环节征收消费税，即在批发环节加征一道税。在中华人民共和国境内从事卷烟批发业务的单位和个人，批发销售的所有牌号规格的卷烟，按其销售额（不含增值税）征收5%的消费税。从2015年5月10日起，卷烟批发环节从价税率由5%提高至11%，并按0.005元/支加征从量税。自2016年12月1日起，为了引导合理消费，促进节能减排，经国务院批准，对超豪华小汽车在零售环节加征消费税，税率为10%。

【案例导入分析】

根据我国现行对卷烟征收消费税的规定，各销售环节上应征收的消费税如下：

（1）红韵卷烟厂将云牌卷烟以调拨价销售给批发商的行为，征收消费税。

（2）批发商将云牌卷烟销售给各大商场的行为，征收消费税。

（3）商场将云牌卷烟销售给消费者的行为，不征收消费税。

3.消费税的计税方法灵活

根据应税消费品的不同特点，分别采用从价定率征税、从量定额征税和复合计税办法。

4.消费税是价内税

在计算应纳消费税额时，应税销售额是包含消费税而不包含增值税的，因为增值税是价外税。

5.消费税体现了税收的宏观调控功能

通过选择对某些高档奢侈品如游艇、小汽车、高尔夫球及球具、高档手表等课以重税，使高收入者高税负；对消耗资源类产品如成品油、木制的一次性筷子等征税，可以引导生产者转变生产方式、努力提高资源利用率、注重环保，实现经济的可持续发展；对消费有害健康的产品如烟、酒等适用较高的税率，达到调整消费结构的目的。

二、消费税的主要法律规定

(一) 纳税义务人

在中国境内生产、委托加工和进口应税消费品的单位和个人，以及由国务院确定的、销售《中华人民共和国消费税暂行条例》规定的消费品的其他单位和个人，为消费税的纳税义务人。

"单位"，是指企业、行政单位、事业单位、军事单位、社会团体以及其他单位；"个人"，是指个体工商户及其他个人。"在中华人民共和国境内"，是指生产、委托加工和进口属于应当缴纳消费税的消费品的起运地或者所在地在境内。"由国务院确定的、销售《中华人民共和国消费税暂行条例》规定的消费品的其他单位和个人"，是指金银首饰、钻石及钻石饰品、铂金首饰的零售商，卷烟的批发商，超豪华小汽车的零售商等。

（二）税目

现行消费税共设置15个税目，包括烟，酒，高档化妆品，贵重首饰及珠宝玉石，鞭炮、焰火，成品油，摩托车，小汽车，高尔夫球及球具，高档手表，游艇，木制一次性筷子，实木地板，电池，涂料。消费税的税目及税率（税额）表，见表3-1。

表3-1　　　　　　　　消费税的税目及税率（税额）表

税目	税率（税额）	范围
一、烟		
1.卷烟		
（1）甲类卷烟	56%加0.003元/支	包括：每标准条（200支）对外调拨价≥70元（不含增值税）；进口卷烟；白包卷烟；手工卷烟
（2）乙类卷烟	36%加0.003元/支	每标准条对外调拨价＜70元
（3）商业批发	11%加0.005元/支	
2.雪茄烟	36%	包括各种型号、规格的雪茄烟
3.烟丝	30%	包括以烟叶为原料加工生产的不经卷制的散装烟
二、酒		
1.白酒	20%加0.5元/500克（或500毫升）	包括粮食白酒和薯类白酒 用甜菜酿制的白酒，比照薯类白酒征税
2.黄酒	240元/吨（1吨=962升）	
3.啤酒		
（1）甲类啤酒	250元/吨	每吨出厂价（含包装物及其押金）≥3 000元（不含增值税）的娱乐业、饮食业自制啤酒
（2）乙类啤酒	220元/吨	每吨＜3 000元

税目	税率（税额）	范围
4.其他酒	10%	包括糠麸白酒、其他原料白酒、土甜酒、复制酒、果木酒、汽酒、药酒
三、高档化妆品	15%	包括高档美容、修饰类化妆品、高档护肤类化妆品和成套化妆品【生产（进口）环节销售（完税）价格（不含增值税）在10元/毫升（克）或15元/片（张）及以上】。舞台、戏剧、影视演员化妆用的上妆油、卸妆油、油彩，不属于本税目的征收范围
四、贵重首饰及珠宝玉石		
1.金银首饰、铂金首饰、钻石及钻石饰品	5%	各种纯金银首饰及镶嵌首饰
2.其他贵重首饰和珠宝玉石	10%	包括各种珠宝首饰和经采掘、打磨、加工的各种珠宝玉石
五、鞭炮、焰火	15%	
六、成品油		
1.汽油	1.52元/升（1吨=1 388升）	以汽油、汽油组分调和生产的甲醇汽油、乙醇汽油也属于本税目征收范围
2.柴油	1.20元/升（1吨=1 176升）	以柴油、柴油组分调和生产的生物柴油也属于本税目征收范围
3.石脑油	1.52元/升（1吨=1 385升）	
4.溶剂油	1.52元/升（1吨=1 282升）	橡胶填充剂、溶剂油原料，属于溶剂油征收范围
5.润滑油	1.52元/升（1吨=1 126升）	
6.燃料油	1.20元/升（1吨=1 015升）	
7.航空煤油	1.20元/升（1吨=1 246升）	
七、摩托车		
1.气缸容量（排气量，下同）250毫升的	3%	
2.气缸容量250毫升以上的	10%	

税目	税率（税额）	范围
八、小汽车		
1.乘用车		
（1）气缸容量（排气量，下同）≤1.0升	1%	
（2）1.0升＜气缸容量≤1.5升	3%	
（3）1.5升＜气缸容量≤2.0升	5%	
（4）2.0升＜气缸容量≤2.5升	9%	
（5）2.5升＜气缸容量≤3.0升	12%	
（6）3.0升＜气缸容量≤4.0升	25%	
（7）气缸容量在4.0升以上的	40%	
2.中轻型商用客车	5%	
3.超豪华小汽车	10%	对每辆零售价格130万元（不含增值税）及以上的超豪华小汽车（包括乘用车和中轻型商用客车），在生产（进口）环节按现行税率征收消费税的基础上，在零售环节加征消费税，税率为10%
九、高尔夫球及球具	10%	
十、高档手表	20%	
十一、游艇	10%	
十二、木制一次性筷子	5%	
十三、实木地板	5%	
十四、电池	4%	
十五、涂料	4%	

【想一想】

利群商场销售金银首饰、钻石饰品、高档化妆品、烟、酒、服装、手表、食品等商品，请问利群商场销售上述哪些商品应该缴纳消费税？

（三）税率

税率采用比例税率和定额税率两种。

纳税人兼营不同税率的应税消费品，应当分别核算不同税率应税消费品的销售额或销售数量，未分别核算的，按最高税率征税。

纳税人将应税消费品与非应税消费品以及适用税率不同的应税消费品组成成套消费品销售的，应根据成套消费品的销售额按应税消费品中适用最高税率的消费品税率征税。

■■ ■■■ 任务实施

实践活动1

【活动目标】

通过练习，进一步熟悉消费税的概念和主要法律规定。

【活动要求】

下列选择题中有四个选项，请根据消费税的基本知识，选择出一个或多个正确选项。

【活动实施】

1.根据消费税现行规定，下列属于消费税纳税人的有（　　　）。

A.金银首饰的进口商　　　　　　　　B.高档化妆品的生产商

C.卷烟的批发商　　　　　　　　　　D.金银首饰的零售商

2.依据消费税的有关规定，下列消费品中属于高档化妆品税目的有（　　　）。

A.高档美容化妆品　　　　　　　　　B.高档修饰类化妆品

C.高档护肤类化妆品　　　　　　　　D.成套化妆品

3.某酒厂生产由粮食白酒和药酒组成的礼品套装进行销售，已知粮食白酒适用的消费税税率为20%，药酒适用的消费税税率为10%，则该礼品套装适用的税率为（　　　）。

A.20%　　　　　　B.10%　　　　　　C.15%　　　　　　D.20%和10%

【活动指导】

1.本题考查的是消费税的纳税人和纳税环节。金银首饰在生产、进口和批发环节都不纳税，只在零售环节纳税；高档化妆品在生产环节纳税；卷烟在生产环节与批发环节纳税。答案为BCD。

2.本题考查的是消费税的税目。高档化妆品征收范围包括高档美容、修饰类化妆品，高档护肤类化妆品和成套化妆品。答案为ABCD。

3.本题考查的是最高税率的规定。纳税人将不同税率的应税消费品组成成套消费品销售的，应根据成套消费品的销售额按应税消费品中适用最高税率的消费品税率征税。答案为A。

实践活动2

【活动目标】

通过社会实践，进一步熟悉消费税的主要税法规定。

【活动要求】

走访消费税的纳税人，了解该纳税人的税目、税率、纳税环节等，填写关于消费税的调查表，见表3-2。

【活动实施】

表3-2   关于消费税的调查表

调查项目	调查内容	备注
纳税人		
税目		
税率		
纳税环节		

【活动指导】

1.建议选择有代表性的企业作为调查对象。

2.在调查时可以参考上述关于消费税的调查表的调查项目，也可以根据纳税人的实际情况调整或自己设计调查表。

拓展提升：消费税的发展历史

任务3.2 消费税的计算

■ ■ ■ ■ **任务描述**

在已经掌握了基本要素的基础上，本任务要求学生先确定计税依据，然后学会计算消费税的应纳税额。在计算消费税应纳税额时，学生应当学会生产销售环节、委托加工应税消费品和进口应税消费品应纳税额的计算，以及消费税出口退免税的计算。

【案例导入】

神仙酒厂系增值税一般纳税人，主要生产各种酒，2019年9月份发生经济业务如下：

（1）销售粮食白酒6 000瓶（每瓶500克），每瓶含增值税的销售价为33.9元。

（2）本月发给本厂职工400瓶粮食白酒作为福利，已知粮食白酒每瓶不含增值税的销售价为30元。

（3）本月将新研制生产的药酒200瓶赠送给客户，该批药酒每瓶成本价为25元。

请思考：该酒厂本月应缴纳的消费税是多少？

■■■■ 知识准备

一、消费税的计税依据

（一）销售额的确定

1.一般规定

销售额为纳税人销售应税消费品向购买方收取的全部价款和价外费用。价外费用，是指价外向购买方收取的手续费、补贴、基金、集资费、返还利润、奖励费、违约金、滞纳金、延期付款利息、赔偿金、代收款项、代垫款项、包装费、包装物租金、储备费、优质费、运输装卸费和其他各种性质的价外收费，但下列项目不包括在内：

（1）同时符合以下条件的代垫运输费用。

①承运部门的运输费用发票开具给购买方的；

②纳税人将该项发票转交给购买方的。

（2）同时符合以下条件代为收取的政府性基金或行政事业性收费。

①国务院或财政部批准设立的政府性基金，由国务院或省级人民政府及其财政、价格主管部门批准设立的行政事业性收费；

②收取时开具省级以上财政部门印制的财政票据；

③所收款项全额上缴财政。

其他价外费用，无论是否属于纳税人的收入，均应并入销售额计算征税。

2.含增值税销售额的换算

应税消费品的销售额，不包括应向购货方收取的增值税税款，如果纳税人应税消费品的销售额中未扣除增值税税款，或者因不得开具增值税专用发票而发生价款和增值税税款合并收取的，在计算消费税时，应将含增值税的销售额换算为不含增值税的销售额。其换算公式为：

$$应税销售额=含增值税的销售额÷（1+增值税税率或征收率）$$

【例3-1】美丽化妆品厂销售高档化妆品一批，含增值税价款共计169 500元。

要求：计算该厂的应税销售额。

【解析】应税销售额=169 500÷（1+13%）=150 000（元）

3.包装物的规定

（1）应税消费品连同包装物销售的，无论包装物是否单独计价，以及在会计上如何核算，均应视为含税收入，换算成不含税收入并入应税消费品的销售额中缴纳消费税。

【例3-2】美丽化妆品厂销售高档化妆品一批，不含增值税价款为150 000元，另收取包装物材料费1 130元。

要求：计算该厂的应税销售额。

【解析】应税销售额=150 000+1 130÷（1+13%）=151 000（元）

（2）如果包装物不作价随同产品销售，而是收取押金，此项押金则不应并入应税消费品的销售额中征税。但对因逾期未收回的包装物不再退还的或者已收取的时间超过12个月的押金，应并入应税消费品的销售额，按照应税消费品的适用税率缴纳消费税。

【例3-3】美丽化妆品厂销售高档化妆品一批，不含增值税价款为150 000元，另收取包装物押金1 130元。

要求：计算该厂的应税销售额。

【解析】应税销售额为150 000元

【例3-4】美丽化妆品厂销售高档化妆品一批，不含增值税价款为150 000元，另收取包装物押金1 130元，包装物押金逾期12个月未收回。

要求：计算该厂的应税销售额。

【解析】应税销售额=150 000+1 130÷（1+13%）=151 000（元）

（3）对既作价随同应税消费品销售，又另收取包装物的押金，凡纳税人在规定的期限内没有退还的，均应并入应税消费品的销售额，按照应税消费品的适用税率缴纳消费税。

（4）对酒类产品生产企业销售除啤酒、黄酒之外的酒类产品而收取的包装物押金，无论押金是否返还、会计上如何核算，均需并入酒类产品销售额中，征收消费税。

【例3-5】中兴酒厂向某大华公司（小规模纳税人）销售药酒一批，普通发票上注明价税款合计56 500元，同时收取包装物押金2 260元。

要求：计算该厂的应税销售额。

【解析】应税销售额=（56 500+2 260）÷（1+13%）=52 000（元）

（二）销售数量的确定

销售数量，是指纳税人生产、加工和进口应税消费品的数量。具体规定如下：

（1）销售应税消费品的，为应税消费品的销售数量。

（2）自产自用应税消费品的，为应税消费品的移送使用数量。

（3）委托加工应税消费品的，为纳税人收回的应税消费品数量。

（4）进口的应税消费品，为海关核定的应税消费品进口征税数量。

《中华人民共和国消费税暂行条例》规定，黄酒、啤酒是以吨为税额单位，汽油、柴油是以升为税额单位。计量单位（吨、升）换算表，见表3-3。

表3-3　　　　　　　　　　计量单位（吨、升）换算表

序号	名称	计量单位的换算标准
1	黄酒	1吨=962升
2	啤酒	1吨=988升
3	汽油	1吨=1 388升
4	柴油	1吨=1 176升
5	航空煤油	1吨=1 246升
6	石脑油	1吨=1 385升
7	溶剂油	1吨=1 282升
8	润滑油	1吨=1 126升
9	燃料油	1吨=1 015升

（三）计税依据的若干特殊规定

1.核定的计税价格

应税消费品计税价格明显偏低又无正当理由的，税务机关有权核定其计税价格。应税消费品计税价格的核定权限规定如下：

（1）卷烟、白酒和小汽车的计税价格由国家税务总局核定，送财政部备案。

（2）其他应税消费品的计税价格由省、自治区和直辖市的主管税务局机关核定。

（3）进口应税消费品的计税价格由海关核定。

2.销售额中扣除外购已税消费品已纳消费税额的规定

因消费税采取一次课征制，纳税人用外购已税消费品生产同类应税消费品的，可以按生产领用数量扣除已税消费品的税款。具体规定如下：

（1）以外购的已税烟丝为原料生产的卷烟。

（2）以外购的已税高档化妆品为原料生产的高档化妆品。

（3）以外购的已税珠宝玉石为原料生产的贵重首饰及珠宝玉石。

（4）以外购的已税鞭炮、焰火为原料生产的鞭炮、焰火。

（5）以外购的已税摩托车连续生产应税摩托车。

（6）以外购的已税木制一次性筷子为原料生产的木制一次性筷子。

（7）以外购的已税杆头、杆身和握把为原料生产的高尔夫球杆。

（8）以外购的已税实木地板为原料生产的实木地板。

（9）以外购的已税汽油、柴油、石脑油、燃料油、润滑油用于连续生产应税成品油。

扣除外购已税消费品已纳消费税时，需注意以下问题：

①按生产领用数量抵扣已纳消费税。

当期准予扣除外购应税消费品已纳消费税税款的计算公式：

$$\begin{matrix}\text{当期准予扣除外购}\\\text{应税消费品已纳税款}\end{matrix} = \begin{matrix}\text{当期准予扣除外购应税}\\\text{消费品买价（或数量）}\end{matrix} \times \begin{matrix}\text{外购应税消费品}\\\text{适用税率（或税额）}\end{matrix}$$

$$\begin{matrix}\text{当期准予扣除外购应税}\\\text{消费品买价（或数量）}\end{matrix} = \begin{matrix}\text{期初库存外购应税}\\\text{消费品买价（或数量）}\end{matrix} + \begin{matrix}\text{当期购进的外购应税}\\\text{消费品买价（或数量）}\end{matrix} + \begin{matrix}\text{期末库存的外购应税}\\\text{消费品买价（或数量）}\end{matrix}$$

②酒、小汽车、高档手表、游艇等应税消费品，不得抵扣。

③允许扣除已纳税款的应税消费品只限于从工业企业购进的应税消费品和进口环节已缴纳消费税的应税消费品，对从境内商业企业购进应税消费品的已纳税款一律不得扣除。

需要指出的是，纳税人用外购的已税珠宝玉石生产的改在零售环节征收消费税的金银首饰（含镶嵌首饰）、钻石首饰，在计税时一律不得扣除外购珠宝玉石的已纳税款。

【例3-6】宏达地板厂2019年10月外购甲型木地板1 000平方米用于生产乙型木地板，支付不含增值税价款12 000元。期初库存的甲型木地板150平方米，价值1 800元，期末库存甲型木地板200平方米，价值2 400元，本月销售乙型木地板800平方米，取得收入40 000元。已知实木地板适用的消费税率为5%。

要求：计算该厂本月可准予扣除的消费税。

【解析】生产领用部分买价=1 800+12 000-2 400=11 400（元）

可准予扣除的消费税=11 400×5%=570（元）

3.应税消费品用于其他方面的规定

纳税人用于换取生产资料和消费资料、投资入股和抵偿债务等方面的应税消费品，应当以纳税人同类应税消费品的最高销售价格作为计税依据计算消费税。

二、消费税应纳税额的计算

（一）生产销售环节应税消费品应纳税额的计算

1.直接对外销售应税消费品应纳税额的计算

直接对外销售应税消费品涉及三种计算方法：

（1）采用从价定率计算。

在从价定率计算方法下，应纳税额的计算取决于应税消费品的销售额和适用税率两个因素，其基本计算公式为：

$$应纳税额=应税消费品的销售额×比例税率$$

【例3-7】红星地板厂销售实木地板取得不含税销售额100万元。

要求：计算该厂应缴纳的消费税。

【解析】应纳税额=1 000 000×5%=50 000（元）

（2）采用从量定额计算。

在从量定额计算方法下，应纳税额的计算取决于应税消费品的销售数量和单位税额两个因素，其基本计算公式为：

$$应纳税额=应税消费品的销售数量×定额税率$$

【例3-8】黄河炼油厂2019年10月销售无铅汽油400吨、柴油200吨、溶剂油50吨。

要求：计算该炼油厂应缴纳的消费税。

【解析】应纳税额=400×1 388×1.52+200×1 176×1.2+50×1 282×1.52=1 223 576（元）

（3）采用从价定率和从量定额复合计算。

在现行消费税的征税范围中，只有卷烟、白酒采用复合计征方法。基本计算公式为：

$$应纳税额=应税消费品的销售额×比例税率+应税消费品的销售数量×定额税率$$

【例3-9】黄海卷烟厂为增值税一般纳税人，2019年9月销售自产的甲类卷烟800箱，每箱的出厂价格为45 000元（不含税），每标准箱的定额税率为150元。

要求：计算该卷烟厂应缴纳的消费税。

【解析】应纳税额=800×45 000×56%+800×150=20 280 000（元）

2.自产自用应税消费品应纳税额的计算

所谓自产自用，就是纳税人生产的应税消费品，不是用于直接对外销售，而是用于自己连续生产应税消费品或其他方面。

（1）用于连续生产应税消费品，不缴纳消费税。

用于连续生产应税消费品，是指纳税人将自产自用的应税消费品作为直接材料生产最终应税消费品，自产自用应税消费品构成最终应税消费品的实体。例如，某卷烟厂以自己生产的烟丝为原料连续生产成卷烟，虽然烟丝也是应税消费品，但是对烟丝不计征消费税，而只对生产出来的卷烟计征消费税。

（2）用于其他方面的，应缴纳消费税。

用于其他方面的，是指纳税人用于生产非应税消费品、在建工程、管理部门、非生产机构提供劳务，以及用于馈赠、赞助、集资、广告、样品、职工福利、奖励等方面。例如，某化妆品厂将自己生产的高档美容化妆品作为礼物馈赠给客户，应缴纳消费税。

（3）计税价格及税额的计算。

纳税人自产自用的应税消费品，凡用于其他方面，应缴纳消费税，其具体计税依据的确定方法有以下两种：

①按照纳税人生产的同类消费品的销售价格计算纳税。

同类消费品的销售价格，是指纳税人当月销售的同类消费品的销售价格，如果当月同类消费品各期销售价格高低不同，应按销售数量加权平均计算。但销售的应税消费品有下列情况之一的，不得列入加权平均计算：销售价格明显偏低又无正当理由的；无销售价格的。

如果当月无销售或当月未完结的，应按照同类消费品上月或最近月份的销售价格计算纳税。

②没有同类消费品销售价格的，按照组成计税价格计算纳税。

实行从价定率方法计算纳税的组成计税价格的计算公式：

$$组成计税价格=（成本+利润）÷（1-比例税率）$$

$$应纳税额=组成计税价格×比例税率$$

实行复合计税方法计算纳税的组成计税价格的计算公式：

$$组成计税价格=（成本+利润+自产自用数量×定额税率）÷（1-比例税率）$$

$$应纳税额=组成计税价格×比例税率+自产自用数量×定额税率$$

上述公式中，成本是指应税消费品的产品生产成本；利润是指根据应税消费品的全国平均成本利润率计算的利润。应税消费品的全国平均成本利润率由国家税务总局确定。具体规定如下：

（1）乙类卷烟、雪茄烟、烟丝、薯类白酒、其他酒、高档化妆品、鞭炮、焰火、中轻型商用客车、木制一次性筷子、实木地板为5%。

（2）贵重首饰及珠宝玉石、摩托车为6%。

（3）乘用车为8%。

（4）甲类卷烟、粮食白酒、高尔夫球及球具、游艇为10%。

（5）高档手表为20%。

（6）电池为4%。

（7）涂料为7%。

【例3-10】新能源地板厂将自产的一批新研制的实木地板用于办公楼的装修，该批地板成本为20万元，市场上没有同类产品。

要求：计算该批地板的组成计税价格。

【解析】组成计税价格=（200 000+200 000×5%）÷（1-5%）=221 052.63（元）

【例3-11】黄海酒厂2019年9月将本厂新研制的粮食白酒400瓶（每瓶500毫升）作为广告样品，该白酒无同类产品的市场销售价格，生产成本为15元/瓶。

要求：计算该酒厂新研制的白酒的组成计税价格及应缴纳的消费税。

【解析】组成计税价格=［15×（1+10%）×400+0.5×400］÷（1-20%）=8 500（元）

应纳税额=8 500×20%+400×0.5=1 900（元）

（二）委托加工应税消费品应纳税额的计算

1.委托加工应税消费品的确定

委托加工的应税消费品，是指由委托方提供原料和主要材料，受托方只收取加工费和代垫部分辅助材料加工的应税消费品。对于由受托方提供原材料生产的应税消费品，或者受托方先将原材料卖给委托方，然后再接受加工的应税消费品，以及由受托方以委托方名义购进原材料生产的应税消费品，不论纳税人在财务上是否作为销售处理，都不得作为委托加工应税消费品，而应当按照销售自制应税消费品缴纳消费税。

2.代收代缴税款的规定

委托加工的应税消费品，除受托方为个人外，由受托方在向委托方交货时代收代缴税款。委托加工的应税消费品，委托方收回后直接出售的，不再缴纳消费税；委托方用于连续生产应税消费品的，所纳税款准予按规定抵扣。

委托个人加工的应税消费品，由委托方收回后缴纳消费税。

3.计税依据的确定及税额的计算

委托加工应税消费品的计税依据在不同情况下有两种确定方法：

（1）按照受托方的同类消费品的销售价格计算纳税。

（2）没有同类消费品销售价格的，按照组成计税价格计算纳税。

实行从价定率办法计算纳税的组成计税价格的计算公式：

组成计税价格=（材料成本+加工费）÷（1-比例税率）

实行复合计税办法计算纳税的组成计税价格的计算公式：

组成计税价格=（材料成本+加工费+委托加工数量×定额税率）÷（1-比例税率）

上述公式中，材料成本是指委托方所提供加工材料的实际成本，不包括增值税税款。加工费是指受托方加工应税消费品向委托方收取的全部费用（包括代垫辅助材料的实际成本，不包括增值税税款）。

【例3-12】北京卷烟厂委托大华烟叶复烤厂加工烟丝一批，由北京卷烟厂提供主要原料，合同注明不含增值税的原料成本为85 000元，加工完毕支付加工费7 150元。大华烟叶复烤厂没有同类烟丝的销售价格。

要求：计算北京卷烟厂委托加工这批烟丝的组成计税价格及应缴纳的消费税。

【解析】组成计税价格=（85 000+7 150）÷（1-30%）=131 642.86（元）

应纳税额=131 642.86×30%=39 492.86（元）

4.委托加工收回的应税消费品已纳税款的扣除

《中华人民共和国消费税暂行条例》规定，委托加工的应税消费品因为已由受托方代收代缴消费税，所以对下列加工收回后用于连续生产的应税消费品，在计税时按当期生产领用数量计算，准予扣除委托加工的应税消费品已纳的消费税税款：

（1）以委托加工收回的已税烟丝为原料生产的卷烟。

（2）以委托加工收回的已税高档化妆品为原料生产的高档化妆品。

（3）以委托加工收回的已税珠宝玉石为原料生产的贵重首饰及珠宝玉石。

（4）以委托加工收回的已税鞭炮、焰火为原料生产的鞭炮、焰火。

（5）以委托加工收回的已税摩托车连续生产应税摩托车。

（6）以委托加工收回的已税杆头、杆身和握把为原料生产的高尔夫球杆。

（7）以委托加工收回的已税木制一次性筷子为原料生产的木制一次性筷子。

（8）以委托加工收回的已税实木地板为原料生产的实木地板。

（9）以委托加工收回的已税汽油、柴油、石脑油、燃料油、润滑油用于连续生产应税成品油。

上述当期准予扣除委托加工收回的应税消费品已纳消费税税款的计算公式为：

$$\begin{aligned}\text{当期准予扣除的委托} \\ \text{加工应税消费品已纳税款}\end{aligned}=\begin{aligned}\text{期初库存委托加工} \\ \text{应税消费品已纳税款}\end{aligned}+\begin{aligned}\text{当期收回的委托加工} \\ \text{应税消费品已纳税款}\end{aligned}-\begin{aligned}\text{期末库存的委托加工} \\ \text{应税消费品已纳税款}\end{aligned}$$

（三）进口应税消费品应纳税额的计算

进口应税消费品于报关进口时缴纳消费税，此消费税由海关代征。进口应税消费品，由进口人或其代理人向报关地海关申报纳税，纳税人进口应税消费品，应当自海关填报海关进口消费税专用缴款书之日起15日内缴纳税款。

纳税人进口应税消费品，按照组成计税价格和规定的税率计算应纳税额。

实行从价定率办法计算纳税的组成计税价格的计算公式：

组成计税价格=（关税完税价格+关税）÷（1-比例税率）

实行复合计税办法计算纳税的组成计税价格的计算公式：

组成计税价格=（关税完税价格+关税+进口数量×定额税率）÷（1-比例税率）

【例3-13】美丽化妆品公司从国外进口一批高档化妆品，海关核定的关税完税价格为500 000元，已取得海关开具的完税凭证，已知关税税率为40%。

要求：计算该公司进口这批高档化妆品的组成计税价格及应缴纳的消费税。

【解析】组成计税价格=（500 000+500 000×40%）÷（1-15%）=823 529.41（元）

应纳税额=823 529.41×15%=123 529.41（元）

【案例导入分析】

（1）销售粮食白酒：应纳税额=33.9÷（1+13%）×6 000×20%+6 000×0.5=39 000（元）

（2）发给职工的白酒：应纳税额=400×30×20%+400×0.5=2 600（元）

（3）送给客户的白酒：应纳税额=200×25×（1+5%）÷（1-10%）×10%=583.33（元）

（4）本月应纳税额=39 000+2 600+583.33=42 183.33（元）

（四）消费税出口退免税的计算

根据《中华人民共和国消费税暂行条例》的规定，出口应税消费品退免税政策有以下3种情况：

1.出口免税并退税

有出口经营权的外贸企业购进应税消费品直接出口，或外贸企业委托代理出口的应税消费品，属于从价定率计征消费税的，应依照外贸企业购进货物的不含税金额计算退税额；属于从量定额计征消费税的，应依照报关出口的数量和单位税额计算退税额；属于复合计征消费税的，应依照报关出口的数量和购进的不含税金额计算退税额。其计算公式为：

应退税额=出口货物的不含税购进金额×比例税率+出口数量×定额税率

【例3-14】鑫盛外贸公司为增值税一般纳税人，2019年9月从济南荣海实业公司购进100辆摩托车用于出口，不含税货款为300 000元，这批摩托车适用消费税税率为10%。鑫盛外贸公司已将出口退税手续办理完毕。

要求：计算该公司在出口环节的应退税额。

【解析】外贸企业从生产企业购进消费品直接出口，享受免税和退税政策。

应退税额=300 000×10%=30 000（元）

2.出口免税但不退税

有出口经营权的生产性企业自营出口或生产企业委托外贸企业代理出口的自产应税消费品，依据其实际出口数量免征消费税，不予办理退还消费税。

3.出口不免税也不退税

除生产企业、外贸企业的其他企业，具体指一般商贸企业，这类企业委托外贸企业出口的应税消费品一律不予退免税。

■　■　■　任务实施

实践活动

【活动目标】

通过案例分析，进一步熟练掌握消费税的计算。

【活动要求】

根据案例资料，进行纳税分析，并计算风驰摩托车厂2019年9月应缴纳的消费税。

【活动实施】

风驰摩托车厂为增值税一般纳税人，生产电掣牌摩托车包括两轮摩托车和三轮摩托车，适用的消费税税率均为3%，2019年9月发生以下经济业务：

（1）销售自产摩托车40辆，开具的增值税专用发票上注明的销售额为160 000元。

（2）赞助摩托车拉力赛3辆特制摩托车（无同类产品售价），已知每辆车成本为20 000元（成本利润率为6%）。

（3）外购100辆两轮摩托车已入库，取得增值税专用发票上注明价款为200 000元、增值税税额为26 000元，已知该两轮摩托车期初无库存。

（4）领用上述两轮摩托车100辆，将其改装成三轮摩托车。

（5）销售三轮摩托车100辆，开具的增值税专用发票上注明的销售额为800 000元。

【活动指导】

（1）摩托车为应税消费品，其消费税的计算采用从价计征的方法。其计算公式为：

$$应纳税额=销售额×税率$$

销售40辆摩托车的应纳税额=160 000×3%=4 800（元）

（2）赞助摩托车拉力赛属于自产自用应税消费品，视同销售行为，应依法缴纳消费税。由于没有同类价格，应按照组成计税价格计算缴纳税款。其计算公式为：

$$组成计税价格=（成本+利润）÷（1-比例税率）$$

$$应纳税额=组成计税价格×比例税率$$

赞助3辆摩托车的应纳税额=20 000×3×（1+6%）÷（1-3%）×3%=1 967.01（元）

（3）将外购两轮摩托车改装成三轮摩托车，准予扣除外购两轮摩托车已经缴纳的消费税。其计算公式为：

$$\begin{array}{c}当期准予扣除外购应税\\消费品已纳税款\end{array}=\begin{array}{c}当期准予扣除外购\\应税消费品买价\end{array}×\begin{array}{c}外购应税消费品\\适用税率\end{array}$$

$$\begin{array}{c}当期准予扣除外购\\应税消费品买价\end{array}=\begin{array}{c}期初库存外购应税\\消费品买价\end{array}+\begin{array}{c}当期购进的外购\\应税消费品买价\end{array}-\begin{array}{c}期末库存的外购\\应税消费品买价\end{array}$$

当期准予扣除的外购两轮摩托车已缴纳的消费税=200 000×3%=6 000（元）

销售三轮摩托车的应纳税额=800 000×3%=24 000（元）

（4）本月该厂应缴纳的消费税=4 800+1 967.01+24 000-6 000=24 767.01（元）

任务3.3 消费税的缴纳

■ ■ ■ 任务描述

在认识了消费税的基本法律规定、掌握了消费税计算方法的基础上，本任务讲述消费税的纳税申报，学生应当了解消费税纳税申报的知识，明确纳税义务的发生时间、纳税地点、申报期限等，然后根据有关资料进行纳税申报，学会填制消费税纳税申报表。

【案例导入】

黄河卷烟厂系增值税一般纳税人，主要生产和加工卷烟。卷烟不含增值税的调拨价为68元/标准条。黄河卷烟厂2019年9月的有关业务资料如下：

（1）9月1日未缴纳的消费税为3 520 000元，9月10日到税务机关纳税。

（2）9月初库存外购烟丝价值1 855 600元。

（3）9月6日购进烟丝，增值税专用发票上注明价款为3 120 000元、增值税税额为405 600元，货已验收入库。

（4）9月10日，委托仁宝卷烟厂加工烟丝一批，原材料成本为120 000元。18日加工完毕支付加工费45 000元，并将烟丝收回，此类烟丝市场价格为800 000元。烟丝收回后用于生产卷烟。

（5）9月20日，将本厂生产的卷烟100条（200支/条）作为礼物赠送给客户，本批卷烟的生产成本为2 600元。

（6）9月22日，销售卷烟1 500标准箱（7 500万支），属于乙类卷烟，专用发票上注明销售额为2 600 000元、销售成本为1 000 000元。

（7）9月末结存烟丝价值为2 350 000元。

根据上述资料，请分析纳税情况，并填写消费税纳税申报表。

■　■　■　■　知识准备

一、消费税纳税义务发生时间

纳税人生产的应税消费品于销售时纳税，进口消费品应当于应税消费品报关进口时纳税，但金银首饰、钻石及钻石饰品在零售环节纳税。消费税纳税义务发生的时间，以货款结算方式或行为发生时间来确定。

（1）纳税人销售的应税消费品，其纳税义务的发生时间为：

①纳税人采取赊销和分期收款结算方式的，其纳税义务的发生时间为销售合同规定的收款日期的当天。

②纳税人采取预收货款结算方式的，其纳税义务的发生时间为发出应税消费品的当天。

③纳税人采取托收承付和委托银行收款方式销售的应税消费品，其纳税义务的发生时间为发出应税消费品并办妥托收手续的当天。

④纳税人采取其他结算方式的，其纳税义务的发生时间为收讫销售款或取得销售款凭据的当天。

（2）纳税人自产自用的应税消费品，其纳税义务的发生时间为移送使用的当天。

（3）纳税人委托加工的应税消费品，其纳税义务的发生时间为纳税人提货的当天。

（4）纳税人进口的应税消费品，其纳税义务的发生时间为报关进口的当天。

二、消费税纳税地点

有关消费税具体纳税地点的规定如下：

（1）纳税人销售的应税消费品，以及自产自用的应税消费品，国家另有规定的除外，应当向纳税人核算地主管税务机关申报纳税。

（2）委托个人加工的应税消费品，由委托方向其机构所在地或居住地主管税务机关申报纳税。除此之外，由受托方向所在地主管税务机关代收代缴消费税税款。

（3）进口的应税消费品，由进口人或其代理人向报关地海关申报纳税。

（4）纳税人到外县（市）销售或委托外县（市）代销自产应税消费品的，于应税消费品销售后，向其机构所在地或居住地主管税务机关申报纳税。

（5）纳税人的总机构与分支机构不在同一县（市）的，应当分别向各自机构所在地的主管税务机关申报纳税；经财政部、国家税务总局或其授权的财政、税务机关批准的，可以由总机构汇总向总机构所在地的主管税务机关申报纳税。

（6）纳税人销售的应税消费品，如因质量等原因由购买者退回的，经所在地主管税务机关审核批准后，可退还已征收的消费税税款，但不得自行直接抵减应纳税款。

三、消费税纳税期限及申报期限

1.消费税的纳税期限

消费税的纳税期限分别为1日、3日、5日、10日、15日、1个月或者1个季度。纳税人的具体纳税期限,由主管税务机关根据纳税人应纳税额的大小分别核定,不能按照固定期限纳税的,可以按次纳税。

2.消费税的申报期限

纳税人以1个月或者1个季度为一个纳税期的,自期满之日起15日内申报纳税;以1日、3日、5日、10日或者15日为一个纳税期的,自期满之日起5日内预缴税款,并于次月1日起15日内申报纳税并结清上月应纳税款;纳税人进口应税消费品的,应当自海关填发海关进口消费税专用缴款书之日起15日内缴纳税款。

四、消费税纳税申报资料

纳税人在进行消费税的纳税申报时,应提供消费税纳税申报表,包括:

(1) 烟类应税消费品消费税纳税申报表。

(2) 成品油消费税纳税申报表。

(3) 酒类应税消费品消费税纳税申报表。

(4) 小汽车消费税纳税申报表。

(5) 其他应税消费品消费税纳税申报表。

此外,还应提供下列资料:

(1) 生产石脑油、溶剂油、航空煤油、润滑油、燃料油的纳税人在办理纳税申报时,还应提供生产企业生产经营情况表(油品)和生产企业产品销售明细表(油品)。

(2) 外购应税消费品连续生产应税消费品的,提供外购应税消费品增值税专用发票(抵扣联)原件和复印件。如果外购应税消费品的增值税专用发票属于汇总填开的,除提供增值税专用发票(抵扣联)原件和复印件外,还应提供随同增值税专用发票取得的由销售方开具并加盖财务专用章或发票专用章的销货清单原件和复印件。

(3) 委托加工收回应税消费品连续生产应税消费品的,提供代扣代收税款凭证原件和复印件。

(4) 进口应税消费品连续生产应税消费品的,提供海关进口消费税专用缴款书原件和复印件。

(5) 扣缴义务人必须报送消费税代收代缴税额计算表。

(6) 汽油、柴油消费税纳税人还须报送:①生产企业生产经营情况表(油品);②生产企业产品销售明细表(油品);③主管部门下达的月度生产计划;④企业根据生产计划制订的月份排产计划。

(7) 抵减进口葡萄酒消费税退税,纳税人还须报送海关进口消费税专用缴款书复印件。

消费税纳税申报表及其各类附表,见表3-4至表3-16。

【案例导入分析】

根据上述资料,黄河卷烟厂2019年9月关于消费税的缴纳情况分析如下:

（1）仁宝卷烟厂应代扣代缴委托加工烟丝的消费税。

应纳税额=800 000×30%=240 000（元）

因为该批烟丝收回后用于生产卷烟，所以允许抵扣已纳消费税240 000元。

（2）将自产卷烟赠送客户。

组成计税价格=68×100=6 800（元）

应纳税额=6 800×36%+0.003×100×200=2 508（元）

（3）当期准予扣除的外购烟丝的买价=1 855 600+3 120 000-2 350 000=2 625 600（元）

当期准予扣除的外购应税消费品已纳税额=2 625 600×30%=787 680（元）

（4）销售卷烟。

应纳税额=2 600 000×36%+0.003×75 000 000=1 161 000（元）

（5）2019年9月份黄河卷烟厂应缴纳的消费税。

应纳税额=1 161 000+2 508-787 680-240 000=135 828（元）

填制烟类应税消费品消费税纳税申报表及其附表，见表3-4、表3-5。

表3-4　　　　　　　　　　烟类应税消费品消费税纳税申报表

税款所属时间：2019年9月1日至2019年9月30日

纳税人名称（公章）：黄河卷烟厂　　　　　纳税人识别号：□□□□□□□□□□□□□□

填表日期：2019年10月10日　　　单位：卷烟万支、雪茄烟支、烟丝千克；金额单位：元（列至角分）

应税消费品名称	适用税率		销售数量	销售额	应纳税额
	定额税率	比例税率			
甲类卷烟	30元/万支	56%			
乙类卷烟	30元/万支	36%	7 502	2 606 800	1 163 508
雪茄烟	—	36%			
烟丝	—	30%			
合计			—	—	1 163 508

本期准予扣除税额：1 027 680	**声明**
本期减（免）税额：0	此纳税申报表是根据国家税收法律的规定填报的，我确定它是真实的、可靠的、完整的。
期初未缴税额：3 520 000	经办人（签章）：
本期缴纳前期应纳税额：3 520 000	财务负责人（签章）： 联系电话：
本期预缴税额：0	如果你已委托代理人申报，请填写： 　　　　　　**授权声明**
本期应补（退）税额：135 828	为代理一切税务事宜，现授权_____
期末未缴税额：135 828	（地址）_____为本纳税人的代理申报人，任何与本申报表有关的往来文件，都可寄予此人。 授权人（签章）：
以下由税务机关填写	

受理人（签章）：	受理日期：　年　月　日	受理税务机关（章）：

表3-5 **本期准予扣除税额计算表**

税款所属时间：2019年9月1日至2019年9月30日

纳税人名称（公章）：黄河卷烟厂　　　　纳税人识别号：☐☐☐☐☐☐☐☐☐☐☐☐☐☐☐☐

填表日期：2019年10月10日　　　　　　　金额单位：元（列至角分）

一、当期准予扣除的委托加工烟丝已纳税款计算
1.期初库存委托加工烟丝已纳税款：0
2.当期收回委托加工烟丝已纳税款：240 000
3.期末库存委托加工烟丝已纳税款：0
4.当期准予扣除的委托加工烟丝已纳税款：240 000
二、当期准予扣除的外购烟丝已纳税款计算
1.期初库存外购烟丝买价：1 855 600
2.当期购进烟丝买价：3 120 000
3.期末库存外购烟丝买价：2 350 000
4.当期准予扣除的外购烟丝已纳税款：787 680
三、本期准予扣除税款合计：1 027 680

表3-6 **本期代收代缴税额计算表**

税款所属时间：　　年　月　日至　　年　月　日

纳税人名称（公章）：　　　　　　　　　纳税人识别号：☐☐☐☐☐☐☐☐☐☐☐☐☐☐☐☐

填表日期：　年　月　日　　　单位：卷烟万支、雪茄烟支、烟丝千克；金额单位：元（列至角分）

项目	应税消费品名称	甲类卷烟	乙类卷烟	雪茄烟	烟丝	合计
适用税率	定额税率	30元/万支	30元/万支	—	—	—
	比例税率	56%	36%	36%	30%	—
受托加工数量						—
同类产品销售价格						—
材料成本						—
加工费						—
组成计税价格						—
本期代收代缴税款						

表3-7 卷烟销售明细表

所属时间： 年 月 日至 年 月 日

纳税人名称（公章）： 纳税人识别号： ☐☐☐☐☐☐☐☐☐☐☐☐☐☐☐

填表日期： 年 月 日 单位：万支、元、元/条（200支）

卷烟牌号	烟支包装规格	产量	销量	消费税计税价格	销售额	备注
合计	—			—	—	—

表3-8 酒类应税消费品消费税纳税申报表

税款所属时间： 年 月 日至 年 月 日

纳税人名称（公章）： 纳税人识别号： ☐☐☐☐☐☐☐☐☐☐☐☐☐☐☐

填表日期： 年 月 日 单位：斤、吨；金额单位：元（列至角分）

项目 应税消费品名称	适用税率		销售数量	销售额	应纳税额
	定额税率	比例税率			
粮食白酒	0.5元/斤	20%			
薯类白酒	0.5元/斤	20%			
甲类啤酒	250元/吨	—			
乙类啤酒	220元/吨	—			
黄酒	240元/吨	—			
其他酒	—	10%			
合计	—	—	—	—	

本期准予抵减税额：	**声明** 此纳税申报表是根据国家税收法律的规定填报的，我确定它是真实的、可靠的、完整的。
本期减（免）税额：	
期初未缴税额：	经办人（签章）： 财务负责人（签章）： 联系电话：
本期缴纳前期应纳税额：	如果你已委托代理人申报，请填写： **授权声明**
本期预缴税额：	为代理一切税务事宜，现授权_____
本期应补（退）税额：	（地址）_____为本纳税人的代理申报人，任何与本申报表有关的往来文件，都可寄予此人。
期末未缴税额：	授权人签章：
以下由税务机关填写	
受理人（签章）：	受理日期： 年 月 日 受理税务机关（章）：

表3-9　　　　　　　　　　　　　　**本期准予抵减税额计算表**

税款所属时间：　　年　月　日至　　年　月　日

纳税人名称（公章）：　　　　　　　纳税人识别号：☐☐☐☐☐☐☐☐☐☐☐☐☐☐☐☐☐☐

填表日期：　　年　月　日　　　　　　　　单位：吨；金额单位：元（列至角分）

一、当期准予抵减的外购啤酒液已纳税款计算	
1.期初库存外购啤酒液数量：	
2.当期购进啤酒液数量：	
3.期末库存外购啤酒液数量：	
4.当期准予抵减的外购啤酒液已纳税款：	
二、当期准予抵减的进口葡萄酒已纳税款：	
三、本期准予抵减税款合计：	

　　附：准予抵减消费税凭证明细

	凭证号码	开票日期	数量	单价	定额税率（元/吨）
啤酒 （增值税专用发票）					
合计		—		—	—
	凭证号码	开票日期	数量	完税价格	税款金额
葡萄酒 （海关进口消费税 专用缴款书）					
合计		—		—	

表3-10   **本期代收代缴税额计算表**

税款所属时间：   年 月 日至   年 月 日

纳税人名称（公章）：   纳税人识别号：☐☐☐☐☐☐☐☐☐☐☐☐☐☐☐

填表日期：   年 月 日   单位：斤、吨；金额单位：元（列至角分）

项目 \ 应税消费品名称		粮食白酒	薯类白酒	甲类啤酒	乙类啤酒	黄酒	其他酒	合计
适用税率	定额税率	0.5元/斤	0.5元/斤	250元/吨	220元/吨	240元/吨	—	—
	比例税率	20%	20%	—	—	—	10%	—
受托加工数量								—
同类产品销售价格								—
材料成本								—
加工费								—
组成计税价格								—
本期代收代缴税款								

表3-11   **生产经营情况表**

税款所属时间：   年 月 日至   年 月 日

纳税人名称（公章）：   纳税人识别号：☐☐☐☐☐☐☐☐☐☐☐☐

填表日期：   年 月 日   单位：斤、吨；金额单位：元（列至角分）

项目 \ 应税消费品名称	粮食白酒	薯类白酒	甲类啤酒	乙类啤酒	黄酒	其他酒
生产数量						
销售数量						
委托加工收回酒直接销售数量						
委托加工收回酒直接销售额						
出口免税销售数量						
出口免税销售额						

表3-12　　　　　　　　　　**其他应税消费品消费税纳税申报表**

税款所属时间：　　年　月　日至　　年　月　日

纳税人名称（公章）：　　　　　　纳税人识别号：□□□□□□□□□□□□□□□□□□

填表日期：　　年　月　日　　　　　　　　　　　　金额单位：元（列至角分）

应税消费品名称　＼　项目	适用税率	销售数量	销售额	应纳税额
合　计	—	—	—	

本期准予抵减税额：	声明
本期减（免）税额：	此纳税申报表是根据国家税收法律的规定填报的，我确定它是真实的、可靠的、完整的。
期初未缴税额：	经办人（签章）：
本期缴纳前期应纳税额：	财务负责人（签章）： 联系电话：
本期预缴税额：	如果你已委托代理人申报，请填写： 授权声明
本期应补（退）税额：	为代理一切税务事宜，现授权_____ （地址）_____为本纳税人的代理申
期末未缴税额：	报人，任何与本申报表有关的往来文件，都可寄予此人。
	授权人签章：

以下由税务机关填写

受理人（签章）：	受理日期：　　年　月　日	受理税务机关（章）：

表3-13　　　　　　　　　　**本期准予扣除税额计算表**

税款所属时间：　　年　月　日至　　年　月　日

纳税人名称（公章）：　　　　　　纳税人识别号：□□□□□□□□□□□□□□□□□□

填表日期：　　年　月　日　　　　　　　　　　　　金额单位：元（列至角分）

项目　＼　应税消费品名称					合计
当期准予扣除的委托加工应税消费品已纳税款计算	期初库存委托加工应税消费品已纳税款				—
	当期收回委托加工应税消费品已纳税款				—
	期末库存委托加工应税消费品已纳税款				—
	当期准予扣除委托加工应税消费品已纳税款				
当期准予扣除的外购应税消费品已纳税款计算	期初库存外购应税消费品买价				—
	当期购进应税消费品买价				
	期末库存外购应税消费品买价				
	外购应税消费品适用税率				
	当期准予扣除外购应税消费品已纳税款				
本期准予扣除税款合计					

表3-14 　　　　　　　　准予扣除消费税凭证明细表

税款所属时间：　　　年　月　日至　　　年　月　日

纳税人名称（公章）：　　　　　　　纳税人识别号：□□□□□□□□□□□□□□□□□□□□

填表日期：　　年　月　日　　　　　　　　　　　　　　金额单位：元（列至角分）

应税消费品名称	凭证类别	凭证号码	开票日期	数量	金额	适用税率	消费税税额
合计	—	—	—	—		—	

表3-15 　　　　　　　　本期代收代缴税额计算表

税款所属时间：　　　年　月　日至　　　年　月　日

纳税人名称（公章）：　　　　　　　纳税人识别号：□□□□□□□□□□□□□□□□□□□□

填表日期：　　年　月　日　　　　　　　　　　　　　　金额单位：元（列至角分）

项目　　　应税消费品名称				合计
适用税率				—
受托加工数量				—
同类产品销售价格				—
材料成本				—
加工费				—
组成计税价格				—
本期代收代缴税款				

表3-16　　　　　　　　　　　　　生产经营情况表

税款所属时间：　　　年　月　日至　　　年　月　日

纳税人名称（公章）：　　　　　　　纳税人识别号：□□□□□□□□□□□□□□□□□□□□

填表日期：　　　年　月　日　　　　　　　　　　　　　金额单位：元（列至角分）

项目 ＼ 应税消费品名称			
生产数量			
销售数量			
委托加工收回应税消费品直接销售数量			
委托加工收回应税消费品直接销售额			
出口免税销售数量			
出口免税销售额			

■ ■ ■ **任务实施**

实践活动

【活动目标】

通过实训，进一步掌握消费税的纳税申报。

【活动要求】

根据实训资料，填制酒类消费税纳税申报表。

【活动实施】

神仙酒厂（纳税人识别号：914893521465739155）系增值税一般纳税人，主要生产各种酒，2019年9月份发生经济业务如下：

（1）销售粮食白酒6 000瓶（每瓶500克），每瓶含增值税的销售价为33.9元。

（2）本月发给本厂职工400瓶粮食白酒作为福利，已知粮食白酒每瓶不含增值税的销售价为30元。

（3）本月将新研制生产的药酒200瓶赠送给客户，该批药酒每瓶成本价为25元。

【活动指导】

从实训资料及分析中可以看出：

（1）将400瓶粮食白酒发给职工作为福利，应视同销售行为，即该酒厂9月份销售粮食白酒6 400瓶（6 000+400），每瓶500克，即1斤，所以本月粮食白酒销售数量为6 400斤。

粮食白酒的销售额=33.9÷（1+13%）×6 000+400×30=192 000（元）

销售粮食白酒的应纳税额=6 400×0.5+192 000×20%=41 600（元）

（2）研制药酒赠送客户，应视同销售行为。

药酒的销售额=200×25×（1+5%）÷（1-10%）=5 833.33（元）

销售药酒的应纳税额=5 833.33×10%=583.33（元）

（3）该厂本月应缴纳的消费税。

应纳税额=41 600+583.33=42 183.33（元）

填制酒类应税消费品消费税纳税申报表，见表3-17。

表3-17　　　　　　　　酒类应税消费品消费税纳税申报表

税款所属时间：2019年9月1日至2019年9月30日

纳税人名称（公章）：神仙酒厂　　　纳税人识别号： 9 1 4 8 9 3 5 2 1 4 6 5 7 3 9 1 5 5

填表日期：2019年10月10日　　　　　　　　单位：斤、吨；金额单位：元（列至角分）

项目 应税消费品名称	适用税率		销售数量	销售额	应纳税额
	定额税率	比例税率			
粮食白酒	0.5元/斤	20%	6 400	192 000	41 600
薯类白酒	0.5元/斤	20%			
甲类啤酒	250元/吨	—			
乙类啤酒	220元/吨	—			
黄酒	240元/吨				
其他酒	—	10%	200	5 833.33	583.33
合计	—	—	—	—	42 183.33

本期准予抵减税额：	声明
本期减（免）税额：	此纳税申报表是根据国家税收法律的规定填报的，我确定它是真实的、可靠的、完整的。
期初未缴税额：	经办人（签章）： 财务负责人（签章）：
本期缴纳前期应纳税额：	联系电话：
本期预缴税额：	如果你已委托代理人申报，请填写： 授权声明
本期应补（退）税额：	为代理一切税务事宜，现授权＿＿＿＿＿＿（地址）＿＿＿＿＿＿为本纳税人的代理申报
期末未缴税额：	人，任何与本申报表有关的往来文件，都可寄予此人。 授权人签章：
以下由税务机关填写	
受理人（签章）：	受理日期：　　年　月　日　　受理税务机关（章）：

项目小结

　　本项目主要有认识消费税、消费税的计算和消费税的缴纳三项任务，应注重理解消费税的概念和特征，尤其应明确消费税的纳税环节，掌握消费税的纳税人、税目和税率等主要法律规定，在此基础上，重点掌握不同情况下消费税的计算，并会进行消费税的纳税申报，重点掌握纳税申报表的填制。

项目四 企业所得税的计算与缴纳

□ 知识目标

1. 理解企业所得税的概念及特征。
2. 掌握企业所得税的主要法律规定。
3. 掌握企业所得税应纳税额的计算。
4. 掌握企业所得税的纳税申报和税款缴纳。

□ 能力目标

1. 能够准确判断居民企业纳税人、非居民企业纳税人及其适用税率。
2. 能够根据业务资料准确计算企业所得税应纳税额。
3. 能够根据业务资料填制企业所得税纳税申报表并进行网上申报。

任务4.1 认识企业所得税

■ ■ ■ 任务描述

企业所得税属于我国现行税种中的所得税类。本任务中学生应通过学习企业所得税的概念、特征、纳税人、课税对象、税率等的主要税收法律规定,为掌握企业所得税的计算与缴纳做好知识准备。

【案例导入】

小王供职于长江实业有限公司,这是一家机械产品加工制造企业,2018年度有员工310人,资产总额6 300万元,公司年销售收入2 100万元,年利润额760万元。请你想一想,该公司属于哪种纳税人及其所适用的税率?

■ ■ ■ 知识准备

一、企业所得税概述

(一)企业所得税的概念

企业所得税,是指以企业来源于中国境内、境外的生产经营所得和其他所得为课税对象所征收的一种税。企业所得税是国家参与企业利润分配的一种规范形式,是我国目前的主体税种之一。

（二）企业所得税的特征

1.征税范围广

在中国境内的企业和其他取得收入的组织、境外公司或组织，如有来源于中国境内的收入，都是企业所得税的纳税人，征税对象包括生产经营所得和其他所得，因此征税范围具有广泛性。

2.税负公平

企业所得税实行统一税率，不分地区、行业、内资、外资，税收负担与纳税人的应税所得多少有直接关联，即"多得多征、少得少征、不得不征"，较好地体现了税负的公平性。

3.税收负担不易转嫁

企业所得税属于直接税，对企业的纯收入征税，由纳税人自己负担，不能通过提高商品价格等方式转嫁出去。这有利于促进企业改善经营管理、提升盈利能力。

4.核算较为复杂

由于企业所得税的计税依据是应纳税所得额，其计算与企业的收入、成本、费用、损失等各个方面相关联，且这些项目税法与会计规定多有差异，需要进行纳税调整。另外，企业所得税的计算还涉及消费税、城市维护建设税、教育费附加、关税、房产税、车船税、资源税、印花税等诸多税种。

二、企业所得税的主要法律规定

（一）纳税义务人

企业所得税纳税义务人，是指在中国境内的企业和其他取得收入的组织（以下统称企业），包括各类企业、事业单位、社会团体、民办非企业单位和从事经营活动的其他组织等。企业所得税纳税人分为居民企业和非居民企业两类。

1.居民企业

居民企业，是指依法在中国境内成立，或者依照外国（地区）法律成立但实际管理机构在中国境内的企业。实际管理机构，是指对企业的生产经营、人员、财务、财产等实施实质性全面管理和控制的机构，如股东大会、董事会等。例如，海尔集团、澳柯玛集团、可口可乐（中国）公司，就是我国的居民企业。

居民企业承担全面纳税义务，应当就其来源于中国境内、境外的所得缴纳企业所得税。

2.非居民企业

非居民企业，是指依照外国（地区）法律成立且实际管理机构不在中国境内，但在中国境内设立机构、场所的，或者在中国境内未设立机构、场所，但有来源于中国境内所得的企业。例如，在我国设立代表处及其他分支机构的微软公司等外国企业就是我国的非居民企业。

非居民企业承担有限纳税义务，一般仅就其取得的来源于中国境内的所得缴纳所得税。对在中国境内未设立机构、场所的非居民企业，或者虽设立机构、场所但取得的所得与其所设机构、场所没有实际联系的中国境内所得应缴纳的所得税，实行源泉扣缴，以支付人为扣缴义务人，税款由支付人在每次支付或到期应支付时，从支付或者到期应支付的款项中扣缴。扣缴义务人未依法扣缴或者无法履行扣缴义务的，由纳税人在所得发生地缴纳企业所得税。

（二）课税对象

【小提示】

个人独资企业和合伙企业由个人投资者缴纳个人所得税，不是企业所得税的纳税人。

企业所得税的课税对象为企业在中国境内的生产经营所得和其他所得。生产经营所得，是指企业从事物质生产、商品流通、交通运输、劳动服务以及其他营利事业取得的境内、境外所得。其他所得，是指企业有偿转让各类财产取得的财产转让所得，如股息、利息、租金、特许权使用费以及营业外收益等所得。

确定企业的一项所得是否纳税，应遵循以下原则：

（1）必须是有合法来源的所得，即企业的所得必须是国家法律所允许并保护的。对企业从事非法行为取得的所得，应由相关执法机构进行罚没，不构成企业所得税的课税对象。

（2）应税所得是扣除成本费用以后的纯收益。企业取得的任何一项所得，都必须要有相应的消耗和支出，企业所得扣除了为取得这些所得而发生的成本费用支出后的余额，才是企业所得税的应税所得。

（3）企业所得税的应税所得必须是能增加纳税人赋税能力的所得，如实物或货币所得。各种荣誉性、知识性及体能、心理上的收益，都不是应税所得。

【想一想】

为什么荣誉性、知识性、心理上的收益不能成为应税所得？

（4）企业所得税的应税所得包括来源于中国境内、境外的所得。居民企业应当就其来源于中国境内、境外所得缴纳所得税，但为避免重复课税，对其在境外已纳的企业所得税税款可以抵免；非居民企业在中国境内设立机构、场所的，应当就其机构、场所取得的来源于中国境内的所得，以及发生在中国境外但与其机构、场所有实际联系的所得，缴纳企业所得税；非居民企业在中国境内未设立机构、场所的，或者虽设立机构、场所但取得的所得与其机构、场所没有实际联系的，应当就其来源于中国境内的所得缴纳企业所得税。

企业所得税的具体计税依据为应纳税所得额，即纳税人每一纳税年度的收入总额减除不征税收入、免税收入、各项扣除以及允许弥补的以前年度亏损后的余额。具体内容与计算在后面部分详细介绍。

（三）税率

企业所得税的基本税率为25%的比例税率，适用于居民企业来源于中国境内、境外的所得，在中国境内设立机构、场所的非居民企业来源于中国境内的所得，以及其发生在中国境外但与其所设机构、场所有实际联系的所得。另有以下专门规定：

（1）符合条件的小型微利企业，减按20%的税率征收企业所得税。

自2019年1月1日至2021年12月31日，对小型微利企业年应纳税所得额不超过100万元的部分，减按25%计入应纳税所得额，按20%的税率缴纳企业所得税；对年应纳税所得额超过100万元但不超过300万元的部分，减按50%计入应纳税所得额，按20%的税率缴纳企业所得税。

所谓小型微利企业，是指从事国家非限制和禁止行业，并同时符合下列条件的企业：

①年度应纳税所得额不超过300万元。

②从业人数不超过300人。

③资产总额不超过5 000万元。

（2）国家需要重点扶持的高新技术企业，减按15%的税率征收企业所得税。国家需要重点扶持的高新技术企业，是指拥有核心自主知识产权，并符合《高新技术企业认定管理办法》规定条件的企业。

【想一想】

请上网查一查，该类高新技术企业应同时具备哪些条件？

（3）经认定的技术先进型服务企业（服务贸易类），减按15%的税率征收企业所得税。

（4）在中国境内未设立机构、场所，或虽设立机构、场所但取得的所得与其所设机构、场所没有实际联系的非居民企业的中国境内所得，适用20%的税率，实际以减按10%的税率征收企业所得税。

企业所得税税率表，见表4-1。

表4-1　　企业所得税税率表

企业类型		纳税义务	税率
居民企业	一般企业	境内所得和境外所得	25%
	高新技术企业、技术先进型服务企业		15%
	小型微利企业		20%
非居民企业	在中国境内设立机构、场所的	与机构、场所有实际联系的境内、境外所得	25%
		与机构、场所没有实际联系的境内所得	10%
	在中国境内未设立机构、场所的	境内所得	10%

【案例导入分析】

长江实业有限公司依法在中国境内成立，为居民企业纳税义务人。公司的资产总额、从业人数与应纳税所得额等指标均超过小型微利企业标准，因此适用25%的税率。

【例4-1】 新辉公司是加工制造企业，有员工250人，资产总额4 600万元，2018年应纳税所得额是98万元。

要求：判断该公司适用的企业所得税税率。

【解析】 新辉公司属于小型微利企业，适用20%的企业所得税税率。

三、企业所得税的税收优惠

企业所得税的税收优惠政策主要有免税、减税、加计扣除、加速折旧、减计收入、税额抵免等。

（一）免税、减税优惠

企业的下列所得，可以免征、减征企业所得税：

（1）从事农、林、牧、渔项目的所得。

企业从事下列项目的所得，免征企业所得税：

①蔬菜、谷物、薯类、油料、豆类、棉花、麻类、糖料、水果、坚果的种植。

②农作物新品种的选育。

③中药材的种植。

④林木的培育和种植。

⑤牲畜、家禽的饲养。

⑥林产品的采集。

⑦灌溉、农产品初加工、兽医、农技推广、农机作业和维修等农、林、牧、渔服务业项目。

⑧远洋捕捞。

企业从事下列项目的所得，减半征收企业所得税：

①花卉、茶以及其他饮料作物和香料作物的种植。

②海水养殖、内陆养殖。

（2）从事国家重点扶持的公共基础设施项目投资经营的所得。

国家重点扶持的公共基础设施项目，是指《公共基础设施项目企业所得税优惠目录》规定的港口码头、机场、铁路、公路、城市公共交通、电力、水利等项目，不包括企业承包经营、承包建设和内部自建自用的项目。企业从事国家重点扶持的公共基础设施项目的投资经营的所得，自项目取得第一笔生产经营收入所属纳税年度起，第1年至第3年免征企业所得税，第4年至第6年减半征收企业所得税。

（3）从事符合条件的环境保护、节能节水项目的所得。

符合条件的环境保护、节能节水项目，包括公共污水处理、公共垃圾处理、沼气综合开发利用、节能减排技术改造、海水淡化等。企业从事符合条件的环境保护、节能节水项目的所得，自项目取得第一笔生产经营收入所属纳税年度起，第1年至第3年免征企业所得税，第4年至第6年减半征收企业所得税。

（4）符合条件的技术转让所得。

享受减免企业所得税优惠的技术转让应符合以下条件：

①享受优惠的技术转让主体是税法规定的居民企业。

②技术转让属于财政部、国家税务总局规定的范围。

③境内技术转让经省级以上科技部门认定。

④向境外转让技术经省级以上商务部门认定。

⑤国务院税务主管部门规定的其他条件。

一个纳税年度内，居民企业技术转让所得不超过500万元的部分，免征企业所得税；超过500万元的部分，减半征收企业所得税。

（二）加计扣除优惠

（1）研究开发费。

研究开发费，是指企业为开发新技术、新产品、新工艺发生的研究开发费用，未形成无形资产计入当期损益的，在按照规定据实扣除的基础上，按照研究开发费用的50%加计扣除；形成无形资产的，按照无形资产成本的150%摊销。

在2018年1月1日至2020年12月31日期间，企业开展研发活动中实际发生的研发费用，未形成无形资产计入当期损益的，在按规定据实扣除的基础上，再按照实际发生额的75%在税前加计扣除；形成无形资产的，在上述期间按照无形资产成本的175%在税前摊销。

上述的新技术、新产品、新工艺，是指国内尚未形成研究开发成果的技术、产品、工艺。除法律另有规定外，其摊销年限不得低于10年。

（2）企业安置残疾人员所支付的工资。

企业安置残疾人员的，在按照支付给残疾职工工资据实扣除的基础上，按照支付给残疾职工工资的100%加计扣除。残疾人员的范围适用《中华人民共和国残疾人保障法》的有关规定。

【例4-2】新辉公司2018年支付给职工的工资总额为800万元，其中包括支付给残疾人员的工资60万元。

要求：计算该公司2018年税前准予扣除的工资、薪金。

【解析】2018年税前准予扣除的工资、薪金=8 000 000+600 000×100%=8 600 000（元）

（3）企业为安置国家鼓励安置的下岗失业人员、军队转业干部、城镇退役士兵、随军家属等所支付的工资，可以在计算应纳税所得额时加计扣除，具体办法由国务院另行规定。

（三）固定资产折旧优惠

（1）企业的固定资产由于技术进步等原因，确需加速折旧的，可以缩短折旧年限或者采取加速折旧方法。这类资产包括：

①由于技术进步，产品更新换代较快的固定资产；

②常年处于强震动、高腐蚀状态的固定资产。

采取缩短折旧年限的，最低折旧年限不得低于规定折旧年限的60%；采取加速折旧方法的，可以采取双倍余额递减法或者年数总和法。

（2）为落实国务院完善固定资产加速折旧政策，促进企业技术改造，支持创业创新，提高企业加大设备投资、更新改造及科技创新的积极性，促进我国制造业实现转型升级，提高产业国际竞争力，规定如下：

①对生物药品制造业，专用设备制造业，铁路、船舶、航空航天和其他运输设备制造业，计算机、通信和其他电子设备制造业，仪器仪表制造业，信息传输、软件和信息技术服务业等行业企业，2014年1月1日后购进（包括自行建造）的固定资产，允许按不低于企业所得税法规定折旧年限的60%缩短折旧年限，或选择双倍余额递减法或年数总和法进行加速折旧。

②企业在2014年1月1日后购进并专门用于研发活动的仪器、设备，单位价值不超过100万元的，可以一次性在计算应纳税所得额时扣除；单位价值超过100万元的，允许按不低于企业所得税法规定折旧年限的60%缩短折旧年限，或选择双倍余额递减法或年数总和法进行加速折旧。

③企业持有的固定资产，单位价值不超过5 000元的，可以一次性在计算应纳税所得额时扣除。企业在2013年12月31日前持有的单位价值不超过5 000元的固定资产，税收上已经作为固定资产进行处理的，其折余价值部分可在2014年1月1日以后一次性在计算应纳税所得额时扣除。

④企业采取缩短折旧年限方法的，对其购置的新固定资产，最低折旧年限不得低于《中华人民共和国企业所得税法实施条例》第六十条规定的折旧年限的60%；企业购置已使用过的固定资产，其最低折旧年限不得低于该条例规定的最低折旧年限减去已使用年限后剩余年限的60%。最低折旧年限一经确定，不得变更。

⑤企业的固定资产采取加速折旧方法的，可以采用双倍余额递减法或者年数总和法。加速折旧方法一经确定，不得变更。

（3）为进一步扩大固定资产加速折旧的优惠范围，规定如下：

①对轻工、纺织、机械、汽车等四个领域重点行业企业2015年1月1日后新购进（包括自行建造）的固定资产，允许缩短折旧年限或采取加速折旧方法。

②对四个领域重点行业小型微利企业2015年1月1日后新购进的研发和生产经营共用的仪器、设备，单位价值不超过100万元（含）的，允许在计算应纳税所得额时一次性全额扣除；单位价值超过100万元的，允许缩短折旧年限或采取加速折旧方法。

自2019年1月1日起，上述规定固定资产加速折旧优惠的行业范围，扩大至全部制造业领域。

企业在2018年1月1日至2020年12月31日期间新购进的设备、器具，单位价值不超过500万元的，允许一次性计入当期成本费用在计算应纳税所得额时扣除，不再分年度计提折旧。

（四）减计收入优惠

企业综合利用资源，生产符合国家产业政策规定的产品所取得的收入，可以在计算应纳税所得额时减计收入。

企业以《资源综合利用企业所得税优惠目录》规定的资源作为主要原材料，生产国家非限制和禁止并符合国家和行业相关标准的产品取得的收入，减按90%计入收入总额。

上述所称原材料占生产产品材料的比例不得低于《资源综合利用企业所得税优惠目录》规定的标准。

（五）税额抵免优惠

企业购置并实际使用《环境保护专用设备企业所得税优惠目录》、《节能节水专用设备企业所得税优惠目录》和《安全生产专用设备企业所得税优惠目录》规定的环境保护、节能节水、安全生产等专用设备的，该专用设备的投资额的10%可以从企业当年的应纳税额中抵免；当年不足抵免的，可以在以后5个纳税年度结转抵免。

享受前款规定的企业所得税优惠的企业，应当实际购置并自身实际投入使用前款规定的专用设备；企业购置上述专用设备在5年内转让、出租的，应当停止享受企业所得税优惠，并补缴已经抵免的企业所得税税款。

（六）创投企业优惠

创业投资企业采取股权投资方式投资于国家需要重点扶持和鼓励的未上市的中小高新技术企业2年以上的，可以按照其投资额的70%在股权持有满2年的当年抵扣该创业投资企业的应纳税所得额；当年不足抵扣的，可以在以后的纳税年度结转抵扣。

（七）扶助小型微利企业的税收优惠

自2019年1月1日至2021年12月31日，对小型微利企业年应纳税所得额不超过100万元的部分，减按25%计入应纳税所得额，按20%的税率缴纳企业所得税；对年应纳税所得额超过100万元但不超过300万元的部分，减按50%计入应纳税所得额，按20%的税率缴纳企业所得税。

（八）开发大西北的税收优惠

自2021年1月1日至2030年12月31日，对设在西部地区的鼓励类产业企业减按15%的税率征收企业所得税。鼓励类产业企业是指以《西部地区鼓励类产业目录》中规定的产业项目为主营业务，且其主营业务收入占企业收入总额60%以上的企业。西部地区包括内蒙古自治区、广西壮族自治区、重庆市、四川省、贵州省、云南省、西藏自治区、陕西省、甘肃省、青海省、宁夏回族自治区、新疆维吾尔自治区和新疆生产建设兵团。

（九）民族自治地方的税收优惠

民族自治地方的自治机关对本民族自治地方的企业应缴纳的企业所得税中属于地方分享的部分可以决定减征或免征，不得减免属于中央分享的部分。自治州、自治县决定减征或免征的，须报省、自治区、直辖市人民政府批准。

■■■■ **任务实施**

实践活动1

【活动目标】
通过练习，进一步熟悉企业所得税的概念、特征和主要法律规定。

【活动要求】
请根据企业所得税的知识，从下列选择题的四至五个选项中选择出一个或多个正确选项。

【活动实施】

1.判断以下企业哪些是居民企业（　　），哪些是非居民企业（　　）。

A.格力电器股份有限公司　　　　　　B.微软公司中国办事处

C.伊利集团　　　　　　　　　　　　D.上海通用汽车有限公司（中美合资企业）

E.Google香港公司

2.下面有关企业所得税税率说法正确的是（　　）。

A.企业所得税的基本税率为25%

B.非居民企业在中国境内未设立机构、场所的，其来源于中国境内的所得适用20%的税率

C.符合条件的小型微利企业适用15%的税率

D.国家需要重点扶持的高新技术企业适用10%的税率

3.企业从事（　　）项目的所得，减半征收企业所得税。

A.花卉、茶以及其他饮料作物和香料作物的种植

B.海水养殖、内陆养殖

C.中药材的种植

D.牲畜、家禽的饲养

4.下列哪些项目可享受三免三减半优惠（　　）。

A.海水淡化　　　　　　　　　　　　B.沼气综合开发利用

C.安全生产　　　　　　　　　　　　D.公共污水处理

【活动指导】

1.本题考查的是企业所得税纳税人的分类标准。注册地或实际管理机构在中国境内的为居民企业纳税人，否则为非居民企业纳税人。答案为ACD是居民企业，BE是非居民企业。

2.本题考查的是企业所得税税率的相关法律规定。企业所得税基本税率为25%，小型微利企业适用税率为20%，符合条件的高新技术企业适用税率为15%。答案为AB。

3.本题考查的是企业所得税的税收优惠政策。中药材的种植及牲畜、家禽的饲养为免税项目。答案为AB。

4.本题考查的是企业所得税的税收优惠政策。海水淡化、沼气综合开发利用、公共污水处理享受三免三减半的税收优惠政策。答案为ABD。

实践活动2

【活动目标】

通过社会实践，进一步熟悉企业所得税的主要法律规定。

【活动要求】

走访企业所得税的纳税人，了解该纳税人的所属类别、税率、所享受的税收优惠等，填写关于企业所得税的调查表，见表4-2。

【活动实施】

表4-2　　　　　　　　　　关于企业所得税的调查表

调查项目	调查内容	备注
纳税人		
纳税人类别		
税率		
所享受的税收优惠		

【活动指导】

1.建议选择有代表性的企业作为调查对象。

2.在调查时可以参考表4-2的调查项目，也可以根据纳税人的实际情况调整或自己设计调查表。

拓展提升：企业所得税的发展历史

任务4.2　企业所得税的计算

■ ■■ ■ 任务描述

企业所得税应纳税额的计算是一个知识难点。本任务重点学习和掌握企业所得税应纳税所得额的确定及应纳税额的计算。

【案例导入】

长江实业有限公司2018年度生产经营情况如下：

（1）产品销售收入2 560万元。

（2）产品销售成本1 200万元。

（3）产品销售费用210万元。

（4）管理费用100万元（其中业务招待费用25万元）。

（5）当年出租固定资产取得收入40万元。

（6）购买国库券取得利息收入20万元。

（7）准许税前扣除的有关税费110万元。

（8）经批准向企业职工集资300万元，支付年息30万元，同期银行贷款利率为9%。

（9）通过民政部门向南方雪灾地区捐款60万元。

思考：该公司2018年度应缴纳的企业所得税是多少？

■ ■■ ■ 知识准备

一、查账征收下应纳税所得额的计算

（一）应纳税所得额的确定

企业所得税的计税依据是企业的应纳税所得额，是指企业每一纳税年度的收入总额减除不征税收入、免税收入、各项扣除以及准予弥补的以前年度亏损后的余额，用公式表示为：

$$\frac{应纳税}{所得额} = \frac{收入}{总额} - \frac{不征税}{收入额} - \frac{免税}{收入额} - \frac{各项}{扣除额} - \frac{准予弥补的以前}{年度亏损额}$$

另外，也可以间接地根据会计利润总额加上或减去按照税法规定调整的项目金额得到应纳税所得额，用公式表示为：

$$\frac{应纳税}{所得额} = \frac{会计}{利润总额} + \frac{纳税调整}{增加额} - \frac{纳税调整}{减少额} - \frac{准予弥补的以前}{年度亏损额}$$

企业应纳税所得额的计算，以权责发生制为原则，属于当期的收入和费用不论款项是否收付，均作为当期的收入和费用；不属于当期的收入和费用即使款项已经在当期收付，均不作为当期的收入和费用。但是，国务院财政、税务主管部门另有规定的除外。

在计算应纳税所得额时，企业财务、会计处理办法与税收法律、行政法规的规定不一致的，应当依照税收法律、行政法规的规定计算。

1. 收入总额的确定

企业以货币形式和非货币形式从各种来源取得的收入，为收入总额。

货币形式，是指企业取得的现金以及将以固定或可确定的金额收取的收入，包括库存现金、银行存款、应收账款、应收票据、准备持有至到期的债券投资以及债务的豁免等。非货币形式，是指企业取得的货币形式以外的收入，包括存货、固定资产、生物资产、无形资产、股权投资、不准备持有至到期的债券投资、劳务及有关权益等。

收入总额包括以下类型：

（1）销售货物收入，是指企业销售商品、产品、原材料、包装物、低值易耗品以及其他存货取得的收入。

（2）提供劳务收入，是指企业从事建筑安装、修理修配、交通运输、仓储租赁、金融保险、邮电通信、咨询经纪、文化体育、科学研究、技术服务、教育培训、餐饮住宿、中介代理、卫生保健、社区服务、旅游、娱乐、加工以及其他劳务服务活动取得的收入。

（3）转让财产收入，是指纳税人有偿转让各类财产取得的收入，包括转让固定资产、有价证券、股权以及其他财产而取得的收入。

（4）股息、红利等权益性投资收益，是指纳税人对外投资入股分得的股利、红利收入。

（5）利息收入，是指纳税人购买各种债券等有价证券的利息、外单位欠款付给的利息以及其他利息收入。

（6）租金收入，是指纳税人出租固定资产、包装物以及其他财产而取得的租金收入。

（7）接受捐赠收入，是指企业接受的来自其他企业、组织或者个人无偿给予的货币性资产、非货币性资产。

（8）其他收入，是指上述各项收入之外的一切收入，包括固定资产盘盈收入、罚款收入、因债权人缘故确实无法支付的应付款项、物资及现金的溢余收入、教育费附加返还款、包装物押金收入以及其他收入。

2.不征税收入的确定

收入总额中的下列收入为不征税收入：

（1）财政拨款，是指各级人民政府对纳入预算管理的事业单位、社会团体等组织拨付的财政资金，但国务院和国务院财政、税务主管部门另有规定的除外。

（2）依法收取并纳入财政管理的行政事业性收费、政府性基金。其中行政事业性收费，是指依照法律法规等有关规定，按照国务院规定程序批准，在实施社会公共管理，以及在向公民、法人或者其他组织提供特定公共服务过程中，向特定对象收取并纳入财政管理的费用。政府性基金，是指企业依照法律、行政法规等有关规定，代政府收取的具有专项用途的财政资金。

（3）国务院规定的其他不征税收入，是指企业取得的由国务院财政、税务主管部门规定专项用途并经国务院批准的财政性资金。

3.免税收入的确定

企业的下列收入为免税收入：

（1）国债利息收入，是指企业持有国务院财政部门发行的国债取得的利息收入。

（2）符合条件的居民企业之间的股息、红利等权益性投资收益，即居民企业直接投资于其他居民企业取得的投资收益，不包括连续持有居民企业公开发行并上市流通的股票不足12个月取得的投资收益。

（3）在中国境内设立机构、场所的非居民企业从居民企业取得与该机构、场所有实际联系的股息、红利等权益性投资收益。

（4）符合条件的非营利组织的收入。其中，不包括非营利组织从事营利性活动取得的收入，但国务院财政、税务主管部门另有规定的除外。非营利组织的认定管理办法由国务院财政、税务主管部门会同国务院有关部门制定。

4.特殊收入的确认

（1）以分期收款方式销售货物的，按照合同约定的收款日期确认收入的实现。

（2）企业受托加工制造大型机械设备、船舶、飞机，以及从事建筑、安装、装配工程业务或者提供其他劳务等，持续时间超过12个月的，按照纳税年度内完工进度或者完成的工作量确认收入的实现。

（3）采取产品分成方式取得收入的，按照企业分得产品的日期确认收入的实现，其收入额按照产品的公允价值确定。

（4）企业发生非货币性资产交换，以及将货物、财产、劳务用于捐赠、偿债、赞助、集资、广告、样品、职工福利和利润分配等用途的，应当视同销售货物、转让财产和提供劳务，但国务院财政、税务主管部门另有规定的除外。

5.扣除额的确定

企业实际发生的与取得收入有关的、合理的支出，包括成本、费用、税金、损失和其他支出，准予在计算应纳税所得额时扣除。

（1）成本，是指企业在生产经营活动中发生的销售成本、销货成本、业务支出以及其他耗费，如商品销售成本、材料销售成本、提供劳务成本等。

（2）费用，是指企业在生产经营活动中发生的销售费用、管理费用和财务费用，已经计入成本的有关费用除外。

（3）税金，是指企业发生的除企业所得税和允许抵扣的增值税以外的各项税金及其附加，已通过成本、费用扣除的税金除外。

（4）损失，是指企业在生产经营活动中发生的固定资产和存货的盘亏、毁损、报废损失，转让财产损失，呆账损失，坏账损失，自然灾害等不可抗力因素造成的损失以及其他损失。

（5）其他支出，是指除成本、费用、税金、损失外，企业在生产经营活动中发生的与生产经营活动有关的合理的支出。

6.相关扣除项目的范围和标准

（1）企业发生的合理的工资、薪金支出可以据实扣除。

工资、薪金，是指企业每一纳税年度支付给在本企业任职或者受雇的员工的所有现金形式或者非现金形式的劳动报酬，包括基本工资、奖金、津贴、补贴、年终加薪、加班工资，以及与员工任职或者受雇有关的其他支出。

"合理"，是指企业制定了较为规范的员工工资、薪金制度；所制定的工资、薪金制度符合行业及地区水平；企业在一定时期所发放的工资、薪金是相对固定的，工资、薪金的调整是有序进行的；企业对实际发放的工资、薪金，已依法履行了代扣代缴个人所得税义务；有关工资、薪金的安排，不以减少或逃避纳税为目的。

（2）职工福利费、工会经费、职工教育经费。

①企业发生的职工福利费支出，不超过工资、薪金总额14%的部分，准予扣除。

②企业拨缴的工会经费，不超过工资、薪金总额2%的部分，准予扣除。

③除国务院财政、税务主管部门另有规定外，企业发生的职工教育经费支出，不超过工资、薪金总额8%的部分，准予扣除；超过部分，准予在以后纳税年度结转扣除。

【例4-3】明伟公司2018年度共实际发放给员工工资、薪金6 500 000元，全年职工福利费、工会经费、职工教育经费实际发生额分别为850 000元、140 000元、557 500元。

要求：当年该公司如何计算税前准予扣除的工资、薪金及三项经费支出。

【解析】实际发放的工资6 500 000元，准予税前扣除。

职工福利费扣除限额=6 500 000×14%=910 000（元），应按实际发生额850 000元税前扣除，不超限额，无须调整。

工会经费扣除限额=6 500 000×2%=130 000（元），应按限额130 000元税前扣除，纳税调增140 000-130 000=10 000（元）。

职工教育经费扣除限额=6 500 000×8%=520 000（元），应按限额520 000元税前扣除，纳税调增为557 500-520 000=37 500（元），实际超过部分可以结转以后年度扣除。

（3）商业和社会保险费。

①企业依照国务院有关主管部门或者省级人民政府规定的范围和标准为职工缴纳的基本养老保险费、基本医疗保险费、失业保险费、工伤保险费、生育保险费等基本社会保险费和住房公积金，准予扣除。为投资者或者职工支付的补充养老保险费、补充医疗保险费，在国务院财政、税务主管部门规定的范围和标准内准予扣除。

②企业参加财产保险和责任保险，按规定交纳的保险费，可以据实扣除；按国家有关规定为特殊工种职工支付的人身安全保险，可以据实扣除。

③企业职工因公出差乘坐交通工具发生的人身意外保险费支出，准予扣除。

④企业参加雇主责任险、公众责任险等责任保险，按照规定缴纳的保险费，准予扣除。

⑤企业为职工或投资者支付的人寿保险、财产保险等商业保险，不得扣除。

（4）借款费用。

向金融企业借款的利息支出不需要资本化的，可以据实扣除；向非金融企业借款的利息支出，扣除部分不得超过按照金融企业同期同类贷款利率计算的数额。

企业为购置、建造固定资产、无形资产和经过12个月以上才能达到预定可销售状态的存货而发生的专门借款，在有关资产购置、建造期间发生的合理的借款费用，应当作为资本性支出计入有关资产的成本，不得税前扣除。

【例4-4】新辉公司2018年1月1日向银行借款8 000 000元用于厂房建设，期限2年，年利率为6%，厂房于9月30日达到预定可使用状态。新辉公司另于6月30日向明伟公司借款2 000 000元，期限2年，年利率为8%，新辉公司年末支付了两笔借款的相关利息。

要求：判断这两笔利息可全额税前扣除吗？

【解析】固定资产达到预定可使用状态前的利息支出不得税前扣除，应计入固定资产的成本；向明伟公司借款的利息超过银行同期同类贷款利率计算的部分也不得扣除。

税前可扣除的财务费用=8 000 000×6%÷4×1+2 000 000×6%÷2=180 000（元）

（5）资产损失。

资产损失包括企业的实际资产损失和法定资产损失。实际资产损失，是指企业在实际处置、转让资产过程中发生的合理损失。法定资产损失，是指企业虽未实际处置、转让资产，但符合税法规定条件计算确认的损失。资产损失具体包括现金损失，存款损失，坏账损失，贷款损失，股权投资损失，固定资产和存货的盘亏、毁损、报废、被盗损失，自然灾害等不可抗力因素造成的损失以及其他损失。以上资产损失按规定程序和要求向主管税务机关申报后可以扣除。

因报废、盘亏、毁损等原因而不得从增值税销项税额中抵扣的进项税额，可以税前扣除；但应由保险公司或个人赔偿的损失，不得扣除。

（6）汇兑损失。

企业在货币交易中和纳税年度终了时，将人民币以外的货币性资产、负债按照期末即期人民币汇率中间价折算为人民币时产生的汇兑损失，除已经计入有关资产成本以及与向所有者进行利润分配相关的部分外，准予扣除。

（7）业务招待费支出。

企业发生的与生产经营活动有关的业务招待费支出，按照发生额的60%扣除，但最高不得超过当年销售（营业）收入的5‰。

当年销售（营业）收入，包括主营业务收入（扣除了销货退回和折让）、其他业务收入、视同销售收入；但不包括营业外收入、补贴收入、投资收益。

（8）广告费和业务宣传费支出。

企业发生的符合条件的广告费和业务宣传费支出，除国务院财政、税务主管部门另有规定外，不超过当年销售（营业）收入15%的部分，准予扣除；超过部分，准予在以后纳税年度结转扣除。

自2016年1月1日至2020年12月31日，对化妆品制造或销售、医药制造和饮料制造（不含酒类制造）企业发生的广告费和业务宣传费支出，不超过当年销售（营业）收入30%的部分，准予扣除；超过部分，准予在以后纳税年度结转扣除。

烟草企业的烟草广告费和业务宣传费支出，一律不得在计算应纳税所得额时扣除。

广告费，是指企业为达到促销的目的，通过一定媒介和形式直接或者间接地介绍自己所推销的产品或所提供的服务，激发消费者对其产品或服务的购买欲望，而支付给广告经营者、发布者的费用。业务宣传费，是指企业开展业务宣传活动所支付的费用，主要是指未通过广告发布者传播的广告性支出，包括企业发放的印有企业标志的礼品、纪念品等。二者的根本性区别为是否取得广告业专用发票。

【例4-5】明伟公司2018年度主营业务收入1 600万元，其他业务收入200万元，营业外收入50万元，投资收益20万元。当年业务招待费支出80万元，广告费支出260万元，宣传费支出40万元。

要求：计算该公司当年可税前扣除的费用是多少？

【解析】业务招待费的60%为80×60%=48（万元），销售收入的5‰为（1 600+200）×5‰=9（万元），按孰低原则，实际可税前扣除的业务招待费为9万元，纳税调增为80-9=71（万元）。

广告费和业务宣传费的扣除限额为（1 600+200）×15%=270（万元），实际支出260+40=300（万元），本年可税前扣除270万元，纳税调增30万元，超过部分可在以后年度结转扣除。

（9）环境保护生态恢复专项资金。

企业依照法律、行政法规有关规定提取的用于环境保护、生态恢复等方面的专项资金，准予扣除。上述专项资金提取后改变用途的，不得扣除。

（10）租赁费。

企业根据生产经营活动的需要租入固定资产支付的租赁费，按照以下方法扣除：

①以经营租赁方式租入固定资产发生的租赁费支出，按照租赁期限均匀扣除。

②以融资租赁方式租入固定资产发生的租赁费支出，按照规定构成融资租入固定资产价值的部分应当提取折旧费用，分期扣除。

（11）劳动保护支出。

企业发生的合理的劳动保护支出，准予扣除。

（12）捐赠和赞助支出。

①公益性捐赠支出：企业通过公益性社会组织或者县级（含县级）以上人民政府及其组成部门和直属机构，用于慈善活动、公益事业的捐赠支出，在年度利润总额12%以内的部分，准予在计算应纳税所得额时扣除；超过年度利润总额12%的部分，准予结转以后3年内在计算应纳税所得额时扣除。

公益事业，是指非营利的下列事项：救助灾害、救济贫困、扶助残疾人等困难的社会群体和个人的活动；教育、科学、文化、卫生、体育事业；环境保护、社会公共设施建设；促进社会发展和进步的其他社会公共和福利事业。

年度利润总额，是指企业依照国家统一会计制度的规定计算的年度会计利润。

②赞助支出：企业发生的广告性质的赞助支出列入广告费，按广告费和宣传费的扣除标准扣除，除广告性赞助支出以外的其他赞助支出不得扣除。

【例4-6】明伟公司2018年度实现会计利润300万元，营业外支出中列支捐赠支出29.1万元，其中通过民政部门将自产的一批产品捐赠给贫困山区，产品成本23万元，市场价格30万元，另直接捐赠给一孤寡老人1万元现金。

要求：分析该公司捐赠项目的可税前扣除额。

【解析】扣除限额=300×12%=36（万元），实际捐赠28.1万元，没有超标，可以据实扣除。但直接捐赠不得扣除，纳税调增1万元。

（13）非居民企业总机构管理费。

非居民企业在中国境内设立的机构、场所，就其中国境外总机构发生的与该机构、场所生产经营有关的费用，能够提供总机构出具的费用汇集范围、定额、分配依据和方法等证明文件，并合理分摊的，准予扣除。

7.准予弥补的以前年度亏损

企业纳税年度发生的亏损，准予向以后年度结转，用以后年度的所得弥补，但结转年限最长不得超过5年。企业在汇总计算缴纳企业所得税时，其境外营业机构的亏损不得抵减境内营业机构的盈利。

结转年限最长不得超过5年，是指从发生亏损年度的下一纳税年度起连续不断地计算，5年内不论盈利或亏损，都作为实际弥补期限计算。

自2018年1月1日起，当年具备高新技术企业或科技型中小企业资格的企业，其具备资格年度之前5个年度发生的尚未弥补完的亏损，准予结转以后年度弥补，最长结转年限由5年延长至10年。

【例4-7】星辉公司连续6年盈亏情况见表4-3。

表4-3 　　　　　　　　　　　　星辉公司盈亏情况　　　　　　　　　　　　单位：万元

年度	2013	2014	2015	2016	2017	2018
应纳税所得额	-100	-80	-50	70	120	130

要求：分析各年亏损弥补情况。

【解析】（1）第1年亏损100万元，可用第4年的应纳税所得额70万元、第5年的应纳税所得额中的30万元弥补。

（2）第2年的亏损80万元，可用第5年的应纳税所得额80万元弥补。

（3）第3年的亏损50万元，可用第5年的应纳税所得额10万元、第6年的应纳税所得额中的40万元弥补。

（4）该企业第1年至第5年均不需要缴纳企业所得税，但在第6年按90万元依法缴纳企业所得税。

8.在计算应纳税所得额时，下列支出不得扣除

（1）向投资者支付的股息、红利等权益性投资收益款项。

（2）企业所得税税款。

（3）税收滞纳金。

（4）罚金、罚款和被没收财物的损失。

（5）企业发生的公益救济性捐赠支出以外的捐赠支出。

（6）赞助支出，是指企业发生的与生产经营活动无关的各种非广告性质支出。

（7）未经核定的准备金支出，是指不符合国务院财政、税务主管部门规定的各项资产减值准备、风险准备等准备金支出，包括已计提的坏账准备金。

（8）与取得收入无关的其他支出。

【想一想】

企业因贷款违约而被银行所处的罚息可否税前扣除？赞助某明星演唱会的支出可否税前扣除？

（二）资产的税务处理

1.处理原则

（1）企业的各项资产包括固定资产、生物资产、无形资产、长期待摊费用、投资资产、存货等，以历史成本为计税基础。所谓历史成本，是指企业取得该项资产时实际发生的支出。

（2）企业持有各项资产期间的资产增值或者减值，除国务院财政、税务主管部门规定可以确认损益外，不得调整该资产的计税基础。

（3）企业转让资产，该项资产的净值，准予在计算应纳税所得额时扣除。资产的净值，是指有关资产、财产的计税基础减除已经按照规定扣除的折旧、折耗、摊销、准备金等后的余额。

（4）除国务院财政、税务主管部门另有规定外，企业在重组过程中，应当在交易发生时确认有关资产的转让所得或者损失，相关资产应当按照交易价格重新确定计税基础。

计税基础，是指企业收回资产账面价值过程中，计算应纳税所得额时，按照税法规定可以自应税经济利益中抵扣的金额，即该资产在未来使用或最终处置时，允许作为成本或费用于税前列支的金额。

2.固定资产的税务处理

固定资产，是指企业为生产产品、提供劳务、出租或者经营管理而持有的、使用时间超过12个月的非货币性资产，包括房屋、建筑物、机器、机械、运输工具以及其他与生产经营活动有关的设备、器具、工具等。

（1）固定资产的计税基础。

①外购的固定资产，以购买价款和支付的相关税费以及直接归属于使该资产达到预定用途发生的其他支出为计税基础。

②自行建造的固定资产，以竣工结算前发生的支出为计税基础。

③融资租入的固定资产，以租赁合同约定的付款总额和承租人在签订租赁合同过程中发生的相关费用为计税基础，租赁合同未约定付款总额的，以该资产的公允价值和承

租人在签订租赁合同过程中发生的相关费用为计税基础。

④盘盈的固定资产，以同类固定资产的重置完全价值为计税基础。

⑤通过捐赠、投资、非货币性资产交换、债务重组等方式取得的固定资产，以该资产的公允价值和支付的相关税费为计税基础。

⑥改建的固定资产，除足额提取折旧的固定资产改建支出和租入固定资产改建支出外，以改建过程中发生的改建支出增加为计税基础。

（2）固定资产的折旧范围。

在计算应纳税所得额时，企业按照规定计算的固定资产折旧，准予扣除。但下列固定资产的折旧不得扣除：房屋、建筑物以外未投入使用的固定资产；以经营租赁方式租入的固定资产；以融资租赁方式租出的固定资产；已足额提取折旧仍继续使用的固定资产；与经营活动无关的固定资产；单独估价作为固定资产入账的土地；其他不得计算折旧扣除的固定资产。

（3）固定资产的折旧方法。

①固定资产按照直线法计算的折旧，准予扣除。

②企业应当自固定资产投入使用月份的次月起计算折旧；停止使用的固定资产，应当自停止使用月份的次月起停止计算折旧。

③企业应当根据固定资产的性质和使用情况，合理确定固定资产的预计净残值。固定资产的预计净残值一经确定，不得变更。

（4）固定资产的折旧年限。

除国务院财政、税务主管部门另有规定外，固定资产计算折旧的最低年限如下：

①房屋、建筑物，为20年。

②飞机、火车、轮船、机器、机械和其他生产设备，为10年。

③与生产经营活动有关的器具、工具、家具等，为5年。

④飞机、火车、轮船以外的运输工具，为4年。

⑤电子设备，为3年。

⑥从事开采石油、天然气等矿产资源的企业，在开始商业性生产前发生的费用和有关固定资产的折耗、折旧方法，由国务院财政、税务主管部门另行规定。

3.生产性生物资产的税务处理

生产性生物资产，是指企业为生产农产品、提供劳务或者出租等而持有的生物资产，包括经济林、薪炭林、产畜和役畜等。

（1）生产性生物资产的计税基础。

①外购的生产性生物资产，以购买价款和支付的相关税费为计税基础。

②通过捐赠、投资、非货币性资产交换、债务重组等方式取得的生产性生物资产，以该资产的公允价值和支付的相关税费为计税基础。

（2）生产性生物资产的折旧。

生产性生物资产按照直线法计算的折旧，准予扣除。企业应当自生产性生物资产投入使用月份的次月起计算折旧；停止使用的生产性生物资产，应当自停止使用月份的次月起停止计算折旧。企业应当根据生产性生物资产的性质和使用情况，合理确定生产性生物资产的预计净残值。生产性生物资产的预计净残值一经确定，不得变更。

生产性生物资产计算折旧的最低年限如下：

①林木类生产性生物资产，为10年。

②畜类生产性生物资产，为3年。

4.无形资产的税务处理

无形资产，是指企业为生产产品、提供劳务、出租或者经营管理而持有的没有实物形态的非货币性长期资产，包括专利权、商标权、著作权、土地使用权、非专利技术、商誉等。

（1）无形资产的计税基础。

①外购的无形资产，以购买价款和支付的相关税费以及直接归属于使该资产达到预定用途发生的其他支出为计税基础。

②自行开发的无形资产，以开发过程中该资产符合资本化条件后至达到预定用途前发生的支出为计税基础。

③通过捐赠、投资、非货币性资产交换、债务重组等方式取得的无形资产，以该资产的公允价值和支付的相关税费为计税基础。

（2）无形资产摊销的范围。

在计算应纳税所得额时，企业按照规定计算的无形资产摊销，准予扣除。但下列无形资产的摊销不得扣除：自行开发的支出已在计算应纳税所得额时扣除的无形资产；自创商誉；与经营活动无关的无形资产；其他不得计算摊销费用扣除的无形资产。

（3）无形资产的摊销方法和年限。

①无形资产按照直线法计算的摊销费用，准予扣除。

②无形资产的摊销年限不得低于10年。

③作为投资或者受让的无形资产，有关法律规定或者合同约定了使用年限的，可以按照规定或者约定的使用年限分期摊销。

④外购商誉的支出，在企业整体转让或者清算时，准予扣除。

5.长期待摊费用的税务处理

长期待摊费用，是指企业发生的应在一个年度以上或几个年度进行摊销的费用。

（1）范围。

在计算应纳税所得额时，企业发生的下列支出作为长期待摊费用按照规定摊销的，准予扣除：

①已足额提取折旧的固定资产的改建支出。

②租入固定资产的改建支出，是指改变房屋或者建筑物结构、延长使用年限等发生的支出。

③固定资产的大修理支出，是指同时符合下列条件的支出：修理支出达到取得固定资产时的计税基础50%以上；修理后固定资产的使用年限延长2年以上。

④其他应当作为长期待摊费用的支出。

（2）摊销方法。

①已足额提取折旧的固定资产的改建支出，应在预计尚可使用年限内摊销。

②租入固定资产的改建支出，按照合同约定的剩余租赁期限分期摊销。

③固定资产的大修理支出，按照固定资产尚可使用的年限分期摊销。

④其他应当作为长期待摊费用的支出，自支出发生月份的次月起，分期摊销，摊销年限不得低于3年。

6.投资资产的税务处理

投资资产，是指企业对外进行权益性投资和债权性投资形成的资产。

（1）投资资产成本的确定。

①通过支付现金方式取得的投资资产，以购买价款为成本。

②通过支付现金以外的方式取得的投资资产，以该资产的公允价值和支付的相关税费为成本。

（2）投资资产成本的扣除。

企业对外投资期间，投资资产的成本在计算应纳税所得额时不得扣除；在转让或者处置投资资产时，投资资产的成本准予扣除。

7.存货的税务处理

存货，是指企业持有的以备出售的产品或者商品、处在生产过程中的在产品、在生产或者提供劳务过程中耗用的材料和物料等。

（1）存货成本的确定。

①通过支付现金方式取得的存货，以购买价款和支付的相关税费为成本。

②通过支付现金以外的方式取得的存货，以该存货的公允价值和支付的相关税费为成本。

③生产性生物资产收获的农产品，以产出或者采收过程中发生的材料费、人工费和分摊的间接费用等必要支出为成本。

（2）存货的成本计算方法：可以在先进先出法、加权平均法、个别计价法中选用一种。计价方法一经选用，不得随意变更。

（三）所得税应纳税额的计算

所得税应纳税额，是指企业的应纳税所得额乘以适用税率，减去依照税收优惠的规定减免和抵免的税额后的余额。其计算公式为：

$$应纳税额=应纳税所得额\times适用税率-减免税额-抵免税额$$

公式中的减免税额和抵免税额，是指依照企业所得税法和国务院的税收优惠规定减征、免征和抵免的应纳税额。

应纳税所得额有两种计算方法。

1.直接计算法

$$\frac{应纳税}{所得额}=\frac{收入}{总额}-\frac{不征税}{收入额}-\frac{免税}{收入额}-\frac{各项}{扣除额}-\frac{准予弥补的以}{前年度亏损额}$$

【例4-8】利民机械厂2018年度取得产品销售收入3 700万元，销售材料收入200万元，出租设备收入100万元，接受一台捐赠设备，价值110万元，国库券利息收入20万元。发生的各项支出有：产品销售成本1 500万元，销售材料成本120万元，缴纳各种税费500万元（其中增值税420万元），财务费用100万元，管理费用260万元（其中业务招待费60万元), 销售费用520万元 (其中广告费300万元), 营业外支出80万元 (其中税收滞纳金10万元、银行罚息3万元)。

要求: 计算利民机械厂该年度应纳所得税额。

【解析】①计税收入=3 700+200+100+110=4 110 (万元), 国库券利息收入免税。

②可税前扣除的成本=1 500+120=1 620 (万元)

③增值税为价外税, 不可税前扣除。可扣除的税费80万元 (500-420)。

④财务费用可据实扣除。

⑤60×60%=36 (万元), 4 000×5‰=20 (万元), 36万元 > 20万元, 业务招待费可扣除20万元。

⑥4 000×15%=600 (万元), 600万元 > 300万元, 广告费可据实扣除。

⑦税收滞纳金属于行政性罚款, 不可扣除; 银行罚息, 可扣除。

⑧应纳税所得额=4 110-1 620-80-100- (260-60) -20-520- (80-10) =1 500 (万元)

⑨应纳所得税额=1 500×25%=375 (万元)

2.间接计算法

$$\text{应纳税所得额} = \text{会计利润总额} + \text{纳税调整增加额} - \text{纳税调整减少额} - \text{准予弥补的以前年度亏损额}$$

【案例导入分析】

长江实业有限公司的会计利润总额=2 560+40+20-1 200-210-100-110-30-60=910 (万元)

(1) 纳税调整增加额。

①25×60%=15 (万元), (2 560+40) ×5‰=13 (万元), 15万元 > 13万元, 业务招待费可扣除额为13万元, 纳税调整增加25-13=12 (万元)。

②集资借款利息可扣除300×9%=27 (万元), 纳税调整增加30-27=3 (万元)。

③公益救济性捐赠扣除限额为910×12%=109.2 (万元), 109.2万元 > 60万元, 没超标准, 不用调整。

(2) 纳税调整减少额: 国债利息收入免税, 纳税调整减少20万元。

(3) 应纳税所得额=910+12+3-20=905 (万元)

(4) 应纳所得税额=905×25%=226.25 (万元)

【例4-9】长城有限责任公司为居民企业, 2019年4月对企业进行所得税汇算清缴工作, 2018年经营业务如下:

(1) 全年产品销售收入2 600万元, 材料销售收入300万元, 提供劳务收入100万元。

(2) 产品销售成本1 200万元, 销售材料成本150万元, 提供劳务成本50万元。

(3) 全年发生管理费用520万元 (其中业务招待费30万元、新技术研发费用40万元), 财务费用70万元 (其中一笔向其他企业的借款比向银行贷款多付5万元利息), 销售费用700万元 (其中广告费480万元)。

(4) 全年缴纳各种税费180万元 (其中增值税130万元)。

(5) 全年有接受捐赠的营业外收入90万元, 营业外支出60万元 (其中通过民政部门向南方洪涝灾区捐款50万元，支付环保罚款7万元，其余为处置固定资产净损失3万元）。

（6）取得国库券投资收益10万元。

（7）已计入成本费用中的实发工资总额为160万元，计提职工福利费24万元，工会经费3.6万元，职工教育经费14.8万元。

（8）2018年已预缴了企业所得税60万元。

要求：计算长城有限责任公司2018年应补缴的企业所得税。

【解析】（1）会计利润总额=2 600+300+100+90+10-1 200-150-50-520-70-700-

$$（180-130）-60$$

$$=300（万元）$$

（2）纳税调整增加额。

①30×60%=18（万元），3 000×5‰=15（万元），18万元＞15万元，业务招待费可扣除额为15万元，纳税调整增加15万元（30-15）。

②超过银行同期同档利息额不得扣除，纳税调整增加5万元。

③广告费扣除限额=3 000×15%=450（万元），纳税调整增加30万元（480-450）。

④公益救济性捐赠扣除限额=300×12%=36（万元），纳税调整增加14万元（50-36）。

⑤环保罚款不得扣除，纳税调整增加7万元。

⑥职工福利费扣除限额=160×14%=22.4（万元），纳税调整增加1.6万元（24-22.4）。

⑦工会经费扣除限额=160×2%=3.2（万元），纳税调整增加0.4万元（3.6-3.2）。

⑧职工教育经费扣除限额=160×8%=12.8（万元），纳税调整增加2万元（14.8-12.8）。

（3）纳税调整减少额。

①新技术研发费用可加计扣除30万元（40×75%）。

②国库券投资收益免税，纳税调整减少10万元。

（4）应纳税所得额=300+15+5+30+14+7+1.6+0.4+2-30-10=335（万元）

（5）应纳所得税额=335×25%=83.75（万元）

（6）应补缴所得税额=83.75-60=23.75（万元）

（四）境外已纳税款的抵免

企业取得的下列所得已在境外缴纳的所得税税额，可以从其当期应纳税额中抵免，抵免限额为该项所得依照我国税法规定计算的应纳税额；超过抵免限额的部分，可以在以后5个年度内，用每年抵免限额抵免当年应抵税额后的余额进行抵补：一是居民企业来源于中国境外的应税所得；二是非居民企业在中国境内设立机构、场所，取得发生在中国境外但与该机构、场所有实际联系的应税所得。

1.抵免限额

抵免限额，是指企业来源于中国境外的所得，依照《中华人民共和国企业所得税法》（以下简称《企业所得税法》）及其实施条例的规定计算的应纳税额。除国务院财政、税务主管部门另有规定外，该抵免限额应当分国（地区）不分项计算，计算公式如下：

$$抵免限额=\frac{中国境内、境外所得依照《企业所得税法》}{及其实施条例的规定计算的应纳税总额}×\frac{来源于某国（地区）}{的应纳税所得额}÷\frac{中国境内、境外}{应纳税所得总额}$$

　　纳税人来源于境外所得在境外实际缴纳的税款，低于依照前条规定计算的扣除限额，可以从应纳税额中按实扣除；超过扣除限额的，其超过部分不得在本年度的应纳税额中扣除，也不得列为费用支出，但可用以后年度税额扣除的余额补扣，补扣期限最长不得超过5年。

　　应该注意的是：

　　一是公式中要用的所得额，是指税前利润，若从国外分回的是税后利润，需换算为税前利润。其换算公式为：

$$所得额=分回利润÷（1-某外国所得税税率）$$

　　二是公式中计算应纳税总额时的税率为25%法定税率。

　　2.实际应纳税额的计算

$$应纳税额=（境内所得+境外所得）×25%-实际可抵免税额$$

　　【例4-10】海通公司2018年度的境内应纳税所得额为600万元，适用25%的企业所得税税率。另外，该企业分别在美国、英国两国设有分支机构（中国与美国、英国已经缔结避免双重征税协定），在美国分支机构的应纳税所得额为80万元，美国所得税税率为20%；在英国分支机构的应纳税所得额为60万元，英国所得税税率为30%。假设该公司在美国、英国所得按中国税法计算的应纳税所得额和按美国、英国税法计算的应纳税所得额一致，两个分支机构在美国、英国分别缴纳了16万元和18万元的企业所得税。

　　要求：计算该公司在中国应缴纳的企业所得税。

　　【解析】（1）按中国税法计算该企业的境内、境外所得的应纳税额=（600+80+60）×25%=185（万元）

　　（2）美国、英国的扣除限额。

　　美国扣除限额=185×［80÷（600+80+60）］=20（万元）

　　英国扣除限额=185×［60÷（600+80+60）］=15（万元）

　　在美国缴纳的所得税为16万元，低于扣除限额20万元，可全额扣除。

　　在英国缴纳的所得税为18万元，高于扣除限额15万元，超过扣除限额的部分（3万元）当年不能扣除。

　　（3）该公司在中国应缴纳的所得税=185-16-15=154（万元）

二、核定征收下应纳所得税额的计算

　　根据《中华人民共和国税收征收管理法》的规定，可对部分中小企业采取核定征收的办法计算其应纳税额。

（一）核定征收企业的范围

　　居民企业纳税人具有下列情形之一的，核定征收企业所得税：

　　（1）依照法律、行政法规的规定可以不设置账簿的。

　　（2）依照法律、行政法规的规定应当设置但未设置账簿的。

　　（3）擅自销毁账簿或者拒不提供纳税资料的。

　　（4）虽设置账簿，但账目混乱或者成本资料、收入凭证、费用凭证残缺不全，难以查账的。

（5）发生纳税义务，未按照规定的期限办理纳税申报，经税务机关责令限期申报，逾期仍不申报的。

（6）申报的计税依据明显偏低，又无正当理由的。

（二）征收办法

税务机关应根据纳税人的具体情况，对核定征收企业所得税的纳税人，核定应税所得率或者定额核定应纳所得税额。

1.具有下列情形之一的，核定其应税所得率

（1）能正确核算（查实）收入总额，但不能正确核算（查实）成本费用总额的。

（2）能正确核算（查实）成本费用总额，但不能正确核算（查实）收入总额的。

（3）通过合理方法，能计算和推定纳税人收入总额或成本费用总额的。

纳税人不属于以上情形的，则定额核定其应纳所得税额。

2.税务机关采用下列方法定额核定征收企业所得税

（1）参照当地同类行业或者类似行业中经营规模和收入水平相近的纳税人的税负水平核定。

（2）按照应税收入额或成本费用支出额定率核定。

（3）按照耗用的原材料、燃料、动力等推算或测算核定。

（4）按照其他合理方法核定。

采用前款所列一种方法不足以正确核定应纳税所得额或应纳所得税额的，可以同时采用两种以上的方法核定。采用两种以上方法测算的应纳税额不一致时，可按测算的应纳税额从高核定。各行业应税所得率幅度表，见表4-4。

表4-4　　　　　　　　　　　　各行业应税所得率幅度表

行业	应税所得率
农、林、牧、渔业	3%~10%
制造业	5%~15%
批发和零售贸易业	4%~15%
交通运输业	7%~15%
建筑业	8%~20%
饮食业	8%~25%
娱乐业	15%~30%
其他行业	10%~30%

3.采用应税所得率方式核定征收企业所得税的，应纳所得税额计算公式

应纳所得税额=应纳税所得额×适用税率

应纳税所得额=应税收入额×应税所得率

或：　　　应纳税所得额=成本（费用）支出额÷（1-应税所得率）×应税所得率

实行应税所得率方式核定征收企业所得税的纳税人，经营多业的，无论其经营项目是否单独核算，均由主管税务机关根据其主营项目确定适用的应税所得率。

【例4-11】青新公司为小型企业，2018年向其主管税务机关申报收入120万元，成

本、费用及销售税金共计160万元，全年亏损40万元。经审核，成本、费用真实，收入无法核准。当地税务机关确定其应税所得率为20%。

要求：计算青新公司2018年应缴纳的企业所得税？

【解析】应纳所得税额=160÷（1-20%）×20%×25%=10（万元）

■ ■ ■ 任务实施

实践活动1

【活动目标】

通过练习，进一步熟悉企业所得税应纳税所得额的确认原则。

【活动要求】

请根据企业所得税所学知识，从下列选择题的四个选项中选择出一个或多个正确选项。

【活动实施】

1.下列收入中（　　）应征收企业所得税。

A.接受捐赠一台机器设备的收入

B.销售产品收入

C.国库券利息收入

D.依法代政府收取的具有专项用途的财政资金

2.新日公司2018年度的销售收入为5 000万元，实际发生的与经营活动有关的业务招待费为100万元，该公司按照（　　）万元予以税前扣除。

A.60 　　　　　B.100 　　　　　C.250 　　　　　D.25

3.海山公司是加工制造企业，2018年有从业人员189人，资产总额3 900万元，全年销售额1 600万元，成本700万元，销售税金及附加480万元，按规定列支各种费用350万元。上述成本费用中包括新产品开发费90万元。该企业当年应纳所得税额（　　）万元。

A.3.25 　　　　　B.1.25 　　　　　C.3.75 　　　　　D.2.25

4.下列项目在计算企业所得税时，不可以在税前扣除的有（　　）。

A.企业之间支付的违约金 　　　　　B.企业内部各部门间支付的租金

C.企业之间支付的管理费 　　　　　D.各银行之间支付的利息

【活动指导】

1.本题考查的是企业所得税的征收范围。接受捐赠收入、销售商品收入为应税收入；国库券利息收入免税；依法收取纳入财政管理的政府性基金等为不征税收入。答案为AB。

2.本题考查的是业务招待费的扣除标准。业务招待费按发生额的60%但最高不超过当年销售收入的5‰扣除。答案为D。

3.本题考查的是小型微利企业的标准及税率，适用20%的税率。答案为B。

4.本题考查的是计税收入扣除标准，本企业内部支付的费用和企业间的管理费不在扣除标准之内。答案为BCD。

实践活动2

【活动目标】

通过练习，进一步掌握应纳税所得额的确认及企业所得税应纳税额的计算。

【活动要求】

根据实践资料，分析并计算企业所得税应纳税所得额及应纳税额。

【活动实施】

海飞电视设备有限公司，主要从事液晶电视机、电脑显示器等产品的生产与销售。2018年的收入、成本费用、税金等相关资料如下：

1.产品销售收入5 000万元，其他业务收入300万元，政府价格补贴收入50万元。销售成本2 100万元，缴纳增值税650万元，城市维护建设税及教育费附加70万元，缴纳房产税、车船税、印花税合计60万元。

2.销售费用1 600万元（其中广告费800万元、业务宣传费30万元），管理费用500万元（其中业务招待费60万元、研发费用40万元），财务费用70万元（其中向非金融机构借款1年的利息60万元，年利率为10%，银行同期同类贷款年利率为6%）。

3.营业外支出35万元（其中因合同违约支付违约金6万元、接受税务机关罚款2万元、通过政府部门向地震灾区捐款20万元），投资收益20万元（其中从直接投资其他居民企业分回的税后利润15万元、国债利息收入2万元）。

4.2018年支付职工工资总额600万元，职工福利费85万元，职工教育经费51万元，职工工会经费15万元。2018年已预缴企业所得税150万元。

要求：（1）计算该公司2018年度利润总额。

（2）计算该公司2018年度纳税调整增加额和纳税调整减少额。

（3）计算该公司2018年全年应纳所得税额及年终应补缴的税款。

【活动指导】

1.该公司2018年度利润总额

利润总额=5 000+300+50-2 100-70-1 600-500-70-35+20=995（万元）

2.纳税调整增加额

（1）广告费、业务宣传费扣除限额=（5 000+300）×15%=795（万元），超标35万元（800+30-795）。

（2）业务招待费扣除限额=（5 000+300）×5‰=26.5（万元），业务招待费实际发生额的60%=60×60%=36（万元），超标33.5万元（60-26.5）。

（3）利息支出超标2.4万元（60×（10%-6%））。

（4）税务机关罚款2万元不得扣除。

（5）职工福利费扣除限额=600×14%=84（万元），超标1万元（85-84）；

工会经费扣除限额=600×2%=12（万元），超标3万元（15-12）；

职工教育经费扣除限额=600×8%=48（万元），超标3万元（51-48）。

纳税调整增加额=35+33.5+2.4+2+1+3+3=79.9（万元）

3.纳税调整减少额

直接投资其他居民企业分回的税后利润15万元及国债利息收入2万元免税，新技术研发费用加计扣除40×75%=30（万元）。

纳税调整减少额=15+2+30=47（万元）

4.本年应纳税所得额=995+79.9-47=1 027.9（万元）

5.应纳所得税额=1 027.9×25%=256.975（万元）

6.年终应补缴税款=256.975-150=106.975（万元）

拓展提升：企业所得税下与增值税下视同销售的异同

任务4.3　企业所得税的缴纳

■■■■ 任务描述

税收缴纳是企业税收管理的最后阶段，本任务需要学生通过学习、理解企业所得税的征收方式、纳税期限、纳税地点等相关法律规定，掌握查账征收和核定征收方式下的纳税申报。

【案例导入】

王晓辉是立信会计学校会计专业的一名毕业生，2019年4月底，应聘到长城有限责任公司财务部进行税务核算工作，该公司为居民企业。2019年4月对企业进行所得税汇算清缴工作，公司具体财务数据见【例4-9】，王晓辉应该准备哪些资料、按照怎样的步骤进行纳税申报及缴纳工作？

■■■■ 知识准备

一、征收方式确定

税务机关根据纳税人的会计核算制度是否健全、是否能够认真履行纳税义务等，来确定征收税款的方式。征收税款的方式有核定征收和查账征收两种。

企业所得税征收方式鉴定工作每年进行一次，鉴定时填列"企业所得税征收方式鉴定表"（见表4-5），时间为当年的1月至3月底。当年新办企业应在领取税务登记证后3个月内鉴定完毕。企业所得税征收方式一经确定，一般在一个纳税年度内不做变更，但对鉴定为查账征收方式的纳税人，发现下列情形之一的，可随时调整为定额或定率征收方式征收企业所得税。

（1）纳税人不据实申报纳税，不按规定提供有关财务资料接受税务检查的。

（2）在税务检查中，发现有情节严重的违反税法规定行为的。

对鉴定为定额或定率征收方式的企业，如能积极改进财务管理、建立健全账簿、规范财务核算、正确计算盈亏、依法办理纳税申报、达到查账征收方式的企业标准的，在次年鉴定时，可予以升级，鉴定为查账征收方式征收企业所得税。

表 4-5　　　　　　　　　　　　　　企业所得税征收方式鉴定表

纳税人识别号				
纳税人名称				
纳税人地址				
经济类型		所属行业		
开户银行		账号		
邮政编码		联系电话		
上年收入总额		上年成本费用额		

行次	项目	纳税人自报情况	主管税务机关审核意见
1	账簿设置情况		
2	收入总额核算情况		
3	成本费用核算情况		
4	账簿、凭证保存情况		
5	纳税义务履行情况		

征收方式	1.查账征收；　　　　　2.定额征收； 3.核定应税所得税率征收；　4.核定征收比率征收

纳税人自报征收方式意见： 经办人签章： （公章） 　　　　　　　　　年　月　日	主管税务机关意见： 经办人： 部门负责人： （公章） 　　　　　　　　　年　月　日
县局征管部门意见： 审核人： 负责人： 　　　　　　　　　年　月　日	县局税政法规部门意见： 审核人： 负责人： 　　　　　　　　　年　月　日
县局审核意见： 　　　　　　　　　　　　　　　　　　　　（公章）　　年　月　日	
市局意见： 　　　　　　　　　　　　　　　　　　　　（公章）　　年　月　日	

　　鉴定表中5个项目均合格的，可实行纳税人自行申报、税务机关查账征收的方式征收企业所得税；有一项不合格的，可实行核定征收方式征收企业所得税。实行核定征收方式的，鉴定表1项、4项、5项中有一项不合格的，或者2项、3项均不合格的，可实

行定额征收的办法征收企业所得税；2项、3项中有一项合格，另一项不合格的，可实行核定应税所得率的办法征收企业所得税。

二、纳税期限

企业所得税实行按年计算、分月或分季预缴、年度汇算清缴、多退少补的征纳方法。具体纳税期限由主管税务机关根据纳税人应纳税额的大小，予以核定。

企业所得税的纳税年度，自公历1月1日起至12月31日止。纳税人在一个年度中间开业，或者由于合并、关闭等原因，使该纳税年度的实际经营期不足12个月的，应当以其实际经营期为一个纳税年度。纳税人清算时，应当以清算期间作为一个纳税年度。纳税人来源于境外的所得，不论是否汇回，均应按照《中华人民共和国企业所得税法实施条例》及其实施细则的规定，将每年1月1日至12月31日作为一个纳税年度。

纳税人应当在月份或者季度终了后15日内，向其机构所在地主管税务机关报送会计报表和预缴所得税申报表，并在规定期限内预缴所得税。预缴方法一经确定，不得随意变更。企业所得税的年终汇算清缴，在年度终了后5个月内进行。纳税人应在年度终了后5个月内，向其机构所在地主管税务机关报送会计决算报表和所得税申报表，办理年终汇算清缴，少缴纳的所得税税款，应在下一个年度内补缴，多预缴的所得税税款，可在下一个年度抵缴。

企业在纳税年度内无论盈利或亏损，都应依照规定的期限，向税务机关报送预缴企业所得税纳税申报表、年度企业所得税纳税申报表、财务会计报告和税务机关规定应当报送的其他有关资料。

对于纳税人的境外投资所得，可以在年终汇算时清缴。纳税人在纳税年度内，无论是盈利还是亏损，均应按规定的期限办理纳税申报。

纳税人进行清算时，应当在进行工商注销登记之前，向当地主管税务机关进行所得税申报。

三、纳税地点

企业所得税由纳税人向其所在地主管税务机关缴纳。所在地，是指纳税人的实际经营管理地。企业登记注册地与实际经营管理地不一致的，应当以其实际经营管理地为申报纳税所在地。

为了鼓励企业扩大经营规模、增强整体竞争力和凝聚力，并考虑到某些行业、企业的特殊情况，国家允许某些行业、企业汇总缴纳企业所得税，允许试点企业集团合并缴纳企业所得税。汇总、合并缴纳企业所得税，是指企业总机构或者集团母公司（汇缴企业）及其分支机构或者集团子公司的经营所得，通过汇总或合并纳税申报表，由汇缴企业统一申报缴纳企业所得税。

四、查账征收方式下的纳税申报与缴纳

（一）填报企业所得税月（季）度预缴申报表

实行查账征收方式缴纳企业所得税的纳税人，每月（季）度终了后15日内，向其

所在地主管税务机关报送企业所得税月（季）度预缴纳税申报表（A类），并预缴企业所得税。申报表格式见表4-6、表4-7。

表4-6　　　中华人民共和国企业所得税月（季）度预缴纳税申报表（A类）

税款所属时间：　　　年　月　日至　　　年　月　日

纳税人识别号（统一社会信用代码）：□□□□□□□□□□□□□□□□□□

纳税人名称：　　　　　　　　　　　　　　　　　　　　金额单位：元（列至角分）

预缴方式	□按照实际利润额预缴　　□按照上一纳税年度应纳税所得额平均额预缴　　□按照税务机关确定的其他方法预缴
企业类型	□一般企业　　　　□跨地区经营汇总纳税企业总机构　　□跨地区经营汇总纳税企业分支机构

	预缴税款计算	
行次	项目	本年累计金额
1	营业收入	2 486 000
2	营业成本	1 275 000
3	利润总额	831 745
4	加：特定业务计算的应纳税所得额	
5	减：不征税收入	
6	减：免税收入、减计收入、所得减免等优惠金额（填写A201010）	
7	减：固定资产加速折旧（扣除）调减额（填写A201020）	
8	减：弥补以前年度亏损	
9	实际利润额（3+4-5-6-7-8）\按照上一纳税年度应纳税所得额平均额确定的应纳税所得额	831 745
10	税率（25%）	
11	应纳所得税额（9×10）	207 936.25
12	减：减免所得税额（填写A201030）	0
13	减：实际已缴纳所得税额	0
14	减：特定业务预缴（征）所得税额	
15	本期应补（退）所得税额（11-12-13-14）\税务机关确定的本期应纳所得税额	207 936.25

行次		项目	本年累计金额
		汇总纳税企业总分机构税款计算	
16	总机构填报	总机构本期分摊应补（退）所得税额（17+18+19）	
17		其中：总机构分摊应补（退）所得税额（15×总机构分摊比例__%）	
18		财政集中分配应补（退）所得税额（15×财政集中分配比例__%）	
19		总机构具有主体生产经营职能的部门分摊所得税额（15×全部分支机构分摊比例__%×总机构具有主体生产经营职能部门分摊比例__%）	
20	分支机构填报	分支机构本期分摊比例	
21		分支机构本期分摊应补（退）所得税额	

附报信息

高新技术企业	□是 □否	科技型中小企业	□是 □否
技术入股递延纳税事项	□是 □否		

按季度填报信息

季初从业人数		季末从业人数	
季初资产总额（万元）		季末资产总额（万元）	
国家限制或禁止行业	□是 □否	小型微利企业	□是 □否

谨声明：本纳税申报表是根据国家税收法律法规及相关规定填报的，是真实的、可靠的、完整的。

纳税人（签章）： 年 月 日

经办人： 经办人身份证号： 代理机构签章： 代理机构统一社会信用代码：	受理人： 受理税务机关（章）： 受理日期： 年 月 日

表 4-7   **减免所得税优惠明细表**

A201030   单位：元

行次	项目	本年累计金额
1	一、符合条件的小型微利企业减免企业所得税	
2	二、国家需要重点扶持的高新技术企业减按15%的税率征收企业所得税	
3	三、经济特区和上海浦东新区新设立的高新技术企业在区内取得的所得定期减免企业所得税	
4	四、受灾地区农村信用社免征企业所得税	*
5	五、动漫企业自主开发、生产动漫产品定期减免企业所得税	
6	六、线宽小于0.8微米（含）的集成电路生产企业减免企业所得税	
7	七、线宽小于0.25微米的集成电路生产企业减按15%税率征收企业所得税	
8	八、投资额超过80亿元的集成电路生产企业减按15%税率征收企业所得税	
9	九、线宽小于0.25微米的集成电路生产企业减免企业所得税	
10	十、投资额超过80亿元的集成电路生产企业减免企业所得税	
11	十一、线宽小于130纳米的集成电路生产企业减免企业所得税	
12	十二、线宽小于65纳米或投资额超过150亿元的集成电路生产企业减免企业所得税	
13	十三、新办集成电路设计企业减免企业所得税	
14	十四、国家规划布局内集成电路设计企业可减按10%的税率征收企业所得税	
15	十五、符合条件的软件企业减免企业所得税	
16	十六、国家规划布局内重点软件企业可减按10%的税率征收企业所得税	
17	十七、符合条件的集成电路封装、测试企业定期减免企业所得税	
18	十八、符合条件的集成电路关键专用材料生产企业、集成电路专用设备生产企业定期减免企业所得税	
19	十九、经营性文化事业单位转制为企业的免征企业所得税	
20	二十、符合条件的生产和装配伤残人员专门用品企业免征企业所得税	
21	二十一、技术先进型服务企业（服务外包类）减按15%的税率征收企业所得税	

续表

行次	项目	本年累计金额
22	二十二、技术先进型服务企业（服务贸易类）减按15%的税率征收企业所得税	
23	二十三、设在西部地区的鼓励类产业企业减按15%的税率征收企业所得税	
24	二十四、新疆困难地区新办企业定期减免企业所得税	
25	二十五、新疆喀什、霍尔果斯特殊经济开发区新办企业定期免征企业所得税	
26	二十六、广东横琴、福建平潭、深圳前海等地区的鼓励类产业企业减按15%税率征收企业所得税	
27	二十七、北京冬奥组委、北京冬奥会测试赛赛事组委会免征企业所得税	
28	二十八、其他（28.1+28.2）	
28.1	1.从事污染防治的第三方企业减按15%的税率征收企业所得税	
28.2	2.其他	
29	二十九、民族自治地方的自治机关对本民族自治地方的企业应缴纳的企业所得税中属于地方分享的部分减征或免征（□免征　□减征：减征幅度＿＿＿%）	
30	合计（1+2+…+29）	

【例4-12】海山有限责任公司属于查账征收企业所得税的公司，并据实预缴所得税，2019年第一季度该企业的生产经营情况见表4-8。

表4-8　　　　海山有限责任公司第一季度生产经营情况　　　单位：元

营业收入	2 486 000	营业成本	1 275 000
税金及附加	21 620	期间费用	357 635
利润总额	831 745		

要求：请根据以上资料填写企业所得税月（季）度预缴纳税申报表（A类）。

【解析】具体填写见表4-6。

（二）填报企业所得税年度纳税申报表及附表

查账征收企业所得税的纳税人在年度汇算清缴时，无论盈利还是亏损，都必须在规定的期限内进行纳税申报，填写中华人民共和国企业所得税年度纳税申报表（A类）及附表。企业所得税年度申报表，包括主表、附表和明细表，共计41张表，见表4-9至表4-16（部分报表）。

表 4-9　　　　　　　　中华人民共和国企业所得税年度纳税申报表（A 类）

A100000　　　　　　　　　　　　　　　　　　　　　　　　　　　　　　单位：元

行次	类别	项　　目	金额
1		一、营业收入（填写 A101010\101020\103000）	
2		减：营业成本（填写 A102010\102020\103000）	
3		税金及附加	
4		销售费用（填写 A104000）	
5		管理费用（填写 A104000）	
6	利润	财务费用（填写 A104000）	
7	总额	资产减值损失	
8	计算	加：公允价值变动收益	
9		投资收益	
10		二、营业利润（1-2-3-4-5-6-7+8+9）	
11		加：营业外收入（填写 A101010\101020\103000）	
12		减：营业外支出（填写 A102010\102020\103000）	
13		三、利润总额（10+11-12）	
14		减：境外所得（填写 A108010）	
15		加：纳税调整增加额（填写 A105000）	
16		减：纳税调整减少额（填写 A105000）	
17	应纳	减：免税、减计收入及加计扣除（填写 A107010）	
18	税所	加：境外应税所得抵减境内亏损（填写 A108000）	
19	得额	四、纳税调整后所得（13-14+15-16-17+18）	
20	计算	减：所得减免（填写 A107020）	
21		减：抵扣应纳税所得额（填写 A107030）	
22		减：弥补以前年度亏损（填写 A106000）	
23		五、应纳税所得额（19-20-21-22）	
24		税率（25%）	
25		六、应纳所得税额（23×24）	
26		减：减免所得税额（填写 A107040）	
27		减：抵免所得税额（填写 A107050）	
28		七、应纳税额（25-26-27）	
29	应纳	加：境外所得应纳所得税额（填写 A108000）	
30	税额	减：境外所得抵免所得税额（填写 A108000）	
31	计算	八、实际应纳所得税额（28+29-30）	
32		减：本年累计实际已预缴的所得税额	
33		九、本年应补（退）所得税额（31-32）	
34		其中：总机构分摊本年应补（退）所得税额（填写 A109000）	
35		财政集中分配本年应补（退）所得税额（填写 A109000）	
36		总机构主体生产经营部门分摊本年应补（退）所得税额（填写 A109000）	
37	附列	以前年度多缴的所得税额在本年抵减额	
38	资料	以前年度应缴未缴在本年入库所得税额	

表 4-10　　　　　　　　　　　　　一般企业收入明细表

A101010　　　　　　　　　　　　　　　　　　　　　　　　　　　　单位：元

行次	项　目	金额
1	一、营业收入（2+9）	
2	（一）主营业务收入（3+5+6+7+8）	
3	1.销售商品收入	
4	其中：非货币性资产交换收入	
5	2.提供劳务收入	
6	3.建造合同收入	
7	4.让渡资产使用权收入	
8	5.其他	
9	（二）其他业务收入（10+12+13+14+15）	
10	1.销售材料收入	
11	其中：非货币性资产交换收入	
12	2.出租固定资产收入	
13	3.出租无形资产收入	
14	4.出租包装物和商品收入	
15	5.其他	
16	二、营业外收入（17+18+19+20+21+22+23+24+25+26）	
17	（一）非流动资产处置利得	
18	（二）非货币性资产交换利得	
19	（三）债务重组利得	
20	（四）政府补助利得	
21	（五）盘盈利得	
22	（六）捐赠利得	
23	（七）罚没利得	
24	（八）确实无法偿付的应付款项	
25	（九）汇兑收益	
26	（十）其他	

表4-11   一般企业成本支出明细表

A102010   单位：元

行次	项　目	金额
1	一、营业成本（2+9）	
2	（一）主营业务成本（3+5+6+7+8）	
3	1.销售商品成本	
4	其中：非货币性资产交换成本	
5	2.提供劳务成本	
6	3.建造合同成本	
7	4.让渡资产使用权成本	
8	5.其他	
9	（二）其他业务成本（10+12+13+14+15）	
10	1.材料销售成本	
11	其中：非货币性资产交换成本	
12	2.出租固定资产成本	
13	3.出租无形资产成本	
14	4.包装物出租成本	
15	5.其他	
16	二、营业外支出（17+18+19+20+21+22+23+24+25+26）	
17	（一）非流动资产处置损失	
18	（二）非货币性资产交换损失	
19	（三）债务重组损失	
20	（四）非常损失	
21	（五）捐赠支出	
22	（六）赞助支出	
23	（七）罚没支出	
24	（八）坏账损失	
25	（九）无法收回的债券股权投资损失	
26	（十）其他	

表 4-12　　　　　　　　　　　　　期间费用明细表

A104000　　　　　　　　　　　　　　　　　　　　　　　　　　单位：元

行次	项目	销售费用	其中：境外支付	管理费用	其中：境外支付	财务费用	其中：境外支付
		1	2	3	4	5	6
1	一、职工薪酬		*		*	*	*
2	二、劳务费					*	*
3	三、咨询顾问费					*	*
4	四、业务招待费		*		*	*	*
5	五、广告费和业务宣传费		*			*	*
6	六、佣金和手续费						
7	七、资产折旧摊销费		*		*	*	*
8	八、财产损耗、盘亏及毁损损失		*		*	*	*
9	九、办公费		*		*	*	*
10	十、董事会费		*		*	*	*
11	十一、租赁费					*	*
12	十二、诉讼费		*			*	*
13	十三、差旅费		*				
14	十四、保险费		*		*	*	*
15	十五、运输、仓储费					*	*
16	十六、修理费					*	*
17	十七、包装费		*		*	*	*
18	十八、技术转让费					*	*
19	十九、研究费用					*	*
20	二十、各项税费		*		*	*	
21	二十一、利息收支	*	*	*	*		
22	二十二、汇兑差额	*	*	*	*		
23	二十三、现金折扣	*	*	*	*		*
24	二十四、党组织工作经费	*	*		*	*	*
25	二十五、其他						
26	合计（1+2+3+…+25）						

表 4-13 纳税调整项目明细表

A105000 单位:元

行次	项目	账载金额	税收金额	调增金额	调减金额
		1	2	3	4
1	一、收入类调整项目(2+3+…8+10+11)	*	*		
2	(一)视同销售收入(填写 A105010)	*			*
3	(二)未按权责发生制原则确认的收入(填写 A105020)				
4	(三)投资收益(填写 A105030)				
5	(四)按权益法核算长期股权投资对初始投资成本调整确认收益	*	*	*	
6	(五)交易性金融资产初始投资调整	*	*		*
7	(六)公允价值变动净损益		*		
8	(七)不征税收入	*			
9	其中:专项用途财政性资金(填写 A105040)	*			
10	(八)销售折扣、折让和退回				
11	(九)其他				
12	二、扣除类调整项目(13+14+…24+26+27+28+29+30)	*	*		
13	(一)视同销售成本(填写 A105010)	*		*	
14	(二)职工薪酬(填写 A105050)				
15	(三)业务招待费支出				*
16	(四)广告费和业务宣传费支出(填写 A105060)				
17	(五)捐赠支出(填写 A105070)				
18	(六)利息支出				
19	(七)罚金、罚款和被没收财物的损失		*		*
20	(八)税收滞纳金、加收利息		*		*
21	(九)赞助支出		*		*
22	(十)与未实现融资收益相关在当期确认的财务费用				

行次	项目	账载金额	税收金额	调增金额	调减金额
		1	2	3	4
23	（十一）佣金和手续费支出（保险企业填写A105060）				*
24	（十二）不征税收入用于支出所形成的费用	*	*		*
25	其中：专项用途财政性资金用于支出所形成的费用（填写A105040）	*	*		*
26	（十三）跨期扣除项目				
27	（十四）与取得收入无关的支出		*		*
28	（十五）境外所得分摊的共同支出	*	*		
29	（十六）党组织工作经费				
30	（十七）其他				
31	三、资产类调整项目（32+33+34+35）	*	*		
32	（一）资产折旧、摊销（填写A105080）				
33	（二）资产减值准备金		*		
34	（三）资产损失（填写A105090）				
35	（四）其他				
36	四、特殊事项调整项目（37+38+…+43）	*	*		
37	（一）企业重组及递延纳税事项（填写A105100）				
38	（二）政策性搬迁（填写A105110）	*	*		
39	（三）特殊行业准备金（填写A105120）				
40	（四）房地产开发企业特定业务计算的纳税调整额(填写A105010)	*			
41	（五）有限合伙企业法人合伙方应分得的应纳税所得额				
42	（六）发行永续债利息支出				
43	（七）其他	*	*		
44	五、特别纳税调整应税所得	*	*		
45	六、其他	*	*		
46	合计（1+12+31+36+44+45）	*	*		

表4-14　　　　　　广告费和业务宣传费等跨年度纳税调整明细表
A105060　　　　　　　　　　　　　　　　　　　　　　　　　单位：元

行次	项目	广告费和业务宣传费 1	保险企业手续费及佣金支出 2
1	一、本年支出		
2	减：不允许扣除的支出		
3	二、本年符合条件的支出（1-2）		
4	三、本年计算扣除限额的基数		
5	乘：税收规定扣除率		
6	四、本企业计算的扣除限额（4×5）		
7	五、本年结转以后年度扣除额 （3＞6，本行=3-6；3≤6，本行=0）		
8	加：以前年度累计结转扣除额		
9	减：本年扣除的以前年度结转额 　［3＞6，本行=0；3≤6，本行=8与（6-3）孰小值］		
10	六、按照分摊协议归集至其他关联方的金额（10≤3与6孰小值）		*
11	按照分摊协议从其他关联方归集至本企业的金额		*
12	七、本年支出纳税调整金额 （3＞6，本行=2+3-6+10-11；3≤6，本行=2+10-11-9）		
13	八、累计结转以后年度扣除额（7+8-9）		

表4-15　　　　　　　　　捐赠支出及纳税调整明细表
A105070　　　　　　　　　　　　　　　　　　　　　　　　　单位：元

行次	项目	账载金额 1	以前年度结转可扣除的捐赠额 2	按税收规定计算的扣除限额 3	税收金额 4	纳税调增金额 5	纳税调减金额 6	可结转以后年度扣除的捐赠额 7
1	一、非公益性捐赠		*	*	*		*	*
2	二、全额扣除的公益性捐赠		*	*			*	*
3	其中：扶贫捐赠		*	*		*	*	*
4	三、限额扣除的公益性捐赠（5+6+7+8）							
5	前三年度（　　年）	*		*	*	*	*	
6	前二年度（　　年）	*		*	*	*		
7	前一年度（　　年）	*		*	*	*		
8	本年（　　年）		*				*	
9	合计（1+2+4）							
附列资料	2015年度至本年发生的公益性扶贫捐赠合计金额		*	*		*	*	*

表4-16 免税、减计收入及加计扣除优惠明细表

A107010

单位：元

行次	项目	金额
1	一、免税收入（2+3+9+…+16）	
2	（一）国债利息收入免征企业所得税	
3	（二）符合条件的居民企业之间的股息、红利等权益性投资收益免征企业所得税（4+5+6+7+8）	
4	1.一般股息红利等权益性投资收益免征企业所得税（填写A107011）	
5	2.内地居民企业通过沪港通投资且连续持有H股满12个月取得的股息红利所得免征企业所得税（填写A107011）	
6	3.内地居民企业通过深港通投资且连续持有H股满12个月取得的股息红利所得免征企业所得税（填写A107011）	
7	4.居民企业持有创新企业CDR取得的股息红利所得免征企业所得税（填写A107011）	
8	5.符合条件的永续债利息收入免征企业所得税（填写A107011）	
9	（三）符合条件的非营利组织的收入免征企业所得税	
10	（四）中国清洁发展机制基金取得的收入免征企业所得税	
11	（五）投资者从证券投资基金分配中取得的收入免征企业所得税	
12	（六）取得的地方政府债券利息收入免征企业所得税	
13	（七）中国保险保障基金有限责任公司取得的保险保障基金等收入免征企业所得税	
14	（八）中国奥委会取得北京冬奥组委支付的收入免征企业所得税	
15	（九）中国残奥委会取得北京冬奥组委分期支付的收入免征企业所得税	
16	（十）其他	
17	二、减计收入（18+19+23+24）	
18	（一）综合利用资源生产产品取得的收入在计算应纳税所得额时减计收入	
19	（二）金融、保险等机构取得的涉农利息、保费减计收入（20+21+22）	
20	1.金融机构取得的涉农贷款利息收入在计算应纳税所得额时减计收入	
21	2.保险机构取得的涉农保费收入在计算应纳税所得额时减计收入	
22	3.小额贷款公司取得的农户小额贷款利息收入在计算应纳税所得额时减计收入	
23	（三）取得铁路债券利息收入减半征收企业所得税	

续表

行次	项目	金额
24	（四）其他（24.1+24.2）	
24.1	1.取得的社区家庭服务收入在计算应纳税所得额时减计收入	
24.2	2.其他	
25	三、加计扣除（26+27+28+29+30）	
26	（一）开发新技术、新产品、新工艺发生的研究开发费用加计扣除（填写A107012）	
27	（二）科技型中小企业开发新技术、新产品、新工艺发生的研究开发费用加计扣除（填写A107012）	
28	（三）企业为获得创新性、创意性、突破性的产品进行创意设计活动而发生的相关费用加计扣除	
29	（四）安置残疾人员所支付的工资加计扣除	
30	（五）其他	
31	合计（1+17+25）	

【案例导入分析】

长城有限责任公司2018年度财务数据见【例4-9】，根据相关资料填写的企业所得税年度纳税申报表。

五、核定征收方式下的纳税申报与缴纳

（一）企业所得税月（季）度预缴申报

对于实行核定征收企业所得税的纳税人，在月份或季度终了后15日内，向其主管税务机关报送中华人民共和国企业所得税月（季）度预缴和年度纳税申报表（B类）。

1.纳税人实行核定应税所得率方式的

主管税务机关根据纳税人应纳税额的大小确定纳税人按月或者按季预缴、年终汇算清缴。预缴方法一经确定，一个纳税年度内不得改变。

纳税人应依照确定的应税所得率计算纳税期间实际应缴纳的税额进行预缴。按实际数额预缴有困难的，经主管税务机关同意，可按上一年度应纳税额的1/12或1/4预缴，或者按经主管税务机关认可的其他方法预缴。

2.纳税人实行核定应纳所得税额方式的

纳税人在应纳所得税额尚未确定之前，可暂按上年度应纳所得税额的1/12或1/4预缴，或者按经主管税务机关认可的其他方法，按月或按季分期预缴。

在应纳所得税额确定以后，减除当年已预缴的所得税额，余额按剩余月份或季度均分，以此确定以后各月或各季的应纳税额，由纳税人按月或按季填写中华人民共和国企业所得税月（季）度预缴和年度纳税申报表（B类）（见表4-17），在规定的纳税申报期

限内进行纳税申报。

表4-17　中华人民共和国企业所得税月（季）度预缴和年度纳税申报表（B类）

税款所属时间：　　　年　　月　　日至　　　年　　月　　日

纳税人识别号（统一社会信用代码）：□□□□□□□□□□□□□□□□□□

纳税人名称：　　　　　　　　　　　　　　　　　　　　金额单位：元（列至角分）

核定征收方式	□核定应税所得率（能核算收入总额的）□核定应税所得率（能核算成本费用总额的）□核定应纳所得税额	
行次	项　　　目	本年累计金额
1	收入总额	
2	减：不征税收入	
3	减：免税收入（4+5+10+11）	
4	国债利息收入免征企业所得税	
5	符合条件的居民企业之间的股息、红利等权益性投资收益免征企业所得税	
6	其中：通过沪港通投资且连续持有H股满12个月取得的股息红利所得免征企业所得税	
7	通过深港通投资且连续持有H股满12个月取得的股息红利所得免征企业所得税	
8	居民企业持有创新企业CDR取得的股息红利所得免征企业所得税	
9	符合条件的居民企业之间属于股息、红利性质的永续债利息收入免征企业所得税	
10	投资者从证券投资基金分配中取得的收入免征企业所得税	
11	取得的地方政府债券利息收入免征企业所得税	
12	应税收入额（1-2-3）\成本费用总额	584 560
13	税务机关核定的应税所得率（%）	20%
14	应纳税所得额（12×13）\ [12÷（1-13）×13]	146 140
15	税率（25%）	25%
16	应纳所得税额（14×15）	36 535
17	减：符合条件的小型微利企业减免企业所得税	
18	减：实际已缴纳所得税额	
19	本期应补（退）所得税额（16-17-18）\税务机关核定本期应纳所得税额	36 535
20	民族自治地方的自治机关对本民族自治地方的企业应缴纳的企业所得税中属于地方分享的部分减征或免征（□免征　□减征　减征幅度＿＿＿%）	
21	本期实际应补（退）所得税额	36 535

续表

按季度填报信息			
季初从业人数		季末从业人数	
季初资产总额（万元）		季末资产总额（万元）	
国家限制或禁止行业	□是 □否	小型微利企业	□是 □否
按年度填报信息			
小型微利企业	□是 □否		

谨声明：本纳税申报表是根据国家税收法律法规及相关规定填报的，是真实的、可靠的、完整的。

纳税人（签章）：　　　　　年　月　日

经办人： 经办人身份证号： 代理机构签章： 代理机构统一社会信用代码：	受理人： 受理税务机关（章）： 受理日期：　　年　月　　日

国家税务总局监制

纳税人年度终了后，在规定的时限内按照实际经营额或实际应纳税额向税务机关申报纳税。申报额超过核定经营额或应纳税额的，按申报额缴纳税款；申报额低于核定经营额或应纳税额的，按核定经营额或应纳税额缴纳税款。

【例4-13】江州市宏达有限公司是一家按照核定应税所得率征收企业所得税的公司，采用按成本、费用换算应纳税所得额的方式缴纳企业所得税，主管税务机关为其核定的应税所得率为20%。2019年第一季度该企业的成本费用支出总额为584 560元。

要求：请根据以上资料填写中华人民共和国企业所得税月（季）度预缴和年度纳税申报表（B类）。

【解析】应纳税所得额=584 560÷（1-20%）×20%=146 140（元）

应纳所得税额=146 140×25%=36 535（元）

申报表的具体填写见表4-17。

（二）企业所得税年度纳税申报

对实行核定征收企业所得税的纳税人，纳税人预缴税款或年终进行汇算清缴时，应按规定填写中华人民共和国企业所得税月（季）度预缴和年度纳税申报表（B类），在规定的纳税申报时限内报送主管税务机关。对于核定应税所得率征收的纳税人，根据纳税年度内的收入总额或成本费用等项目的实际发生额，按预先核定的应税所得率计算企业所得税应纳税额，填写企业所得税年度纳税申报表，向税务机关申报纳税。

■ ■ ■ ■ 任务实施

实践活动1

【活动目标】

通过练习，进一步熟悉企业所得税的征收方式、纳税期限、纳税地点等相关法律规定。

【活动要求】

请根据企业所得税所学知识，从下列选择题的四个选项中选择出一个或多个正确选项。

【活动实施】

1.根据企业所得税法的规定，当自年度终了之日起（　　）内，向税务机关报送年度企业所得税纳税申报表，并汇算清缴，结清应缴、应退税款。

A.3个月　　　　　　　B.4个月　　　　　　　C.5个月　　　　　　　D.6个月

2.某企业于2019年5月5日开业，该企业的纳税年度时间为（　　）。

A.2019年1月1日至2019年12月31日　　　B.2019年5月5日至2020年5月4日

C.2019年5月5日至2019年12月31日　　　D.以上三种由纳税人选择

3.下列企业所得税纳税人采用应税所得率法计算征收企业所得税的是（　　）。

A.实行查账征收的纳税人

B.在中国境内未设立机构、场所的非居民纳税人

C.未设置账簿或擅自销毁账簿的纳税人

D.有收入账簿但没有支出账簿的纳税人

【活动指导】

1.本题考查的是企业所得税纳税申报期限的相关规定。企业应当自月份或季度终了之日起15日内，年度终了之日起5个月内，向税务机关报送相应的企业所得税纳税申报表。答案为C。

2.本题考查的是企业所得税纳税时间的相关规定。纳税年度自公历1月1日起至12月31日止，实际经营期不足12个月的，应当以实际经营期为一个纳税年度。答案为C。

3.本题考查的是企业所得税纳税申报方式的相关规定。有收入账簿但没有支出账簿的纳税人应采用应税所得率法计算征收企业所得税。答案为D。

实践活动2

【活动目标】

通过实训操作，进一步掌握企业所得税应纳税额的计算及纳税申报。

【活动要求】

根据实训资料，计算出应纳所得税额并填写相应的纳税申报表。

【活动实施】

美达装饰有限公司，符合小型微利企业条件，企业所得税按季预缴。2019年第一季度营业收入 748 668.58 万元，营业成本 669 989.56 万元，会计利润总额 995 425.5 元。

要求：计算该公司第一季度应预缴的企业所得税。

【活动指导】

1.预缴企业所得税时可以减除免税收入、不征税收入、可弥补以前年度亏损，但不能进行扣除项目、资产项目的纳税调整。

2.本实践活动考查的是企业所得税纳税申报表的填制，要熟练掌握各栏目的数据来源与数量关系，项目填写完整、准确。具体填写参考【例4-12】。

项目小结

本项目主要学习企业所得税的相关法律规定、企业所得税应纳税额的计算与缴纳，应注重理解企业所得税的特征和纳税人的分类标准，掌握各种费用扣除标准等法律规定，理解相关会计制度的差异，在此基础上，重点掌握企业所得税应纳税所得额的确认及应纳税额的计算，掌握各种企业所得税纳税申报表的填制。

项目五　个人所得税的计算与缴纳

1.理解个人所得税的纳税义务人、税率。
2.理解个人所得税的征税范围。
3.掌握个人所得税应纳税额的计算。
4.掌握个人所得税的纳税申报和税款缴纳。

1.能够正确判断哪些项目应征收个人所得税，适用何种税率。
2.能够根据业务资料计算应纳个人所得税额。
3.能够根据业务资料进行个人所得税纳税申报。

任务5.1　认识个人所得税

■■■■■ 任务描述

个人所得税是以自然人取得的各类应税所得为征税对象而征收的一种所得税，是政府利用税收对个人收入进行调节的一种手段。本任务主要学习个人所得税的概念、特点和纳税人、税目、税率等主要税收法律制度，使学生全面认识个人所得税，为掌握个人所得税的计算与缴纳做好理论知识准备。

【案例导入】

王芳在九鼎记账公司实习期间，接待了一位作家吴长，他是一名自由职业者，2019年9月份取得收入如下：（1）被当地电视台"五一"文艺晚会组聘为顾问，取得顾问费4 000元；（2）出版个人作品集，取得收入20 000元。吴长就个人所得税的计算和申报来公司咨询，公司把此项工作安排给王芳。为此，王芳首先要向其介绍个人所得税的概念，包括纳税义务人、征税范围、税率等基本要素，讲解个人所得税的计算和申报情况。

■■■■■ 知识准备

一、个人所得税概述

（一）个人所得税的概念

个人所得税是对个人（即自然人）的劳务和非劳务所得征收的一种税。

（二）个人所得税的特征

（1）实行分类征收。我国的个人所得税采用的是综合与分类相结合的征收管理办法。

（2）累进税率与比例税率并用。其中，综合所得、经营所得适用超额累进税率；利息、股息、红利所得，财产租赁所得，财产转让所得，偶然所得和其他所得等均适用比例税率。

（3）对纳税人的应纳税额分别采取由支付单位和个人源泉扣缴、纳税人自行申报两种方法。

（4）以个人（自然人）作为纳税单位。

二、个人所得税的主要法律规定

（一）纳税义务人

个人所得税的纳税义务人是在中国境内居住有所得的人，以及不在中国境内居住而从中国境内取得所得的个人，包括中国公民、个体工商业户、个人独资企业、合伙企业投资者以及在中国有所得的外籍人员和中国港、澳、台同胞。

依据其住所和居住时间两个标准，将纳税义务人分为居民纳税义务人和非居民纳税义务人。

1.居民纳税义务人

居民纳税义务人，是指在中国境内有住所，或者无住所而在境内居住满183天的个人，居民纳税人负有完全纳税的义务，原则上就其来源于中国境内、境外的全部所得缴纳个人所得税。

2.非居民纳税义务人

非居民纳税义务人，是指在中国境内无住所又不居住，或者无住所而在境内居住不满183天但从境内取得所得的个人，非居民纳税义务人承担有限纳税义务，仅就其来源于中国境内的所得缴纳个人所得税。

【知识链接】

在中国境内有住所的个人，是指因户籍、家庭、经济利益关系而在中国境内习惯性居住的个人。所谓习惯性居住，是指判定纳税义务人是居民或非居民的一个法律意义上的标准，不是指实际居住或在某一个特定时期内的居住地。例如，因学习、工作、探亲、旅游等而在中国境外居住的，在其原因消除之后，必须回到中国境内居住的个人，则中国即为该纳税人习惯性居住地。

临时离境，不扣减日数。"临时离境"，是指在一个纳税年度中一次不超过30日或者多次累计不超过90日的离境。

【例5-1】外籍非居民纳税人约翰发生下列收入：

（1）在中国境内任职取得的工资、薪金收入。

（2）出租境外房屋而取得的收入。

（3）从中国境外的企业取得的红利收入。

（4）因履行合约而在中国境外提供各种劳务取得的报酬。

要求：分析这些收入是否应在中国按规定计算缴纳个人所得税。

【解析】因为非居民纳税人只就其来源于中国境内的所得缴纳个人所得税，上述4项收入中只有第1项是属于来源于中国境内的所得，所以应按规定在中国计算缴纳个人所得税。其余3项收入均不属于来源于中国境内的所得，因此不用在中国缴纳个人所得税。

（二）税目

《中华人民共和国个人所得税法》列举了9项个人应税所得：

下列各项个人所得，应当缴纳个人所得税：

1.工资、薪金所得

工资、薪金所得，是指个人因任职或者受雇取得的工资、薪金、奖金、年终加薪、劳动分红、津贴、补贴以及与任职或者受雇有关的其他所得。

根据我国目前个人收入的构成情况，规定对于一些不属于工资、薪金性质的补贴、津贴或者不属于纳税人本人工资、薪金所得项目的收入，不予征税。这些项目包括：

（1）独生子女补贴。

（2）执行公务员工资制度末纳入基本工资总额的补贴、津贴差额和家属成员的副食品补贴。

（3）托儿补助费。

（4）差旅费津贴、误餐补助。其中误餐补助，是指按照财政部规定，个人因公在城区、郊区工作，不能在工作单位或返回就餐的，根据实际误餐顿数，按规定的标准领取的误餐费。单位以误餐补助名义发给职工的补助、津贴不能包括在内。

2.劳务报酬所得

劳务报酬所得，是指个人从事劳务取得的所得，包括从事设计、装潢、安装、制图、化验、测试、医疗、法律、会计、咨询、讲学、新闻、广播、翻译、审稿、书画、雕刻、影视、录音、录像、演出、表演、广告、展览、技术服务、介绍服务、经纪服务、代办服务以及其他劳务取得的所得。

【小提示】

请注意工资、薪金所得和劳务报酬所得的区别！

在实际操作过程中，还可能出现难以判定一项所得是属于工资、薪金所得，还是属于劳务报酬所得的情况。这二者的区别在于：工资、薪金所得是属于非独立个人劳务活动，即在机关、团体、学校、部队、企业、事业单位及其他组织中任职、受雇而得到的报酬；而劳务报酬所得，则是个人独立从事各种技艺、提供各种劳务取得的报酬。

【例5-2】张慧是蓝天文工团演员，每月工资7 500元，2019年9月参加某庆典活动，取得出场费10 000元。

要求：请问张慧应如何缴纳个人所得税？

【解析】张慧受雇于蓝天文工团，其每月7 500元的工资属于工资、薪金所得，每月应按工资、薪金所得纳税；参加庆典活动取得的10 000元出场费，是其独立个人劳务活动，属于劳务报酬所得，应按劳务报酬所得纳税。

3.稿酬所得

稿酬所得，是指个人因其作品以图书、报刊形式出版、发表而取得的所得。这里所说的作品，是指包括中外文字、图片、乐谱等能以图书、报刊方式出版、发表的作品。个人作品包括本人的著作、翻译的作品等。个人取得遗作稿酬，应按"稿酬所得"项目计税。

4.特许权使用费所得

特许权使用费所得，是指个人提供专利权、商标权、著作权、非专利技术以及其他特许权的使用权取得的所得。提供著作权的使用权取得的所得，不包括稿酬所得。

作者将自己的文字作品手稿原件或复印件公开拍卖（竞价）取得的所得，应按"特许权使用费所得"项目计税。

5.经营所得

经营所得是指：

（1）个人通过在中国境内注册登记的个体工商户、个人独资企业、合伙企业从事生产、经营活动取得的所得。

（2）个人依法取得执照，从事办学、医疗、咨询以及其他有偿服务活动取得的所得。

（3）个人承包、承租、转包、转租取得的所得。

（4）个人从事其他生产、经营活动取得的所得。

6.利息、股息、红利所得

利息、股息、红利所得，是指个人拥有债权、股权等而取得的利息、股息、红利性质的所得。利息，是指个人的存款利息、贷款利息和购买各种债券的利息。股息，也称股利，是指股票持有人根据股份制公司章程规定，凭股票定期从股份公司取得的投资利益。红利，也称公司（企业）分红，是指股份公司或企业根据应分配的利润，按股份分配的超过股息部分的利润。股份制企业以股票形式向股东个人支付股息、红利，即派发红股，应以派发的股票面额为收入额计税。

7.财产租赁所得

财产租赁所得，是指个人出租不动产、土地使用权、机器设备、车船以及其他财产而取得的所得。

8.财产转让所得

财产转让所得，是指个人转让有价证券、股权、合伙企业中的财产份额、不动产、土地使用权、机器设备、车船以及其他财产取得的所得。对股票转让所得征收个人所得税的办法，由国务院财政、税务主管部门另行制定，报国务院批准后执行。

9.偶然所得

偶然所得，是指个人得奖、中奖、中彩以及其他偶然性质的所得。个人购买社会福利有奖募捐奖券、中国体育彩票，一次中奖收入不超过10 000元的，暂免征收个人所得税，超过10 000元的，应以全额按"偶然所得"项目计税。

个人取得的所得，难以界定应纳税所得项目的，由主管税务机关确定。

【知识链接】

根据《中华人民共和国个人所得税法实施条例》及相关规定，目前经国务院财政部门确定征税的其他所得主要包括：

（1）取得中国科学院院士荣誉奖金。

（2）取得银行支付的揽储奖金。

（3）对保险公司按投保金额，以银行同期储蓄存款利率支付给在保期内未出险的人寿保险户的利息（或以其他名义支付的类似收入）。

（4）对于个人因任职单位缴纳有关保险费用而取得的无赔款优待收入。

（5）证券公司为了招揽大户股民在本公司开户交易，从证券公司取得的交易手续费中支付部分金额给大户股民，个人从证券公司取得的此类交易手续费返还收入或回扣收入。

（6）单位或部门在年终总结、各种庆典、业务往来及其他活动中，为其他单位和部门的有关人员发放的现金、实物或有价证券。

（7）个人为单位或他人提供担保获得的收入。

（8）从房地产公司取得的违约金收入。

（9）无偿受赠他人房屋所得。

（三）税率

依据所得项目，个人所得税采取超额累进税率和比例税率两种，其中预扣预缴时适用预扣率。

（1）居民个人综合所得，适用3%至45%的超额累进税率（见表5-1）。

表5-1　　　　　　　　　　个人所得税税率表
（综合所得适用）

级数	全年应纳税所得额	税率（%）	速算扣除数（元）
1	不超过36 000元的	3	0
2	超过36 000元至144 000元的部分	10	2 520
3	超过144 000元至300 000元的部分	20	16 920
4	超过300 000元至420 000元的部分	25	31 920
5	超过420 000元至660 000元的部分	30	52 920
6	超过660 000元至960 000元的部分	35	85 920
7	超过960 000元的部分	45	181 920

（2）居民个人工资、薪金所得预扣预缴税额，适用3%至45%的超额累进预扣率（见表5-2）。

表5-2　　　　　　　　　　　个人所得税预扣率表

（居民个人工资、薪金所得预扣预缴适用）

级数	累计预扣预缴应纳税所得额	预扣率（%）	速算扣除数（元）
1	不超过36 000元的	3	0
2	超过36 000元至144 000元的部分	10	2 520
3	超过144 000元至300 000元的部分	20	16 920
4	超过300 000元至420 000元的部分	25	31 920
5	超过420 000元至660 000元的部分	30	52 920
6	超过660 000元至960 000元的部分	35	85 920
7	超过960 000元的部分	45	181 920

（3）经营所得，适用5%至35%的超额累进税率（见表5-3）。

表5-3　　　　　　　　　　　个人所得税税率表

（经营所得适用）

级数	全年应纳税所得额	税率（%）	速算扣除数（元）
1	不超过30 000元的	5	0
2	超过30 000元至90 000元的部分	10	1 500
3	超过90 000元至300 000元的部分	20	10 500
4	超过300 000元至500 000元的部分	30	40 500
5	超过500 000元的部分	35	65 500

（4）居民个人劳务报酬所得，适用20%至40%的超额累进预扣率（见表5-4）。

表5-4　　　　　　　　　　　个人所得税预扣率表

（居民个人劳务报酬所得预扣预缴适用）

级数	预扣预缴应纳税所得额	预扣率（%）	速算扣除数（元）
1	不超过20 000元的	20	0
2	超过20 000元至50 000元的部分	30	2 000
3	超过50 000元的部分	40	7 000

（5）非居民个人工资、薪金所得，劳务报酬所得，稿酬所得，特许权使用费所得，适用3%至45%的超额累进税率（见表5-5）。

表5-5 个人所得税税率表（月度税率表）

（非居民个人工资、薪金所得，劳务报酬所得，稿酬所得，特许权使用费所得适用）

级数	应纳税所得额	税率（%）	速算扣除数（元）
1	不超过3 000元的	3	0
2	超过3 000元至12 000元的部分	10	210
3	超过12 000元至25 000元的部分	20	1 410
4	超过25 000元至35 000元的部分	25	2 660
5	超过35 000元至55 000元的部分	30	4 410
6	超过55 000元至80 000元的部分	35	7 160
7	超过80 000元的部分	45	15 160

（6）利息、股息、红利所得，财产租赁所得，财产转让所得和偶然所得，适用比例税率，税率为20%。个人出租房屋取得的所得暂减按10%的税率征收个人所得税。

■■■ ■■ ■ 任务实施

实践活动1

【活动目标】

通过练习，进一步熟悉个人所得税的概念和主要法律规定。

【活动要求】

请根据个人所得税所学知识，从下列选择题的四个选项中选择出一个或多个正确选项。

【活动实施】

1.税法规定，个人所得税的纳税义务人不包括（　　　）。

A.个体工商户　　　　　　　　　　　B.个人独资企业投资者

C.有限责任公司　　　　　　　　　　D.在中国境内有所得的外籍个人

2.综合所得，适用的个人所得税税率为（　　　）。

A.5% ~ 20%　　　　B.5% ~ 30%　　　　C.3% ~ 45%　　　　D.3% ~ 50%

3.个人出租不动产、土地使用权、机器设备、车船以及其他财产取得的所得为（　　　）。

A.财产转让所得　　　　　　　　　　B.财产租赁所得

C.偶然所得　　　　　　　　　　　　D.特许权使用费所得

4.下列所得不征收个人所得税的是（　　　）。

A.职工取得单位发放的奖金　　　　　B.个体户取得的经营收入

C.独生子女补贴　　　　　　　　　D.劳务报酬所得

【活动指导】

1.本题考查的是个人所得税的纳税义务人概念。个人所得税的纳税义务人分为居民纳税义务人和非居民纳税义务人。个人独资企业和合伙企业（投资者为个人的）也为个人所得税纳税义务人。答案为C。

2.本题考查的是个人所得税的税率。综合所得的税率为超额累进税率3%～45%。答案为C。

3.本题考查的是个人所得税的税目规定。财产租赁所得，是指个人出租不动产、土地使用权、机器设备、车船以及其他财产取得的所得。答案为B。

4.本题考查的是对于一些不属于工资、薪金性质的补贴、津贴或者不属于纳税人本人工资、薪金所得项目的收入，不予征税的项目。这些项目包括独生子女补贴；执行公务员工资制度未纳入基本工资总额的补贴、津贴差额和家属成员的副食品补贴；托儿补助费；差旅费津贴、误餐补助。答案为C。

实践活动2

【活动目标】

通过社会实践，进一步熟悉个人所得税的主要法律规定。

【活动要求】

走访个人所得税的纳税人，了解该纳税人适用的税目、税率等，填写关于个人所得税的调查表。

【活动实施】

见表5-6。

表5-6　　　　　　　　　　　　关于个人所得税的调查表

调查项目	调查内容	备注
纳税人		
纳税人类别		
应税项目		
税率		

【活动指导】

1.建议选择自己的父母和比较亲近的朋友作为调查对象。

2.在调查时可以参考上述关于个人所得税的调查表的调查项目，也可以根据纳税人的实际情况调整或自己设计调查表。

任务5.2 个人所得税的计算

■ ■ ■ 任务描述

《中华人民共和国个人所得税法》列举了9项个人应税所得，计算应纳税所得额，应按不同应税项目分别计算。另外，为了体现国家对某些个人所得项目的支持和鼓励，《中华人民共和国个人所得税法》及其实施条例以及财政部、国家税务总局的若干规定等，都对个人所得税项目给予了某些减免税的优惠。本任务主要学习9项应纳税所得额的确定以及应纳税额的计算，学生应熟悉税收优惠、境外所得的税额扣除、公益性捐赠的内容。

【案例导入】

王芳通过学习，掌握了个人所得税的基本要素，要进行个人所得税的申报工作，还要进一步学习应纳税所得额的计算，掌握个人所得税应纳税额的计算方法。

■ ■ ■ 知识准备

一、个人所得税的计税依据

个人所得税的计税依据是纳税人取得的应纳税所得额。应纳税所得额为个人取得的各项收入减去税法规定的扣除项目金额后的余额。

个人所得的形式包括现金、实物、有价证券和其他形式的经济利益。

（一）居民个人的综合所得，以每一纳税年度的收入额减除费用60 000元以及专项扣除、专项附加扣除和依法确定的其他扣除后的余额为应纳税所得额

劳务报酬所得、稿酬所得、特许权使用费所得以收入减除20%的费用后的余额为所得额。稿酬所得的收入额减按70%计算。

1.专项扣除

专项扣除包括居民个人按照国家规定的范围和标准缴纳的基本养老保险、基本医疗保险、失业保险等社会保险费和住房公积金等。

2.专项附加扣除

专项附加扣除，是指《中华人民共和国个人所得税法》规定的子女教育、继续教育、大病医疗、住房贷款利息、住房租金和赡养老人6项专项附加扣除。

（1）子女教育专项附加扣除。

纳税人的子女接受学前教育和学历教育的相关支出，按照每个子女每年12 000元（每月1 000元）的标准定额扣除。

学前教育包括年满3岁至小学入学前教育。学历教育包括义务教育（小学、初中教育）、高中阶段教育（普通高中、中等职业、技工教育）、高等教育（大学专科、大学本科、硕士研究生、博士研究生教育）。

受教育子女的父母分别按扣除标准的50%扣除；经父母约定，也可以选择由其中一方按扣除标准的100%扣除。具体扣除方式在一个纳税年度内不得变更。

（2）继续教育专项附加扣除。

纳税人接受学历（学位）继续教育的支出，在学历（学位）教育期间按照每年4 800元（每月400元）定额扣除。纳税人接受技能人员职业资格继续教育、专业技术人员职业资格继续教育支出，在取得相关证书的年度，按照每年3 600元定额扣除。个人接受同一学历（学位）教育事项，符合相关办法规定扣除条件的，该项教育支出可以由其父母按照子女教育支出扣除，也可以由本人按照继续教育支出扣除，但不得同时扣除。

（3）大病医疗专项附加扣除。

一个纳税年度内，在社会医疗保险管理信息系统记录（包括医保目录范围内的自付部分和医保目录范围外的自费部分）的由个人负担超过15 000元的医药费用支出部分，为大病医疗支出，可以按照每年80 000元标准限额据实扣除。大病医疗专项附加扣除由纳税人办理汇算清缴时扣除。

纳税人发生的大病医疗支出由纳税人本人扣除。

纳税人应当留存医疗服务收费相关票据原件（或复印件）。

（4）住房贷款利息专项附加扣除。

纳税人本人或配偶使用商业银行或住房公积金个人住房贷款为本人或其配偶购买住房，发生的首套住房贷款利息支出，在偿还贷款期间，可以按照每年12 000元（每月1 000元）的标准定额扣除。非首套住房贷款利息支出，纳税人不得扣除。纳税人只能享受一次首套住房贷款利息扣除。

经夫妻双方约定，可以选择由其中一方扣除，具体扣除方式在一个纳税年度内不得变更。

纳税人应当留存住房贷款合同、贷款还款支出凭证。

（5）住房租金专项附加扣除。

纳税人本人及其配偶在纳税人的主要工作城市没有住房，而在主要工作城市租赁住房发生的租金支出，可以按照以下标准定额扣除：

①租的住房位于直辖市、省会城市、计划单列市以及国务院确定的其他城市，扣除标准为每年18 000元（每月1 500元）；

②承租的住房位于其他城市的，市辖区户籍人口超过100万的，扣除标准为每年13 200元（每月1 100元）；

③承租的住房位于其他城市的，市辖区户籍人口不超过100万（含）的，扣除标准为每年9 600元（每月800元）。

夫妻双方主要工作城市相同的，只能由一方扣除住房租金支出。夫妻双方主要工作城市不相同的，且各自在其主要工作城市都没有住房的，可以分别扣除住房租金支出。

住房租金支出由签订租赁住房合同的承租人扣除。

纳税人及其配偶不得同时分别享受住房贷款利息专项附加扣除和住房租金专项附加

扣除。

纳税人应当留存住房租赁合同。

（6）赡养老人专项附加扣除。

纳税人赡养60岁（含）以上父母以及其他法定赡养人的赡养支出，可以按照以下标准定额扣除：

①纳税人为独生子女的，按照每年24 000元（每月2 000元）的标准定额扣除。

②纳税人为非独生子女的，应当与其兄弟姐妹分摊每年24 000元的扣除额度，分摊方式包括平均分摊、被赡养人指定分摊或者赡养人约定分摊，具体分摊方式在一个纳税年度内不得变更。采取指定分摊或约定分摊方式的，每一纳税人分摊的扣除额最高不得超过每年12 000元（每月1 000元），并签订书面分摊协议。指定分摊与约定分摊不一致的，以指定分摊为准。纳税人赡养2位及以上老人的，不按老人人数加倍扣除。

3.其他扣除

其他扣除包括个人缴付符合国家规定的企业年金、职业年金，个人购买符合国家规定的商业健康保险、税收递延型商业养老保险的支出，以及国务院规定可以扣除的其他项目。

对个人购买符合规定的商业健康保险产品的支出，允许在当年（月）计算应纳税所得额时予以税前扣除，扣除限额为2 400元/年（200元/月）。单位统一为员工购买符合规定的商业健康保险产品的支出，应分别计入员工个人工资、薪金，视同个人购买，按上述限额予以扣除。

【知识链接】

关于"三险一金"内容如下：

"三险"，是指基本养老保险、基本医疗保险、失业保险；"一金"，是指住房公积金。"三险一金"由用人单位和个人共同支付，定期上缴，存入以个人身份开设的保险账户或公积金账户，由相关社会职能部门统一管理。

按照国家规定，单位为个人缴付的"三险一金"可以从纳税义务人的应纳税所得额中扣除。

专项扣除、专项附加扣除和依法确定的其他扣除，以居民个人一个纳税年度的应纳税所得额为限额。一个纳税年度扣除不完的，不结转以后年度扣除。

（二）非居民个人的工资、薪金所得，以每月收入额减除费用5 000元后的余额为应纳税所得额；劳务报酬所得、稿酬所得、特许权使用费所得，以每次收入额为应纳税所得额

（三）经营所得，以每一纳税年度的收入总额减除成本、费用以及损失后的余额为应纳税所得额

成本、费用，是指个体工商户、个人独资企业、合伙企业以及个人从事其他生产、经营活动发生的各项直接支出和分配计入成本的间接费用以及销售费用、管理费用、财务费用。损失，是指个体工商户、个人独资企业、合伙企业以及个人从事其他生产经营活动发生的固定资产和存货的盘亏、毁损、报废损失，转让财产损失，坏账损失，自然灾害等不可抗力因素造成的损失以及其他损失。

个体工商户业主、个人独资企业投资者、合伙企业个人合伙人以及从事其他生产、经营活动的个人，以其每一纳税年度来源于个体工商户、个人独资企业、合伙企业以及其他生产、经营活动的所得，减除费用60 000元、专项扣除以及依法确定的其他扣除后的余额为应纳税所得额。

个体工商户、个人独资企业、合伙企业以及个人从事其他生产、经营活动，未提供完整、准确的纳税资料，不能正确计算应纳税所得额的，由主管税务机关核定其应纳税所得额。

（四）财产租赁所得，每次收入不超过4 000元的，减除费用800元；4 000元以上的，减除20%的费用，其余额为应纳税所得额

在确定财产租赁的应纳税所得额时，纳税人在出租财产过程中缴纳的税金和教育费附加，可持完税（缴款）凭证，从其财产租赁收入中扣除。除了规定费用和有关税费外，还准予扣除能够提供有效、准确凭证，证明由纳税人负担的该出租财产实际开支的修缮费用。允许扣除的修缮费用以每次800元为限。一次扣除不完的，准予在下一次继续扣除，直到扣完为止。

（五）财产转让所得，以转让财产的收入额减除财产原值和合理费用后的余额，为应纳税所得额

（六）利息、股息、红利所得和偶然所得，以每次收入额为应纳税所得额

个人将其所得对教育、扶贫、济困等公益慈善事业进行捐赠，捐赠额未超过纳税人申报的应纳税所得额30%的部分，可以从其应纳税所得额中扣除；国务院规定对公益慈善事业捐赠实行全额税前扣除的，从其规定。

个人通过非营利性的社会团体和国家机关向以下公益性事业的捐赠，准予在税前的所得额中全额扣除。

（1）个人通过非营利性的社会团体和国家机关向农村义务教育、红十字事业、公益性青少年活动场所（其中包括新建）、非营利性老年服务机构4项事业的捐赠，在计算缴纳个人所得税时，准予在税前所得额中全额扣除。

（2）个人通过中国教育发展基金会、宋庆龄基金会用于公益救济性捐赠，在计算缴纳个人所得税时，准予在税前所得额中全额扣除。

纳税义务人未通过中国境内的社会团体、国家机关而直接给受益人的捐赠，不得扣除。

【例5-3】中国公民小李取得翻译收入20 000元，从中拿出5 000元通过公益性社会团体捐给了贫困地区，假定不考虑其他扣除项目。

要求：计算小李就该笔翻译收入应缴纳的个人所得税。

【解析】向贫困地区捐赠的扣除限额=20 000×（1-20%）×30%=4 800（元）

因为4 800元＜5 000元，所以税前准予扣除4 800元。

应纳税额=［20 000×（1-20%）-4 800］×20%=2 240（元）

关于每次收入的确定：

①财产租赁所得，以一个月内取得的收入为一次。

②利息、股息、红利所得，以支付利息、股息、红利时取得的收入为一次。

③偶然所得，以每次取得该项收入为一次。

④非居民个人取得的劳务报酬所得、稿酬所得、特许权使用费所得，属于一次性收入的，以取得该项收入为一次；属于同一项目连续性收入的，以一个月内取得的收入为一次。

二、个人所得税应纳税额的计算

(一)综合所得应纳税额的计算

扣缴义务人向居民个人支付工资、薪金所得，劳务报酬所得，稿酬所得，特许权使用费所得时，应预扣预缴个人所得税。年度预扣预缴税额与年度应纳税额不一致的，由居民个人于次年3月1日至6月30日向主管税务机关办理综合所得年度汇算清缴，税款多退少补。

1.工资、薪金所得预扣预缴税额的计算

扣缴义务人向居民个人支付工资、薪金所得时，应当按照累计预扣法计算预扣税款，并按月办理全员全额扣缴申报。计算公式为：

$$\text{本期应预扣预缴税额}=\left(\text{累计预扣预缴应纳税所得额}\times\text{预扣率}-\text{速算扣除数}\right)-\text{累计减免税额}-\text{累计已预扣预缴税额}$$

$$\text{累计预扣预缴应纳税所得额}=\text{累计收入}-\text{累计免税收入}-\text{累计减除费用}-\text{累计专项扣除}-\text{累计专项附加扣除}-\text{累计依法确定的其他扣除}$$

其中：累计减除费用，按照5 000元/月乘以纳税人当年截至本月在本单位的任职受雇月份数计算。

【例5-4】某公司职工张某2019年1~3月份，每月应发工资为10 000元，每月"三险一金"专项扣除为1 500元，每月专项附加扣除为1 000元。

要求：计算张某2019年1~3月份应预扣预缴的个人所得税。

【解析】

(1) 1月份应纳税额=（10 000-5 000-1 500-1 000）×3%=75（元）

(2) 2月份应纳税额=（10 000×2-5 000×2-1 500×2-1 000×2）×3%-75=75（元）

(3) 3月份应纳税额=（10 000×3-5 000×3-1 500×3-1 000×3）×3%-75-75=75（元）

居民个人取得全年一次性奖金，在2021年12月31日前，不并入当年综合所得，以全年一次性奖金收入除以12个月得到的数额，按照月度税率表，确定适用税率和速算扣除数，单独计算纳税。计算公式为：

$$\text{应纳税额}=\text{全年一次性奖金收入}\times\text{适用税率}-\text{速算扣除数}$$

自2022年1月1日起，居民个人取得全年一次性奖金，将并入当年综合所得计算缴纳个人所得税。

2.劳务报酬所得、稿酬所得、特许权使用费所得预扣预缴税额的计算

扣缴义务人向居民个人支付劳务报酬所得、稿酬所得、特许权使用费所得时，应当分别按照下列公式按次确定应纳税所得额，并按适用税率预扣预缴税款。其计算公式为：

劳务报酬所得应预扣预缴税额=预扣预缴应纳税所得额×预扣率-速算扣除数

稿酬所得、特许权使用费所得应预扣预缴税额=预扣预缴应纳税所得额×20%

【例5-5】歌星刘某2019年10月份一次取得表演收入40 000元。

要求：计算刘某应预扣预缴的个人所得税。

【解析】应预扣预缴税额=40 000×（1-20%）×30%-2 000=7 600（元）

【例5-6】某教授2019年10月份写书取得稿酬收入15 000元。

要求：计算该教授应预扣预缴的个人所得税。

【解析】应预扣预缴税额=15 000×（1-20%）×70%×20%=1 680（元）

（二）非居民个人取得工资、薪金所得，劳务报酬所得，稿酬所得，特许权使用费所得应纳税额的计算

扣缴义务人向非居民个人支付工资、薪金所得，劳务报酬所得，稿酬所得，特许权使用费所得时，应按月或者按次代扣代缴个人所得税。其计算公式为：

非居民个人工资、薪金所得，劳务报酬所得，
稿酬所得，特许权使用费所得应纳税额 =应纳税所得额×适用税率-速算扣除数

（三）经营所得应纳税额的计算

经营所得应纳税额的计算公式为：

应纳税额=应纳税所得额×适用税率-速算扣除数

应纳税所得额=年应税收入额-准予税前扣除额

=全年收入总额-成本、费用及损失-当年投资者本人的费用扣除额

（四）财产租赁所得应纳税额的计算

财产租赁所得应纳税额的计算公式为：

（1）每次收入不超4 000元的：

应纳税额=（每次（月）收入额-800）×20%

（2）每次收入超过4 000元的：

应纳税额=每次（月）收入额×（1-20%）×20%

【例5-7】中国居民张某在2019年10月份将其小汽车出租给他人使用，取得租金4 500元。

要求：计算张某应缴纳的个人所得税。

【解析】应纳税额=4 500×（1-20%）×20%=720（元）

（五）财产转让所得应纳税额的计算

财产转让所得应纳税额的计算公式为：

应纳税额=应纳税所得额×适用税率

=（收入总额-财产原值-合理税费）×20%

个人转让房屋的个人所得税应税收入不含增值税，其取得房屋时所支付价款中包含的增值税计入财产原值，计算转让所得时可扣除的税费不包括本次转让缴纳的增值税。

【例5-8】中国公民孙海于2019年10月转让私有住房一套，取得转让收入220 000

元（不含增值税）。该套住房购进时的原价为 180 000 元，转让时支付有关税费 15 000 元。

要求：计算孙海转让私有住房应缴纳的个人所得税。

【解析】应纳税所得额=220 000-180 000-15 000=25 000（元）

应纳税额=25 000×20%=5 000（元）

（六）偶然所得应纳税额的计算

利息、股息、红利所得，偶然所得应纳税额的计算公式为：

$$应纳税额=应纳税所得额×适用税率=每次收入额×20\%$$

【例5-9】陈梅在参加商场的有奖销售过程中，中奖所得共计 20 000 元。

要求：计算商场代扣代缴个人所得税后，陈梅实际可得的中奖金额。

【解析】应纳税额（即商场代扣税款）=20 000×20%=4 000（元）

陈梅实际可得的中奖金额=20 000-4 000=16 000（元）

【案例导入分析】

（案例见任务一）

吴长个人所得税应纳税额的计算如下：

（1）顾问费 4 000 元，属于劳务报酬所得。

应纳税额=（4 000-800）×20%=640（元）

（2）出版个人作品集取得的收入属于稿酬所得。

应纳税额=20 000×（1-20%）×70%×20%=2 240（元）

（3）吴长应缴纳的个人所得税。

应纳税额=640+2 240=2 880（元）

三、境外税收抵免

为了避免重复征税，减轻纳税人的税收负担，现行税法对纳税人来源于中国境外的所得已在境外缴纳的所得税税额，准予在汇总纳税时从其应纳税额中扣除，即作出了境外税额扣除的规定。居民个人从中国境外取得的所得，可以从其应纳税额中抵免已在境外缴纳的个人所得税税额，但抵免额不得超过该纳税人境外所得依照《中华人民共和国个人所得税法》（以下简称《个人所得税法》）规定计算的应纳税额。

已在境外缴纳的所得税税额，是指居民个人来源于中国境外的所得，依照该所得来源国家或者地区的法律应当缴纳并且实际已经缴纳的所得税税额。所谓依照《个人所得税法》规定计算的应纳税额，是指居民个人境外所得已缴境外个人所得税的抵免限额。除国务院财政、税务主管部门另有规定外，来源于一国（地区）抵免限额为来源于该国的综合所得抵免限额、经营所得抵免限额、其他所得项目抵免限额之和，其中：

① $来源于一国（地区）综合所得的抵免限额 = 依照《个人所得税法》及其实施条例规定计算的中国境内、境外综合所得应纳税总额 × \dfrac{来源于该国（地区）的综合所得收入额}{中国境内、境外综合所得收入总额}$

$$②\frac{来源于一国}{（地区）经营所得的}=\frac{中国境内、境外经营所得依照《个人所得税法》及其实施条例规定计算的经营所得应纳税总额}{}×\frac{来源于该国（地区）的经营所得的应纳税所得额}{}÷\frac{中国境内、境外经营所得的应纳税所得额}{}$$

抵免限额

③来源于一国（地区）的其他所得项目的抵免限额，为来源于该国（地区）的其他所得项目依照《个人所得税法》及其实施条例规定计算的应纳税额。

居民个人在中国境外一个国家或者地区实际已经缴纳的个人所得税税额，低于依照前款规定计算出的该国家或者地区抵免限额的，应当在中国缴纳差额部分的税款；超过该国家或者地区抵免限额的，其超过部分不得在本纳税年度的应纳税额中扣除，但是可以在以后纳税年度的该国家或者地区抵免限额的余额中补扣。补扣期限最长不得超过5年。

【例5-10】某居民纳税人在2019年纳税年度，从A国出版著作获得稿酬收入15 000元，并已在A国缴纳该项收入的个人所得税1 700元。

要求：计算该纳税人的抵免限额及需要在中国补缴的个人所得税。

【解析】：该纳税人从A国取得的稿酬收入，按我国税法规定计算抵免限额：

抵免限额=15 000×（1-20%）×70%×20%=1 680（元）

该纳税人的稿酬所得在A国实际缴纳个人所得税1 700元，超出抵免限额20元，不能在本年度扣减，但可在以后5个纳税年度的该国抵免限额的余额中补扣。

四、特别纳税调整

有下列情形之一的，税务机关有权按照合理方法进行纳税调整：

（1）个人与其关联方之间的业务往来不符合独立交易原则而减少本人或者其关联方应纳税额，且无正当理由。

（2）居民个人控制的，或者居民个人和居民企业共同控制的设立在实际税负明显偏低的国家（地区）的企业，无合理经营需要，对应当归属于居民个人的利润不作分配或者减少分配。

（3）个人实施其他不具有合理商业目的的安排而获取不当税收利益。

税务机关依照前款规定作出纳税调整，需要补征税款的，应当补征税款，并依法加收利息。

五、个人所得税的税收优惠

下列各项个人所得，免征个人所得税：

（1）省级人民政府、国务院部委和中国人民解放军军以上单位，以及外国组织、国际组织颁发的科学、教育、技术、文化、卫生、体育、环境保护等方面的奖金。

（2）国债和国家发行的金融债券利息。

（3）按照国家统一规定发给的补贴、津贴。

（4）福利费、抚恤金、救济金。

（5）保险赔款。

（6）军人的转业费、复员费、退役金。

（7）按照国家统一规定发给干部、职工的安家费、退职费、基本养老金或者退休费、离休费、离休生活补助费。

（8）依照有关法律规定应予免税的各国驻华使馆、领事馆的外交代表、领事官员和其他人员的所得。

（9）中国政府参加的国际公约、签订的协议中规定免税的所得。

（10）国务院规定的其他免税所得。

有下列情形之一的，可以减征个人所得税，具体幅度和期限，由各省、自治区、直辖市人民政府规定，并报同级人民代表大会常务委员会备案：

（1）残疾、孤老人员和烈属的所得。

（2）因自然灾害遭受重大损失的。

国务院可以规定其他减税情形，需报全国人民代表大会常务委员会备案。

■ ■ ■ ■ **任务实施**

实践活动

【活动目标】

通过案例分析进一步熟练掌握个人所得税的计算。

【活动要求】

根据活动资料进行纳税分析，并计算赵某1月份、2月份、3月份应预扣预缴的个人所得税。

【活动实施】

居民赵某2019年每月从任职单位取得工资10 000元，可以扣除的专项扣除，即个人缴纳的"三险一金"为2 500元，专项附加扣除为1 500元。

要求：计算赵某1月份、2月份、3月份应预扣预缴的个人所得税。

【活动指导】

任职单位按累计预扣法计算如下：

①1月份应纳税额＝［10 000－（5 000＋2 500＋1 500）］×3%＝30（元）

②2月份应纳税额＝［10 000×2－（5 000＋2 500＋1 500）×2］×3%－30＝30（元）

③3月份应纳税额＝［10 000×3－（5 000＋2 500＋1 500）×3］×3%－30－30＝30（元）

任务5.3　个人所得税的缴纳

■ ■ ■ ■ **任务描述**

个人所得税的缴纳有两种方法，即自行申报和代扣代缴。本任务主要学习自行申报、代扣代缴的纳税人、纳税期限、纳税地点和申报管理，学生应根据有关资料学会如何进行纳税申报，并填制个人所得税纳税申报表。

【案例导入】

王芳经过努力，掌握了个人所得税应纳税所得额以及应纳税额的计算方法，经计算，吴长应纳税所得额分为两个部分：劳务报酬所得和稿酬所得，共计缴纳个人所得税 2 880 元（640+2 240），接下来王芳需要学习个人所得税纳税申报的有关规定，帮助吴长依法纳税。

■■ ■■ ■ 知识准备

一、征收办法

个人所得税实行自行申报和代扣代缴两种征收办法。

个人所得税以所得人为纳税人，以支付所得的单位或者个人为扣缴义务人。

纳税人有中国公民身份号码的，以中国公民身份号码为纳税人识别号；纳税人没有中国公民身份号码的，由税务机关赋予其纳税人识别号。扣缴义务人扣缴税款时，纳税人应当向扣缴义务人提供纳税人识别号。

（一）自行申报

自行申报，是由纳税人自行在税法规定的纳税期限内，向税务机关申报取得的应税所得项目和数额，如实填写个人所得税纳税申报表，并按照税法规定计算应纳税额，据此缴纳个人所得税的一种方法。

自行申报的情形包括：

（1）取得综合所得需要办理汇算清缴。

（2）取得应税所得没有扣缴义务人。

（3）取得应税所得，扣缴义务人未扣缴税款。

（4）取得境外所得。

（5）因移居境外注销中国户籍。

（6）非居民个人在中国境内从两处以上取得工资、薪金所得。

（7）国务院规定的其他情形。

（二）代扣代缴

代扣代缴，是指按照税法规定负有扣缴义务的单位或个人，在向个人支付应纳税所得时，应计算应纳税额，从其所得中扣除并缴入国库，同时向税务机关报送扣缴个人所得税报告表。

1.全员全额扣缴申报

扣缴义务人应当按照规定办理全员全额扣缴申报。

全员全额扣缴申报，是指扣缴义务人在代扣税款的次月15日内，向主管税务机关报送其支付所得的所有个人的有关信息、支付所得数额、扣除事项和数额、扣缴税款的具体数额和总额以及其他相关涉税信息资料。

扣缴义务人应当按照纳税人提供的信息计算办理扣缴申报，不得擅自更改纳税人提供的信息。

扣缴义务人首次向纳税人支付所得时，应当按照纳税人提供的纳税人识别号等基础信息，填写个人所得税基础信息表（A表），并于次月扣缴申报时向主管税务机关报送。

扣缴义务人对纳税人向其报告的相关基础信息变化情况，应当于次月扣缴申报时向主管税务机关报送。

居民个人取得工资、薪金所得时，可以向扣缴义务人提供专项附加扣除有关信息，由扣缴义务人扣缴税款时减除专项附加扣除。纳税人同时从两处以上取得工资、薪金所得，并由扣缴义务人减除专项附加扣除的，对同一专项附加扣除项目，在一个纳税年度内只能选择从一处取得的所得中减除。

对扣缴义务人按照所扣缴的税款，付给2%的手续费。

2. 全员全额扣缴申报的范围

实行个人所得税全员全额扣缴申报的应税所得包括：

（1）工资、薪金所得。

（2）劳务报酬所得。

（3）稿酬所得。

（4）特许权使用费所得。

（5）利息、股息、红利所得。

（6）财产租赁所得。

（7）财产转让所得。

（8）偶然所得。

二、汇算清缴

（一）取得综合所得需要办理汇算清缴的纳税申报

取得综合所得需要办理汇算清缴的情形包括：

（1）从两处以上取得综合所得，且综合所得年收入额减除专项扣除的余额超过6万元。

（2）取得劳务报酬所得、稿酬所得、特许权使用费所得中一项或者多项所得，且综合所得年收入额减除专项扣除的余额超过6万元。

（3）纳税年度内预缴税额低于应纳税额。

（4）纳税人申请退税。

纳税人可以委托扣缴义务人或者其他单位和个人办理汇算清缴。

需要办理汇算清缴的纳税人，应当在取得所得的次年3月1日至6月30日内，向任职、受雇单位所在地主管税务机关办理纳税申报，并报送《个人所得税年度自行纳税申报表》。

纳税人有两处以上任职、受雇单位的，选择向其中一处任职、受雇单位所在地主管税务机关办理纳税申报；纳税人没有任职、受雇单位的，向户籍所在地或经常居住地主管税务机关办理纳税申报。

（二）取得经营所得的纳税申报

纳税人取得经营所得，按年计算个人所得税，由纳税人在月度或季度终了后15日内，向经营管理所在地主管税务机关办理预缴纳税申报，并报送个人所得税经营所得纳税申报表（A表）。在取得所得的次年3月31日前，向经营管理所在地主管税务机关办理汇算清缴，并报送个人所得税经营所得纳税申报表（B表）；从两处以上取得经营所得的，选择向其中一处经营管理所在地主管税务机关办理年度汇总申报，并报送个人所得税经营所得纳税申报表（C表）。

纳税人可以采用远程办税端、邮寄等方式申报，也可以直接到主管税务机关申报。

三、纳税期限

居民个人取得综合所得，按年计算个人所得税；有扣缴义务人的，由扣缴义务人按月或者按次预扣预缴税款；需要办理汇算清缴的，应当在取得所得的次年3月1日至6月30日内办理汇算清缴。预扣预缴办法由国务院税务主管部门制定。

纳税人取得经营所得，按年计算个人所得税，由纳税人在月度或者季度终了后15日内向税务机关报送纳税申报表，并预缴税款；在取得所得的次年3月31日前办理汇算清缴。

纳税人取得利息、股息、红利所得，财产租赁所得，财产转让所得和偶然所得，按月或者按次计算个人所得税，有扣缴义务人的，由扣缴义务人按月或者按次代扣代缴税款。

纳税人取得应税所得没有扣缴义务人的，应当在取得所得的次月15日内向税务机关报送纳税申报表，并缴纳税款。

纳税人取得应税所得，扣缴义务人未扣缴税款的，纳税人应当在取得所得的次年6月30日前，缴纳税款；税务机关通知限期缴纳的，纳税人应当按照期限缴纳税款。

居民个人从中国境外取得所得的，应当在取得所得的次年3月1日至6月30日内申报纳税。

非居民个人在中国境内从两处以上取得工资、薪金所得的，应当在取得所得的次月15日内申报纳税。

扣缴义务人每月或者每次预扣、代扣的税款，应当在次月15日内缴入国库，并向主管税务机关报送扣缴个人所得税申报表。

纳税人因移居境外注销中国户籍的，应当在注销中国户籍前办理税款清算。

四、个人所得税的纳税申报表

（一）个人所得税基础信息表（A表）

个人所得税基本信息表（A表）（见表5-7）适用于扣缴义务人办理全员全额扣缴明细申报时，对初次支付所得的纳税人基础信息的填报。初次申报后，支付所得纳税人人数或纳税人基础信息发生变化时，只需报送发生变化的纳税人信息。

表5-7

个人所得税基础信息表（A表）
（适用于扣缴义务人填报）

扣缴义务人名称：

扣缴义务人纳税识别号（统一社会信用代码）：□□□□□□□□□□□□□□□□□□

| 序号 | 纳税人基本信息（带*必填） | | | | | | 任职受雇从业信息 | | | | 联系方式 | | | | | 银行账户 | | 投资信息 | | 其他信息 | | 华侨、港澳台、外籍个人信息（带*必填） | | | | | 备注 |
	纳税人识别号	*纳税人姓名	*身份证件类型	*身份证件号码	*出生日期	*国籍地区	类型	职务	*学历	任职受雇从业日期	离职日期	手机号码	户籍所在地	经常居住地	联系地址	电子邮箱	开户银行	银行账号	投资额（元）	投资比例	是否残疾孤老烈属	残疾/烈属证号	*出生地	*性别	*首次入境时间	*预计离境时间	*涉税事由	
1	2	3	4	5	6	7	8	9	10	11	12	13	14	15	16	17	18	19	20	21	22	23	24	25	26	27	28	29

谨声明：本表是根据国家税收法律法规及相关规定填报的，是真实的、可靠的、完整的。

经办人签字：
经办人身份证件号码：
代理机构签章：
代理机构统一社会信用代码：

受理人：
受理税务机关（章）：
受理日期： 年 月 日

扣缴义务人（签章）：
年 月 日

国家税务总局监制

（二）个人所得税基础信息表（B表）

个人所得税基础信息表（B表）（见表 5-8）适用于自然人纳税人初次向税务机关办理相关涉税事项时，对本人基础信息的填报；初次申报后，以后仅需在本人相关信息发生变化时填报。

表 5-8

个人所得税基础信息表（B表）

（适用于自然人填报）

纳税人识别号：□□□□□□□□□□□□□□□□□□

基本信息（带*必填）				
基本信息	*纳税人姓名	中文名		英文名
	*身份证件	证件类型一		证件号码
		证件类型二		证件号码
	*国籍/地区		*出生日期	年　月　日
联系方式	户籍所在地	省（区、市）　市　区（县）街道（乡、镇）_____		
	经常居住地	省（区、市）　市　区（县）街道（乡、镇）_____		
	联系地址	省（区、市）　市　区（县）街道（乡、镇）_____		
	*手机号码		电子邮箱	
其他信息	开户银行		银行账号	
	学历	□研究生　　□大学本科　　□大学本科以下		
	特殊情形	□残疾　残疾证号_____　　　□烈属　烈属证号_____　　□孤老		

任职、受雇、从业信息					
任职受雇从业单位一	名称		国家/地区		
	纳税人识别号（统一社会信用代码）		任职受雇从业日期	年　月	离职日期	年　月
	类型	□雇员　□保险营销员 □证券经纪人　□其他	职务	□高层　□其他	
任职受雇从业单位二	名称		国家/地区		
	纳税人识别号（统一社会信用代码）		任职受雇从业日期	年　月	离职日期	年　月
	类型	□雇员　□保险营销员 □证券经纪人　□其他	职务	□高层　□其他	

该栏仅由投资者纳税人填写					
被投资单位一	名称		国家/地区		
	纳税人识别号（统一社会信用代码）		投资额（元）		投资比例
被投资单位二	名称		国家/地区		
	纳税人识别号（统一社会信用代码）		投资额（元）		投资比例
该栏仅由华侨、港澳台、外籍个人填写（带*必填）					
*出生地			*首次入境时间	年　月　日	
*性别			*预计离境时间	年　月　日	
*涉税事由	□任职受雇　□提供临时劳务　□转让财产　□从事投资和经营活动　□其他				
谨声明：本表是根据国家税收法律法规及相关规定填报的，是真实的、可靠的、完整的。 纳税人签字：　　　年　月　日					
经办人签字： 经办人身份证件号码： 代理机构签章： 代理机构统一社会信用代码：			受理人： 受理税务机关（章）： 受理日期：　　年　月　日		

国家税务总局监制

（三）个人所得税扣缴申报表

个人所得税扣缴申报表（见表5-9）适用于扣缴义务人向居民个人支付工资、薪金所得，劳务报酬所得，稿酬所得和特许权使用费所得的个人所得税全员全额预扣预缴申报；向非居民个人支付工资、薪金所得，劳务报酬所得，稿酬所得和特许权使用费所得的个人所得税全员全额扣缴申报；以及向纳税人（居民个人和非居民个人）支付利息、股息、红利所得，财产租赁所得，财产转让所得和偶然所得的个人所得税全员全额扣缴申报。

（四）个人所得税自行纳税申报表（A表）

个人所得税自行纳税申报表（A表）（见表5-10）适用于居民个人取得应税所得，扣缴义务人未扣缴税款，非居民个人取得应税所得扣缴义务人未扣缴税款，非居民个人在中国境内从两处以上取得工资、薪金所得等情形在办理自行纳税申报时，向税务机关报送。

表5-9

个人所得税扣缴申报表

税款所属时间：　　年　　月　　日至　　年　　月　　日　　　　　　　　金额单位：元（列至角分）

扣缴义务人名称：

扣缴义务人纳税人识别号（统一社会信用代码）：□□□□□□□□□□□□□□□□□□

序号	姓名	身份证件类型	身份证件号码	纳税人识别号	是否为非居民个人	所得项目	本月（次）情况														累计情况												税款计算							备注
							收入额计算				专项扣除				其他扣除						累计收入额	累计减除费用	累计专项扣除	累计专项附加扣除					累计其他扣除	减按计税比例	准予扣除的捐赠额	应纳税所得额	税率/预扣率	速算扣除数	应纳税额	减免税额	已缴税额	应补/退税额	
							收入	免税收入		减除费用	基本养老保险费	基本医疗保险费	失业保险费	住房公积金	年金	商业健康保险	税延养老保险	财产原值	允许扣除的税费	其他				子女教育	赡养老人	住房贷款利息	住房租金	继续教育											
								费用	收入																														
1	2	3	4	5	6	7	8	9	10	11	12	13	14	15	16	17	18	19	20	21	22	23	24	25	26	27	28	29	30	31	32	33	34	35	36	37	38	39	40
合计合计																																							

谨声明：本表是根据国家税收法律法规及相关规定填报的，是真实的、可靠的、完整的。

经办人签字：

经办人身份证件号码：

代理机构签章：

代理机构统一社会信用代码：

受理人：

受理税务机关（章）：

受理日期：　　年　　月　　日

纳税人签字（盖章）：

　　年　　月　　日

国家税务总局监制

表5-10

个人所得税自行纳税申报表（A表）

税款所属时间： 年 月 日 至 年 月 日

纳税人姓名：

纳税人识别号：□□□□□□□□□□□□□□□□□□

金额单位：元（列至角分）

自行申报情形：
□居民个人取得应税所得，扣缴义务人未扣缴税款
□非居民个人取得应税所得，扣缴义务人未扣缴税款
□非居民个人在中国境内从两处以上取得工资、薪金所得
□其他_____

是否为非居民个人 □是 □否

非居民个人本年度境内居住天数 □不超过90天 □超过90天不超过183天

序号	所得项目	收入额计算				专项扣除				其他扣除			减按计税比例	准予扣除的捐赠额	应纳税所得额	税款计算						备注
		收入	费用	免税收入	减除费用	基本养老保险	基本医疗保险	失业保险费	住房公积金	财产原值	允许扣除的税	其他				税率	速算扣除数	应纳税额	减免税额	已缴税额	应补/退税额	
1	2	3	4	5	6	7	8	9	10	11	12	13	14	15	16	17	18	19	20	21	22	23

谨声明：本表是根据国家税收法律法规及相关规定填报的，是真实的、可靠的、完整的。

纳税人签字：

经办人签字：

代理机构签章：

代理机构统一社会信用代码：

经办人身份证件号码：

受理人：

受理税务机关（章）：

受理日期： 年 月 日

年 月 日

国家税务总局监制

（五）个人所得税年度自行纳税申报表

个人所得税年度自行纳税申报表（见表5-11）适用于居民个人取得境内综合所得，按税法规定进行个人所得税汇算清缴。居民个人取得综合所得需要办理汇算清缴的，应当在取得所得的次年3月1日至6月30日内，向主管税务机关办理汇算清缴，并报送本表。

表5-11　　　　　　　　　个人所得税年度自行纳税申报表

税款所属时间：　　年　月　日至　年　月　日

纳税人姓名：

纳税人识别号：□□□□□□□□□□□□□□□□□□　　金额单位：元（列至角分）

项目	行次	金额
一、收入合计（1=2+3+4+5）	1	
（一）工资、薪金所得	2	
（二）劳务报酬所得	3	
（三）稿酬所得	4	
（四）特许权使用费所得	5	
二、费用合计	6	
三、免税收入合计	7	
四、减除费用	8	
五、专项扣除合计（9=10+11+12+13）	9	
（一）基本养老保险费	10	
（二）基本医疗保险费	11	
（三）失业保险费	12	
（四）住房公积金	13	
六、专项附加扣除合计（14=15+16+17+18+19+20）	14	
（一）子女教育	15	
（二）继续教育	16	
（三）大病医疗	17	
（四）住房贷款利息	18	
（五）住房租金	19	
（六）赡养老人	20	

项目	行次	金额
七、其他扣除合计（21=22+23+24+25+26）	21	
（一）年金	22	
（二）商业健康保险	23	
（三）税延养老保险	24	
（四）允许扣除的税费	25	
（五）其他	26	
八、准予扣除的捐赠额	27	
九、应纳税所得额（28=1-6-7-8-9-14-21-27）	28	
十、税率（%）	29	
十一、速算扣除数	30	
十二、应纳税额（31=28×29-30）	31	
十三、减免税额	32	
十四、已缴税额	33	
十五、应补/退税额（34=31-32-33）	34	

无住所个人附报信息			
在华停留天数		已在华停留年数	

谨声明：本表是根据国家税收法律法规及相关规定填报的，是真实的、可靠的、完整的。

纳税人签字：　　　　　　年　月　日

经办人签字： 经办人身份证件号码： 代理机构签章： 代理机构统一社会信用代码：	受理人： 受理税务机关（章）： 受理日期：　年　月　日

国家税务总局监制

（六）个人所得税经营所得纳税申报表（A表、B表、C表）

1.个人所得税经营所得纳税申报表（A表）

个人所得税经营所得纳税申报表（A表）（见表5-12）适用于个体工商户业主、个人独资企业投资者、合伙企业个人合伙人、承包承租经营者以及其他从事生产、经营活动的个人在中国境内取得经营所得，按查账征收办理预缴纳税申报，或者按核定征收办理纳税申报。

表5-12 个人所得税经营所得纳税申报表（A表）

税款所属时间： 年 月 日至 年 月 日

纳税人姓名：

纳税人识别号：☐☐☐☐☐☐☐☐☐☐☐☐☐☐☐☐☐☐ 金额单位：元（列至角分）

被投资单位信息	名称		纳税人识别号（统一社会信用代码）	
征收方式	□查账征收（据实预缴） □查账征收（按上年应纳税所得额预缴） □核定应税所得率征收 □核定应纳税所得额征收 □税务机关认可的其他方式 _____			

项目	行次	金额/比例
一、收入总额	1	
二、成本费用	2	
三、利润总额（3=1-2）	3	
四、弥补以前年度亏损	4	
五、应税所得率（%）	5	
六、合伙企业个人合伙人分配比例（%）	6	
七、允许扣除的个人费用及其他扣除（7=8+9+14）	7	
（一）投资者减除费用	8	
（二）专项扣除（9=10+11+12+13）	9	
1.基本养老保险费	10	
2.基本医疗保险费	11	
3.失业保险费	12	
4.住房公积金	13	
（三）依法确定的其他扣除（14=15+16+17）	14	
1.	15	
2.	16	
3.	17	
八、应纳税所得额	18	
九、税率（%）	19	
十、速算扣除数	20	
十一、应纳税额（21=18×19-20）	21	
十二、减免税额（附报个人所得税减免税事项报告表）	22	
十三、已缴税额	23	
十四、应补/退税额（24=21-22-23）	24	

谨声明：本表是根据国家税收法律法规及相关规定填报的，是真实的、可靠的、完整的。

纳税人签字： 年 月 日

经办人： 经办人身份证件号码： 代理机构签章： 代理机构统一社会信用代码：	受理人： 受理税务机关（章）： 受理日期： 年 月 日

国家税务总局监制

2.个人所得税经营所得纳税申报表（B表）

个人所得税经营所得纳税申报表（B表）（见表5-13）适用于查账征收的个体工商户业主、个人独资企业投资者、合伙企业个人合伙人、承包承租经营者个人以及其他从事生产、经营活动的个人在中国境内取得经营所得的汇算清缴申报。

表5-13　　　　　　　个人所得税经营所得纳税申报表（B表）

税款所属时间：　　　年　　月　　日至　　年　　月　　日

纳税人姓名：

纳税人识别号：□□□□□□□□□□□□□□□□□□　　　金额单位：元（列至角分）

被投资单位信息	名称		纳税人识别号（统一社会信用代码）		
项目				行次	金额/比例
一、收入总额				1	
其中：国债利息收入				2	
二、成本费用（3=4+5+6+7+8+9+10）				3	
（一）营业成本				4	
（二）营业费用				5	
（三）管理费用				6	
（四）财务费用				7	
（五）税金				8	
（六）损失				9	
（七）其他支出				10	
三、利润总额（11=1-2-3）				11	
四、纳税调整增加额（12=13+27）				12	
（一）超过规定标准的扣除项目金额（13=14+15+…+25+26）				13	
1.职工福利费				14	
2.职工教育经费				15	
3.工会经费				16	
4.利息支出				17	
5.业务招待费				18	
6.广告费和业务宣传费				19	
7.教育和公益事业捐赠				20	

续表

项目	行次	金额/比例
8.住房公积金	21	
9.社会保险费	22	
10.折旧费用	23	
11.无形资产摊销	24	
12.资产损失	25	
13.其他	26	
（二）不允许扣除的项目金额（27=28+29+…+35+36）	27	
1.个人所得税税款	28	
2.税收滞纳金	29	
3.罚金、罚款和被没收财物的损失	30	
4.不符合扣除规定的捐赠支出	31	
5.赞助支出	32	
6.用于个人和家庭的支出	33	
7.与取得生产经营收入无关的其他支出	34	
8.投资者工资薪金支出	35	
9.其他不允许扣除的支出	36	
五、纳税调整减少额	37	
六、纳税调整后所得（38=11+12−37）	38	
七、弥补以前年度亏损	39	
八、合伙企业个人合伙人分配比例（%）	40	
九、允许扣除的个人费用及其他扣除（41=42+43+48+55）	41	
（一）投资者减除费用	42	
（二）专项扣除（43=44+45+46+47）	43	
1.基本养老保险费	44	
2.基本医疗保险费	45	
3.失业保险费	46	
4.住房公积金	47	

续表

项目	行次	金额/比例
（三）专项附加扣除（48=49+50+51+52+53+54）	48	
1.子女教育	49	
2.继续教育	50	
3.大病医疗	51	
4.住房贷款利息	52	
5.住房租金	53	
6.赡养老人	54	
（四）依法确定的其他扣除（55=56+57+58+59）	55	
1.商业健康保险	56	
2.税延养老保险	57	
3.	58	
4.	59	
十、投资抵扣	60	
十一、准予扣除的个人捐赠支出	61	
十二、应纳税所得额（62=38-39-41-60-61）或［62=（38-39）×40-41-60-61］	62	
十三、税率（%）	63	
十四、速算扣除数	64	
十五、应纳税额（65=62×63-64）	65	
十六、减免税额（附报个人所得税减免税事项报告表）	66	
十七、已缴税额	67	
十八、应补/退税额（68=65-66-67）	68	

谨声明：本表是根据国家税收法律法规及相关规定填报的，是真实的、可靠的、完整的。

纳税人签字：　　　　年　月　日

经办人：
经办人身份证件号码：
代理机构签章：
代理机构统一社会信用代码：

受理人：
受理税务机关（章）：
受理日期：　　年　月　日

国家税务总局监制

3.个人所得税经营所得纳税申报表（C表）

个人所得税经营所得纳税申报表（C表）（见表5-14）适用于个体工商户业主、个人独资企业投资者、合伙企业个人合伙人、承包承租经营者个人以及其他从事生产、经营活动的个人在中国境内两处及以上取得经营所得，办理个人所得税的年度汇总纳税申报。

表5-14　　　　　　　**个人所得税经营所得纳税申报表（C表）**

税款所属时间：　　年　　月　　日至　　年　　月　　日

纳税人姓名：

纳税人识别号：□□□□□□□□□□□□□□□□□□　　　　金额单位：元（列至角分）

被投资单位信息	单位名称		纳税人识别号（统一社会信用代码）	投资者应纳税所得额
	汇总地			
	非汇总地	1		
		2		
		3		
		4		
		5		

项目	行次	金额/比例
一、投资者应纳税所得额合计	1	
二、应调整的个人费用及其他扣除（2=3+4+5+6）	2	
（一）投资者减除费用	3	
（二）专项扣除	4	
（三）专项附加扣除	5	
（四）依法确定的其他扣除	6	
三、应调整的其他项目	7	
四、调整后应纳税所得额（8=1+2+7）	8	
五、税率（%）	9	
六、速算扣除数	10	
七、应纳税额（11=8×9-10）	11	
八、减免税额（附报个人所得税减免税事项报告表）	12	
九、已缴税额	13	
十、应补/退税额（14=11-12-13）	14	

谨声明：本表是根据国家税收法律法规及相关规定填报的，是真实的、可靠的、完整的。

纳税人签字：　　　年　　月　　日

经办人： 经办人身份证件号码： 代理机构签章： 代理机构统一社会信用代码：	受理人： 受理税务机关（章）： 受理日期：　年　月　日

国家税务总局监制

【案例导入分析】

吴长是自由职业者，无扣缴义务人，应自行申报纳税，年收入为24 000元（4 000+20 000），应按填表说明正确填写个人所得税自行纳税申报表（A表）。

■■ ■■ ■ 任务实施

实践活动

【活动目标】

通过实训，进一步掌握个人所得税的纳税申报。

【活动要求】

根据案例资料，填制扣缴个人所得税报告表。

【活动实施】

资料：见任务5.2实践活动的业务资料。

【活动指导】

1.完成本活动的基础是掌握个人所得税的各项计税收入及费用扣除标准，并能正确计算各项应纳税额。

2.根据扣缴个人所得税报告表的填报说明，准确地完成各栏目的填写。

项目小结

个人所得税的内容较多，计算比较烦琐，本项目的内容有认识个人所得税、掌握个人所得税的计算和学习个人所得税的缴纳。通过本项目的学习，应熟悉和掌握个人所得税的基本制度内容，做到熟练地判定纳税人发生的各种所得是否需要申报缴纳个人所得税以及缴纳多少、如何缴纳，尤其应学会纳税申报表的填制。

项目六　其他税费的计算与缴纳

━━━━━━━━□ **知识目标**

1.了解关税、资源税、城镇土地使用税、房产税、车船税、印花税、城市维护建设税和教育费附加、耕地占用税、土地增值税、契税、车辆购置税和环境保护税的概念和特点。

2.掌握以上税种的纳税人、征税范围、税率、应纳税额的计算方法。

3.熟悉以上税种的征收管理及申报缴纳等规定。

━━━━━━━━□ **能力目标**

1.能够区分以上税种的征收范围和征收目的。

2.能够掌握以上税种应纳税额的计算方法。

3.能够掌握以上税种的征收管理及申报纳税程序。

任务6.1　关税的计算与缴纳

■ ■ ■ ■ **任务描述**

本任务主要学习关税的概念、特征、纳税人、税目、税率等主要税收法律规定，学生应全面认识关税，并在此基础上学习关税的计算与缴纳。

【案例导入】

李娜是一名会计专业的学生，经学校推荐，她来到诚信代理记账公司开始毕业前的实习工作。她参与了一家外贸公司的代理记账业务，该外贸公司的大量进出口业务都涉及关税的核算。为了顺利完成任务，李娜刻苦学习，了解并掌握了关税的概念、税率、应纳税额的计算和纳税申报工作。

■ ■ ■ ■ **知识准备**

一、关税概述

（一）关税的概念

关税是海关依法对进出境货物、物品征收的一种税。

所谓"境"，是指关境，又称"海关境域"或"关税领域"，是国家《中华人民共和

《国海关法》全面实施的领域。通常情况下，一国关境与国境是一致的，包括国家全部的领土、领海、领空。但当某一国家在国境内设立了自由港、自由贸易区等，这些区域就进出口关税而言处在关境之外，这时该国家的关境小于国境。

【小提示】

国境和关境是两个不同的概念。

（二）关税的基本特征

（1）纳税上的统一性和一次性。

（2）征收上的过"关"性。

（3）税率上的复式性。

（4）对进出口贸易的调节性。

（三）关税的种类

（1）按征税货物流向划分，可将关税分为进口税、出口税和过境税。

（2）按征税目的划分，可将关税分为财政关税和保护关税。

（3）按计征方法划分，可将关税分为从价税、从量税、复合税、选择税、滑准税、差价税、季节税等。

（4）按税收政策的国别差异划分，可将关税分为优惠关税和加重关税。

二、关税的主要法律规定

（一）纳税义务人

进口货物的收货人、出口货物的发货人、进出境物品的所有人是关税的纳税义务人。

（二）课税对象

关税的课税对象是准许进出境的货物和物品。货物，是指贸易性商品。物品，是指入境旅客随身携带的行李物品、个人邮递物品、各种运输工具上的服务人员携带进口的自用物品、馈赠物品以及其他方式进境的个人物品。

（三）税率

1.进口关税

在我国加入WTO后，为履行我国在加入WTO关税减让谈判中承诺的有关义务、享有WTO成员应有的权利，自2002年1月1日起，我国进口关税设有最惠国税率、协定税率、特惠税率、普通税率、关税配额税率等税率。另外，对进口货物在一定期限内可以实行暂定税率。

2.出口关税

我国出口税为一栏税率，即出口税率。国家仅对少数资源性产品及易于竞相杀价、盲目进口、需要规范出口秩序的半制成品征收出口关税。1992年对47种商品计征出口关税，税率为20%～40%。现行税则对100余种商品计征出口关税，主要包括鳗鱼苗、部分有色金属矿砂及其精矿、生锑、磷、氟钽酸钾、苯、山羊板皮、部分铁合金、钢铁废碎料、铜和铝原料及其制品、镍锭、锌锭、锑锭等。但对上述范围内的部分商品实行0～25%的暂定税率。此外，根据需要对其他200多种商品征收暂定税率。与进口暂定税率一样，出口暂定税率优先适用于出口税则中规定的出口税率。

3.特别关税

特别关税包括报复性关税、反倾销关税、反补贴关税和保障性关税。征收特别关税的货物，适用国别、税率、期限和征收办法，由国务院关税税则委员会决定，海关总署负责实施。

三、关税的计算

（一）关税完税价格

关税的计税依据分别为关税完税价格和进出口数量。我国现行关税大多实行从价计征，即以进出口应税货物的完税价格为计税依据。

1.一般进口货物的完税价格

根据《中华人民共和国海关法》的规定，进口货物的完税价格包括货物的标价、货物运抵中国境内输入地点起卸前的运输及其相关费用、保险费。中国境内输入地为入境海关地，包括内陆河、江口岸，一般为第一口岸。货物的货价以成交价格为基础。进口货物的成交价格，是指买方为购买该货物，并按《中华人民共和国海关审定进出口货物完税价格办法》有关规定调整后实付或应付的价格。

进口货物的下列费用应当计入完税价格：

（1）由买方负担的除购货佣金以外的佣金和经纪费。佣金，是指买方为购买进口货物向自己的采购代理人支付的劳务费用。经纪费，是指买方为购买进口货物向代表买卖双方利益的经纪人支付的劳务费用。

（2）由买方负担的与该货物视为一体的容器费用。

（3）由买方负担的包装材料和包装劳务费用。

（4）与该货物的生产和向中国境内销售有关的，由买方以免费或者以低于成本的方式提供并可以按适当比例分摊的料件、工具、模具、消耗材料及类似货物的价款，以及在中国境外开发、设计等相关服务的费用。

（5）与该货物有关并作为卖方向我国销售该货物的一项条件，应当由买方直接或间接支付的特许权使用费。特许权使用费，是指买方为获得与进口货物相关的、受著作权保护的作品、专利、商标、专有技术和其他权利的使用许可而支付的费用。但是，在估定完税价格时，进口货物在境内的复制权费不得计入该货物的实付或应付价格之中。

（6）卖方直接或间接从买方对该货物进口后转售、处置或使用所得中获得的收益。

上列所述的费用或价值，应当由进口货物的收货人向海关提供客观量化的数据资料。如果没有客观量化的数据资料，完税价格由海关按《中华人民共和国海关审定进出口货物完税价格办法》规定的方法进行估定。

进口时在货物的价款中列明的下列税收、费用，不得计入该货物的完税价格：

（1）厂房、机械、设备等货物进口后的基建、安装、装配、维修和技术服务的费用。

（2）货物运抵境内输入地点之后的运输费用、保险费用和其他相关费用。

（3）进口关税及其他国内税收。

【例6-1】兴隆进出口公司2019年9月进口摩托车800辆，经海关审定的货价为150

万美元。另外，运抵我国关境内输入地点起卸前发生包装费10万美元、运输费6万美元、保险费3万美元、购货佣金4万美元。

要求：计算兴隆进口公司进口该批摩托车的关税完税价格。

【解析】该批摩托车的关税完税价格=150+10+6+3=169（万美元）

2.出口货物的完税价格

出口货物的完税价格，由海关以该货物向境外销售的成交价格为基础审查确定，并应包括货物运至中国境内输出地点装载前的运输及其相关费用、保险费等。

出口货物的成交价格，是指该货物出口销售到中国境外时买方向卖方实付或应付的价格。出口货物的成交价格中含有支付给境外的佣金的，如果单独列明，则应当扣除。

（二）应纳税额的计算

1.进口货物应纳税额的计算

（1）从价税应纳税额的计算。

从价税应纳税额的计算公式为：

$$关税税额=应税进口货物数量×单位完税价格×税率$$

【例6-2】广发进出口公司2019年9月从法国进口一批货物，该批货物的法国离岸价格为600万元，运抵中国关境内输入地点起卸前的包装费、运输费、保险费和其他劳务费用共计40万元，支付货物运抵境内输入地点之后的运输费用5万元。海关核定该批货物适用的进口关税税率为10%。

要求：计算该进出口公司应纳的进口关税。

【解析】关税税额=（600+40）×10%=64（万元）

（2）从量税应纳税额的计算。

从量税应纳税额的计算公式为：

$$关税税额=应税进口货物数量×单位货物税额$$

【例6-3】安平进出口公司2019年9月从美国进口400箱啤酒，每箱24瓶，每瓶容积500毫升，价格为CIF 3 000美元。

要求：计算该进出口公司应缴纳的关税（100美元兑换人民币622元，关税普通税率为7.5元/升）。

【解析】应税进口货物数量=400×24×500÷1 000=4 800（升）

关税税额=4 800×7.5=36 000（元）

【小提示】

目前，我国对原油、部分鸡产品、啤酒、胶卷进口商品分别以重量、容量、面积计征从量税。

（3）复合税应纳税额的计算。

复合税应纳税额的计算公式为：

$$关税税额=应税进口货物数量×单位货物税额+应税进口货物数量×单位完税价格×税率$$

【例6-4】友谊公司2019年9月进口3台日本产照相机，价格折合人民币54 000元。

要求：计算该公司应缴纳的关税（适用的优惠税率：从量税为每台3 800元；从价税税率为3%）。

【解析】关税税额=3×3 800+54 000×3%=13 020（元）

（4）滑准税应纳税额的计算。

滑准税应纳税额的计算公式为：

$$关税税额=应税进口货物数量×单位完税价格×滑准税税率$$

【知识链接】

滑准税是从价税的一种，在关税税则中，对同一进出口货物或物品事先按其价格高低设定若干档不同税率，海关计征时，按进出口货物和物品的完税价格，对照税率表确定适用税率征收的关税。目前，我国对关税配额外进口的一定数量的棉花实行滑准税。

【例6-5】友好进出口公司2019年10月进口摩托车600辆，经海关审定的货价为82万美元。另外，运抵中国境内输入地点起卸前发生包装费8万美元、运输费4万美元、保险费2万美元。假设人民币汇价为1美元=6.28元人民币，该批摩托车的进口关税税率为20%，消费税税率为10%，增值税税率为13%。

要求：计算该进出口公司进口该批摩托车的关税完税价格，及其应缴纳的关税、消费税、增值税。

【解析】关税完税价格=820 000+80 000+40 000+20 000=960 000（美元）

关税的应纳税额=960 000×6.28×20%=1 205 760（元）

消费税的应纳税额=（960 000×6.28+1 205 760）÷（1−10%）×10%=803 840（元）

增值税的应纳税额=（960 000×6.28+1 205 760）÷（1−13%）×13%=1 081 026.21（元）

2.出口货物应纳税额的计算

目前，我国大部分出口关税均采用从价税的形式征收。其计算公式为：

$$关税税额=应税出口货物数量×单位完税价格×税率$$

四、关税的税收优惠

关税减免是对某些纳税人和征税对象给予鼓励和照顾的一种特殊调节手段。

1.法定减免税

法定减免税是税法中明确列出的减税或免税。符合税法规定可予减免税的进出口货物，纳税义务人无须提出申请，海关可按规定直接予以减免税。海关对法定减免税货物一般不进行后续管理。

2.特定减免税

在法定减免税之外，国家按照国际通行规则和我国实际情况，制定发布的有关进出口货物减免关税的政策，称为特定或政策性减免税。

3.临时减免税

临时减免税，是指除法定减兑税和特定减免税以外的其他减免税，即由国务院根据《中华人民共和国海关法》对某个单位、某类商品、某个项目或某批进口货物的特殊情况给予特别照顾，一案一批，专文下达的减免税。临时减免税一般有单位、品种、期限、金额或数量等限制，不能比照执行。

五、关税的缴纳

进口货物自运输工具申报进境之日起14日内，出口货物在货物运抵海关监管区后装货的24小时前，应由进出口货物的纳税义务人向货物进出境地海关申报，海关根据税则归类和完税价格计算应缴纳的关税和进口环节代征税，并填发税款缴款书。

纳税义务人应当自海关填发税款缴款书之日起15日内，向指定银行缴纳税款。如关税缴纳期限的最后1日是周末或法定节假日，则关税缴纳期限顺延至周末或法定节假日过后的第1个工作日。为方便纳税义务人，经申请且海关同意，进出口货物的纳税义务人可以在设有海关的指运地（启运地）办理海关申报纳税手续。

纳税义务人因不可抗力或者在国际税收政策调整的情况下，不能按期缴纳税款的，经海关总署批准，可以延期缴纳税款，但最长不得超过6个月。

■■■ ■■■ ■■ **任务实施**

实践活动1

【活动目标】

通过案例分析，进一步熟练掌握关税的计算。

【活动要求】

根据案例资料进行纳税分析，并计算关税。

【活动实施】

青鸟公司从境外进口一批生产材料，材料价款折合人民币20万元，支付包装费1万元，向自己的采购代理人支付佣金0.5万元，该货物运抵中国境内输入地点起卸前发生运费3万元、保险费2万元，从海关运往企业所在地发生运费0.2万元。已知该批材料适用的关税税率为10%。

要求：计算该公司进口该批材料时应缴纳的关税。

【活动指导】

本题考查的是一般进口货物的完税价格，共由6项费用组成，即材料价款、包装费、运抵中国境内输入地点起卸前发生的运费、保险费构成了完税价格。

关税完税价格=20+1+3+2=26（万元）

关税税额=26×10%=2.6（万元）

实践活动2

【活动目标】

通过社会实践，进一步熟悉关税的主要法律规定。

【活动要求】

走访关税的纳税人，了解该纳税人的税目、税率、纳税期限等，填写关于关税的调查表，见表6-1。

【活动实施】

表6-1 关于关税的调查表

调查项目	调查内容	备注
纳税人		
税率		
计算办法		
纳税期限		

【活动指导】

1.建议选择有代表性的企业作为调查对象。

2.在调查时可以参考上述关于关税的调查表的调查项目，也可以根据纳税人的实际情况调整或自己设计调查表。

任务6.2　资源税的计算与缴纳

■■■■■ 任务描述

资源税是国家为了调节资源级差收入、促进企业公平竞争和保护自然资源而征收的一种税。本任务主要学习资源税的概念、特征、纳税人、税目、税率等主要税收法律规定，学生应全面认识资源税，并在此基础上学习资源税的计算与缴纳。

【案例导入】

李娜接受了一项新任务——参与代理本市一家矿产企业的资源税申报工作。李娜了解到资源税是该企业经常缴纳的税种之一，她首先要对资源税的基本知识进行学习，了解资源税的概念、特点、纳税人、征税范围、税率等内容，掌握资源税的计税依据和应纳税额的计算方法，最后进行资源税的纳税申报工作。

■■■■■ 知识准备

一、资源税概述

（一）资源税的概念

资源税是对在我国领域及管辖海域从事应税矿产品开采和生产盐的单位和个人，以其应税产品的销售额、销售数量或自用数量为计税依据而征收的一种税。

（二）资源税的作用

（1）促进企业之间开展公平竞争。

（2）促进对自然资源的合理开发利用。

（3）为国家筹集财政资金。

二、资源税的主要法律规定

（一）纳税义务人和扣缴义务人

凡在我国领域及管辖海域从事开发应税资源的单位和个人，均为资源税的纳税义务人。

中外合作开采陆上、海上石油资源的企业依法缴纳资源税。

（二）征税范围

应税资源的征税范围包括能源矿产、金属矿产、非金属矿产、水气矿产和盐。

资源税的具体征税范围，依据资源税税目税率表（见表6-2）确定。

表6-2　　　　　　　　　　资源税税目税率表

税　　目			课税对象	税　率
能源矿产	原油		原矿	6%
	天然气、页岩气、天然气水合物		原矿	6%
	煤		原矿或者选矿	2%~10%
	煤成（层）气		原矿	1%~2%
	铀、钍		原矿	4%
	油页岩、油砂、天然沥青、石煤		原矿或者选矿	1%~4%
	地热		原矿	1%~20% 或者每立方米1~30元
金属矿产	黑色金属	铁、锰、铬、钡、钛	原矿或者选矿	1%~9%
	有色金属	铜、铅、锌、锡、镍、锑、镁、钴、铋、汞	原矿或者选矿	2%~10%
		铝土矿	原矿或者选矿	2%~9%
		钨	选矿	6.5%
		钼	选矿	8%
		金、银	原矿或者选矿	2%~6%
		铂、钯、钌、锇、铱、铑	原矿或者选矿	5%~10%
		轻稀土	选矿	7%~12%
		中重稀土	选矿	20%
		铍、锂、锆、锶、铷、铯、铌、钽、锗、镓、铟、铊、铪、铼、镉、硒、碲	原矿或者选矿	2%~10%
非金属矿产	矿物类	高岭土	原矿或者选矿	1%~6%
		石灰岩	原矿或者选矿	1%~6% 或者每吨（或者每立方米）1~10元
		磷	原矿或者选矿	3%~8%
		石墨	原矿或者选矿	3%~12%
		萤石、硫铁矿、自然硫	原矿或者选矿	1%~8%

续表

税 目			课税对象	税 率
非金属矿产	矿物类	天然石英砂、脉石英、粉石英、水晶、工业用金刚石、冰洲石、蓝晶石、硅线石（砂线石）、长石、滑石、刚玉、菱镁矿、颜料矿物、天然碱、芒硝、钠硝石、明矾石、砷、硼、碘、溴、膨润土、硅藻土、陶瓷土、耐火粘土、铁矾土、凹凸棒石、海泡石、伊利石、累托石	原矿或者选矿	1%~12%
		叶蜡石、硅灰石、透辉石、珍珠岩、云母、沸石、重晶石、毒重石、方解石、蛭石、透闪石、工业用电气石、白垩、石棉、蓝石棉、红柱石、石榴子石、石膏	原矿或者选矿	2%~12%
		其他粘土（铸型用粘土、砖瓦用粘土、陶粒用粘土、水泥配料用粘土、水泥配料用红土、水泥配料用黄土、水泥配料用泥岩、保温材料用粘土）	原矿或者选矿	1%~5%或者每吨（或者每立方米）0.1~5元
	岩石类	大理岩、花岗岩、白云岩、石英岩、砂岩、辉绿岩、安山岩、闪长岩、板岩、玄武岩、片麻岩、角闪岩、页岩、浮石、凝灰岩、黑曜岩、霞石正长岩、蛇纹岩、麦饭石、泥灰岩、含钾岩石、含钾砂页岩、天然油石、橄榄岩、松脂岩、粗面岩、辉长岩、辉石岩、正长岩、火山灰、火山渣、泥炭	原矿或者选矿	1%~10%
		砂石	原矿或者选矿	1%~5%或者每吨（或者每立方米）0.1~5元
	宝玉石类	宝石、玉石、宝石级金刚石、玛瑙、黄玉、碧玺	原矿或者选矿	4%~20%
水气矿产	二氧化碳气、硫化氢气、氦气，氡气		原矿	2%~5%
	矿泉水		原矿	1%~20%或者每立方米1~30元
盐	钠盐、钾盐、镁盐、锂盐		选矿	3%~15%
	天然卤水		原矿	3%~15%或者每吨（或者每立方米）1~10元
	海盐			2%~5%

对取用地表水或者地下水的单位和个人试点征收水资源税。

（三）税目与税率

资源税的税目税率，依照资源税税目税率表执行。资源税税目税率表中规定实行幅度税率的，其具体适用税率由各省、自治区、直辖市人民政府统筹考虑该应税资源的品位、开采条件以及对生态环境的影响等情况，在资源税税目税率表规定的税率幅度内提出的，报同级人民代表大会常务委员会决定，并报全国人民代表大会常务委员会和国务院备案。资源税税目税率表中规定课税对象为原矿或者选矿的，应当分别确定具体适用税率。

纳税人开采或者生产不同税目应税产品的，应当分别核算不同税目应税产品的销售额或销售数量；未分别核算或者不能准确提供不同税目应税产品的销售额或销售数量的，从高适用税率。

三、资源税的计算

(一) 计税依据

资源税按照资源税税目税率表实行从价计征或者从量计征，资源税的计税依据为应税产品的销售额或销售数量。

资源税税目税率表中规定可以选择实行从价计征或者从量计征的，具体计征方式由各省、自治区、直辖市人民政府提出，报同级人民代表大会常务委员会决定，并报全国人民代表大会常务委员会和国务院备案。

纳税人申报的应税产品销售额明显偏低并且无正当理由的、有视同销售应税产品行为而无销售额的，除财政部、国家税务总局另有规定外，按下列顺序确定销售额：

（1）纳税人最近时期同类产品的平均销售价格。

（2）其他纳税人最近时期同类产品的平均销售价格。

（3）组成计税价格。组成计税价格的计算公式为：

$$组成计税价格 = 成本 \times （1 + 成本利润率） \div （1 - 税率）$$

公式中，成本是应税产品的实际生产成本，成本利润率是由各省、自治区、直辖市的主管税务机关确定。

销售数量包括纳税人开采或者生产应税产品的实际销售数量和视同销售的自用数量。

纳税人不能准确提供应税产品销售数量的，以应税产品的产量或者主管税务机关确定的折算比换算成的数量为计征资源税的销售数量。

(二) 应纳税额的计算

资源税的应纳税额，按照从价定率或者从量定额的办法，分别以应税产品的销售额乘以纳税人具体适用的比例税率或以应税产品的销售数量乘以纳税人具体适用的定额税率计算。其计算公式为：

$$应纳税额 = 应税产品销售额 \times 比例税率$$
$$应纳税额 = 应税产品销售数量 \times 定额税率$$

【例6-6】广发油田2019年10月份销售原油30 000吨，开具增值税专用发票，发票上注明的销售额为20 000万元，税额为2 600万元，按资源税税目税率表的规定，其适用的资源税税率为6%。

要求：计算该油田10月份应缴纳的资源税。

【解析】应纳税额 = 20 000 × 6% = 1 200（万元）

纳税人开采或者生产应税产品自用的，应当缴纳资源税；自用于连续生产应税产品的，无需缴纳资源税。

四、资源税的税收优惠

资源税具有级差收入税的特点，因此减免税项目较少。

（一）有下列情形之一的，免征资源税

（1）开采原油以及在油田范围内运输原油过程中用于加热的原油、天然气。

（2）煤炭开采企业因安全生产需要抽采的煤成（层）气。

（二）有下列情形之一的，减征资源税

（1）从低丰度油气田开采的原油、天然气，减征20%资源税。

（2）高含硫天然气、三次采油和从深水油气田开采的原油、天然气，减征30%资源税。

（3）稠油、高凝油减征40%资源税。

（4）从衰竭期矿山开采的矿产品，减征30%资源税。

（三）有下列情形之一的，省、自治区、直辖市人民政府酌情决定免征或者减征资源税

（1）纳税人在开采或者生产应税产品过程中，因意外事故或者自然灾害等原因遭受重大损失。

（2）纳税人开采共伴生矿、低品位矿、尾矿。

纳税人的减免税项目，应当单独核算销售额或销售数量；未单独核算或者不能准确提供销售额或销售数量的，不予免税或者减税。

五、资源税的缴纳

（一）纳税义务发生时间

（1）销售应税产品的，其纳税义务发生时间为：①采取分期收款结算方式的，为销售合同规定的收款日期的当天；②采取预收货款结算方式的，为发出应税产品的当天；③采取其他结算方式的，为收讫销售款或者取得索取销售款凭据的当天。

（2）纳税人自产自用应税产品的纳税义务发生时间，为移送使用应税产品的当天。

（3）扣缴义务人代扣代缴税款的纳税义务发生时间，为支付货款的当天。

（二）纳税期限

纳税人的纳税期限为1日、3日、5日、10日、15日或者1个月，由主管税务机关根据实际情况具体核定。不能按固定期限纳税的，可以按次纳税。

纳税人以1个月为一期纳税的，自期满之日起10日内申报纳税；以1日、3日、5日、10日或者15日为一期纳税的，自期满之日起5日内预缴税款，于次月1日起10日内申报纳税并结清上月税款。

（三）纳税地点

纳税人应纳的资源税，应当向应税产品的开采、生产所在地的税务机关缴纳。

（四）纳税申报

资源税纳税申报表（见表6-3）适用于缴纳资源税的纳税人填报。

表6-3　　　　资源税纳税申报表

税款所属时间：　　年　　月　　日至　　年　　月　　日

纳税人识别号（统一社会信用代码）：□□□□□□□□□□□□□□□□□□

纳税人名称：

金额单位：元（列至角分）

本期是否适用增值税小规模纳税人减征政策　　是□　否□
（减免性质代码：06049901）

税目	子目	折算率或换算比	计量单位	计税销售量	计税销售额	适用税率	本期应纳税额	本期减免税额	减征比例（%）本期增值税小规模纳税人减征额	本期已缴税额	本期应补（退）税额
	2	3	4	5	6	7	8①=6×7	9	10	11	12=8-9-10-11
1							8②=5×7				
合计	—	—	—			—					

谨声明：本纳税申报表是根据国家税收法律法规及相关规定填报的，是真实的、可靠的、完整的。

纳税人（签章）：

经办人：
经办人身份证号：
代理机构签章：
代理机构统一社会信用代码：

受理人：
受理税务机关（章）：
受理日期：　　年　　月　　日

　　　　　　年　　月　　日

■ ■ ■ ■ ■ 任务实施

实践活动1

【活动目标】

通过练习，进一步熟悉资源税的概念和主要法律规定。

【活动要求】

下列选择题中有四个选项，请根据资源税的基本知识，选择出一个或多个正确选项。

【活动实施】

1.企业外购液体盐生产固体盐，外购液体盐中包含的资源税，应在（　　）科目中核算。

A."税金及附加"　　　　　　　　　　　B."主营业务成本"

C."应交税费——应交资源税"　　　　　D."原材料"

2.根据资源税的有关规定，下列资源不应征收资源税的是（　　）。

A.海盐　　　　　B.天然原油　　　　　C.铁矿原矿　　　　　D.人造石油

【活动指导】

1.本题考查的是资源税的会计核算知识点。企业外购液体盐生产固体盐时，外购液体盐已纳的资源税可以抵减，应该按照销售固体盐应纳资源税扣抵液体盐已纳资源税后的差额上缴，外购液体盐已纳的资源税，应该在"应交税费——应交资源税"科目的借方核算。答案为C。

2.本题考查的是资源税的征税范围。征收资源税的原油，是指开采的天然原油，不包括人造石油。答案为D。

实践活动2

【活动目标】

通过社会实践，进一步熟悉资源税的主要理论知识。

【活动要求】

请同学们根据当地的实际情况，利用课余时间走访资源税纳税人，了解该纳税人的税目、税率、纳税期限等，填写关于资源税的调查表（见表6-4），并将理论与实践调研相结合，形成一份资源税调查报告。

【活动实施】

表6-4　　　　　　　　　　　　　关于资源税的调查表

调查项目	调查内容	备注
纳税人		
征税范围		
税目		
税率		
计算办法		
纳税期限		

【活动指导】

1.建议有针对性地设计调研重点，采用科学的调研方法，如采用问卷调查法，可提前准备调查问卷，以提高调研效率。

2.调查报告中应将理论与实际相结合。

任务6.3　城镇土地使用税的计算与缴纳

■■■■ 任务描述

国家开征城镇土地使用税的政策目标在于促进合理、节约使用土地，提高土地使用效率；利用城镇土地，调节土地级差收入，加强土地管理。本任务主要学习城镇土地使用税的概念、特征、纳税人、税目、税率等主要税收法律规定，学生应全面认识城镇土地使用税，为掌握其计算与缴纳做好理论知识的准备。

【案例导入】

李娜在全面学习了资源税的计算与缴纳之后，代理记账公司又让她参与代理本市一家商贸公司的城镇土地使用税的纳税申报工作。李娜非常高兴有机会学习新的知识，于是她决定从城镇土地使用税的基本知识开始学习，了解城镇土地使用税的概念、特点、纳税人、征收范围、税率等相关内容，从而学会计算城镇土地使用税的应纳税额，完成城镇土地使用税的纳税申报业务。

■■■■ 知识准备

一、城镇土地使用税的概念

城镇土地使用税是以开征范围内的土地为征税对象，以实际占用土地面积为计税依据，按规定税额对拥有土地使用权的单位和个人征收的一种税。

【知识链接】

城镇土地使用税的主要作用：

1.征收城镇土地使用税有利于促进土地的合理使用。

2.征收城镇土地使用税可以调节土地级差收入。

3.征收城镇土地使用税是地方财政收入的一项稳定来源。

二、城镇土地使用税的主要法律规定

（一）纳税义务人

凡在城市、县城、建制镇、工矿区范围内使用土地的单位和个人，为城镇土地使用税的纳税义务人。

所谓单位，是指国有企业、集体企业、私营企业、股份制企业、外商投资企业、外国企业以及其他企业和事业单位、社会团体、国家机关、部队以及其他单位。所谓个人，是指个体工商户以及其他个人。

由于在现实经济生活中，使用土地的情况十分复杂，为确保将城镇土地使用税及时、足额地征收入库，税法根据用地者的不同情况，对纳税人作出如下具体规定：

（1）拥有土地使用权的单位和个人为城镇土地使用税的纳税人。

（2）拥有土地使用权的单位和个人不在土地所在地的，其土地的实际使用人和代管人为纳税人。

（3）土地使用权未确定或权属纠纷未解决的，其实际使用人为纳税人。

（4）土地使用权共有的，共有各方都是纳税人，由共有各方分别纳税。

（二）征税范围

城镇土地使用税的征税范围为城市、县城、建制镇和工矿区。

城市，是指经国务院批准设立的市，其征税范围包括市区和郊区。县城，是指县人民政府所在地，其征税范围为县人民政府所在地的城镇。建制镇，是指经省、自治区、直辖市人民政府批准设立的、符合国务院规定的镇建制标准的镇，其征税范围一般为镇人民政府所在地。工矿区，是指工商业比较发达、人口比较集中的大中型工矿企业所在地，工矿区的设立必须经省、自治区、直辖市人民政府批准。

由于城市、县城、建制镇和工矿区内不同地方的自然条件和经济繁荣程度各不相同，税法很难对全国城镇的具体征税范围作出统一规定，因此国家税务总局在《关于土地使用税若干具体问题的解释和暂行规定》中指出，城市、县城、建制镇、工矿区的具体征税范围，由各省、自治区、直辖市人民政府规定。

（三）税率

城镇土地使用税采用定额税率，即采用有幅度的差别税额，按大、中、小城市和县城、建制镇、工矿区分别规定每平方米城镇土地使用税年应纳税额。具体标准如下：

（1）大城市每平方米年税额为1.5元至30元。

（2）中等城市每平方米年税额为1.2元至24元。

（3）小城市每平方米年税额为0.9元至18元。

（4）县城、建制镇、工矿区每平方米年税额为0.6元至12元。

大、中、小城市以公安部门登记在册的非农业正式户口人数为依据，按照国务院颁发的《城市规划条例》中规定的标准划分。人口数量在50万人以上的为大城市；在20万人至50万人之间的为中等城市；在20万人以下的为小城市。城镇土地使用税税率表，见表6-5。

表6-5　　城镇土地使用税税率表

级别	人口数量（人）	每平方米年税额（元）
大城市	50万以上	1.5~30
中等城市	20万~50万	1.2~24
小城市	20万以下	0.9~18
县城、建制镇、工矿区		0.6~12

三、城镇土地使用税的计算

（一）计税依据

城镇土地使用税以纳税人实际占用的土地面积（平方米）为计税依据。

纳税人实际占用的土地面积按下列办法确定：

（1）由省、自治区、直辖市人民政府确定的单位组织测定土地面积的，以测定的面积为准。

（2）尚未组织测量，但纳税人持有政府部门核发的土地使用证书的，以证书确认的土地面积为准。

（3）尚未核发土地使用证书的，应由纳税人据实申报土地面积，据以纳税，待核发土地使用证以后再做调整。

（二）应纳税额的计算

城镇土地使用税的应纳税额依据纳税人实际占用的土地面积和适用单位税额计算。

年应纳税额=实际占用应税土地面积（平方米）×适用税额

【例6-7】山海市的一家企业使用土地面积为2 000平方米，经税务机关核定，该土地为应税土地，每平方米年税额为6元。

要求：计算该企业全年应缴纳的城镇土地使用税。

【解析】应纳税额=2 000×6=12 000（元）

四、城镇土地使用税的税收优惠

根据《中华人民共和国城镇土地使用税暂行条例》的规定，下列土地使用可免税：

（1）国家机关、人民团体、军队自用的土地。

（2）由国家财政部门拨付事业经费的单位自用的土地。

（3）宗教寺庙、公园、名胜古迹自用的土地。

（4）市政街道、广场、绿化地带等公共用地。

（5）直接用于农、林、牧、渔业的生产用地。

（6）开山填海整治的土地。

（7）由财政部另行规定免税的能源、交通、水利设施用地和其他用地。

五、城镇土地使用税的缴纳

（一）纳税义务发生时间

（1）购置新建商品房，自房屋交付使用之次月起计征城镇土地使用税。

（2）购置存量房，自办理房屋权属转移、变更登记手续，房地产权属登记机关签发房屋权属证书的次月起计征城镇土地使用税。

（3）出租、出借房产，自交付出租、出借房产的次月起计征城镇土地使用税。

（4）以出让或转让方式有偿取得土地使用权的，应由受让方从合同约定交付土地时间的次月起缴纳城镇土地使用税；合同未约定交付土地时间的，由受让方从合同签订的次月起缴纳城镇土地使用税。

（5）纳税人新征用的耕地，自批准征用之日起满1年时开始缴纳城镇土地使用税。

（6）纳税人新征用的非耕地，自批准征用次月起缴纳城镇土地使用税。

（二）纳税期限

城镇土地使用税按年计算，分期缴纳。缴纳期限由省、自治区、直辖市人民政府确定。各省、自治区、直辖市税务机关结合当地情况，一般分别确定按月、季、半年或1年等不同的期限缴纳。

（三）纳税地点

城镇土地使用税的纳税地为土地所在地，由土地所在地的税务机关负责征收。纳税人使用的土地不属于同一省（自治区、直辖市）管辖范围内的，由纳税人分别向土地所在地的税务机关申报缴纳。在同一省（自治区、直辖市）管辖范围内，纳税人跨地区的土地，由各省、自治区、直辖市的主管税务机关确定纳税地点。

（四）纳税申报

为便利纳税人办理纳税申报，自2019年10月1日起，实行城镇土地使用税和房产税合并申报。纳税申报表包括城镇土地使用税 房产税纳税申报表（见表6-6）、城镇土地使用税 房产税减免税明细申报表、城镇土地使用税 房产税税源明细表。

表6-6　　　　　　　　**城镇土地使用税 房产税纳税申报表**

税款所属时间：　　年　月　日至　　年　月　日

纳税人识别号（统一社会信用代码）：□□□□□□□□□□□□□□□□□□

纳税人名称：　　　　　　　　　　　　金额单位：元（列至角分）；面积单位：平方米

一、城镇土地使用税											
本期是否适用增值税小规模纳税人减征政策 （减免性质代码10049901）	□是 □否	本期适用增值税小规模纳税人减征政策起始时间		年　月		减征比例（%）					
		本期适用增值税小规模纳税人减征政策终止时间		年　月							
序号	土地编号	宗地号	土地等级	税额标准	土地总面积	所属期起	所属期止	本期应纳税额	本期减免税额	本期增值税小规模纳税人减征额	本期已缴税额	本期应补（退）税额
1	*										
2	*										
3	*										
合计	*	*	*	*		*	*				

二、房产税

| 本期是否适用增值税小规模纳税人减征政策
（减免性质代码08049901） | □是
□否 | 本期适用增值税小规模纳税人减征政策起始时间 | 年　月 | 减征比例（%） | |
| | | 本期适用增值税小规模纳税人减征政策终止时间 | 年　月 | | |

（一）从价计征房产税

序号	房产编号	房产原值	其中：出租房产原值	计税比例	税率	所属期起	所属期止	本期应纳税额	本期减免税额	本期增值税小规模纳税人减征额	本期已缴税额	本期应补（退）税额
1	*											
2	*											
3	*											
合计	*	*	*	*	*	*	*					

（二）从租计征房产税

序号	本期申报租金收入	税率	本期应纳税额	本期减免税额	本期增值税小规模纳税人减征额	本期已缴税额	本期应补（退）税额
1							
2							
3							
合计	*	*					

　　谨声明：本纳税申报表是根据国家税收法律法规及相关规定填写的，本人（单位）对填报内容（及附带资料）的真实性、可靠性、完整性负责。

纳税人（签章）：　　　　　　年　月　日

经办人： 经办人身份证号： 代理机构签章： 代理机构统一社会信用代码：	受理人： 受理税务机关（章）： 受理日期：　年　月　日

　　本表一式两份，一份纳税人留存，一份税务机关留存。

■■■■ **任务实施**

实践活动1

【活动目标】

通过练习，进一步熟悉城镇土地使用税的概念和主要法律规定。

【活动要求】

下列选择题中有四个选项，请根据城镇土地使用税的基本知识，选择出一个或多个正确选项。

【活动实施】

1.新征用耕地应缴纳的城镇土地使用税，其纳税义务发生时间是（   ）。

A.自批准征用之日起满3个月

B.自批准征用之日起满6个月

C.自批准征用之日起满1年

D.自批准征用之日起满2年

2.下列免征城镇土地使用税的有（   ）。

A.宗教寺庙出租的土地　　　　　　　　B.军队自用土地

C.学校出租房屋　　　　　　　　　　　D.某商场占用土地

3.城镇土地使用税的纳税义务人有（   ）。

A.土地的实际使用人　　　　　　　　　B.土地的代管人

C.拥有土地使用权的单位和个人　　　　D.土地使用权共有的各方

【活动指导】

1.本题考查的是纳税义务的发生时间，纳税人新征用的耕地，自批准征用之日起满1年时开始缴纳城镇土地使用税。答案为C。

2.本题考查的是城镇土地使用税的减免，《中华人民共和国城镇土地使用税暂行条例》规定国家机关、人民团体、军队自用的土地可免税。答案为B。

3.本题考查的是城镇土地使用税的纳税义务人，题中4个选项都属于其纳税义务人。答案为ABCD。

实践活动2

【活动目标】

通过社会实践进一步熟悉城镇土地使用税的概念和主要法律规定。

【活动要求】

小组成员合作走访一家房屋中介公司，向其了解在购置新建商品房，以及出租、出借房产的过程中如何计算与缴纳城镇土地使用税。

【活动实施】

根据走访调研，小组成员以PPT的形式展示调研成果。

【活动指导】

建议小组成员提前合理分工，设计好调研的任务，根据任务有针对性地进行调研，并将其汇总形成最终的调研成果。

任务6.4 房产税的计算与缴纳

■ ■ ■ 任务描述

房产税是我国现行财产税之一，对促进收入和财产的合理分配、缩小贫富差距发挥着重要作用。本任务中学生应通过学习房产税的概念、特征、纳税人、税目、税率等主要税收法律规定全面认识房产税，为掌握房产税的计算与缴纳做好理论知识的准备。

【案例导入】

李娜出色地完成了城镇土地使用税的计算与缴纳，她又要挑战新的工作任务——参与代理本市一家物流公司的房产税的纳税申报工作。她首先需要对房产税的基本知识进行学习，了解房产税的概念、纳税人、征税范围、税率以及减免税等内容，掌握房产税的计税依据和应纳税额的计算方法，并了解房产税的纳税申报。

■ ■ ■ 知识准备

一、房产税的概念

房产税是以房屋为征税对象，按照房屋的计税余值或租金收入，向产权所有人征收的一种财产税。

二、房产税的主要法律规定

（一）纳税义务人

房产税的纳税义务人是在我国城市、县城、建制镇和工矿区内拥有房屋产权的单位和个人，具体包括产权所有人、承典人、房产代管人或使用义务人。

（1）产权属于国家所有的，由经营管理单位纳税；产权属集体和个人所有的，由集体单位和个人纳税。

（2）产权出典的，由承典人纳税。所谓产权出典，是指产权所有人将房屋、生产资料等的产权在一定期限内典当给他人使用而取得资金的一种融资业务。

（3）产权所有人、承典人不在房屋所在地的，或者产权未确定及租典纠纷未解决的，由房产代管人或者使用人纳税。

（4）纳税单位和个人无租使用房产管理部门、免税单位及纳税单位房产的，应由使用人代为缴纳房产税。

（5）自2009年1月1日起，外商投资企业、外国企业和组织以及外籍个人，依照《中华人民共和国房产税暂行条例》缴纳房产税。

（二）征税范围

房产税以房产为课税对象。所谓房产，是指有房屋和围护结构（有墙或两边有柱），能够遮风挡雨，可供人们在其中生产、学习、工作、娱乐、居住或储藏物资的场所。房地产开发企业建造的商品房，在出售前，不征收房产税。但对出售前房地产开发企业已使用或出租、出借的商品房，按规定征收房产税。

房产税的征税范围为城市、县城、建制镇和工矿区。具体规定如下：

（1）城市，是指国务院批准设立的市。

（2）县城，是指县人民政府所在地的地区。

（3）建制镇，是指经省、自治区、直辖市人民政府批准设立的建制镇。

（4）工矿区，是指工业比较发达、人口比较集中、符合国务院规定的建制镇标准但尚未建立建制镇的大中型工矿企业所在地。开征房产税的工矿区须经省、自治区、直辖市人民政府批准。

房产税的征税范围不包括农村，这主要是为了减轻农民的负担。因为农村的房屋，除农副业生产用房外，大部分是农民居住用房。农村房屋不纳入房产税征税范围，有利于农业发展、繁荣农村经济、促进社会稳定。

（三）税率

我国现行房产税采用比例税率。由于房产税依据分为从价计征和从租计征两种形式，因此房产税的税率也有两种：

（1）按房产原值一次减除10%～30%后的余值计征的，税率为1.2%。

（2）按房产出租的租金收入计征的，税率为12%。个人按市场价格出租的居民住房，不区分用途，按4%的税率征收房产税。

三、房产税的计算

（一）计税依据

房产税的计税依据是房产的计税价值或房产的租金收入。按照房产计税价值征税的，称为从价计征；按照房产租金收入计征的，称为从租计征。

1.从价计征

《中华人民共和国房产税暂行条例》规定，房产税依照房产原值一次减除10%～30%后的余值计算缴纳。各地扣除比例由当地省、自治区、直辖市人民政府确定。

2.从租计征

《中华人民共和国房产税暂行条例》规定，房产出租的，以房产租金收入为房产税的计税依据，不包含增值税。

（二）应纳税额的计算

房产税的计税依据有两种，与之相适应的应纳税额也分为两种：一是从价计征的计算；二是从租计征的计算。

1.从价计征的计算

从价计征是按房产原值减除一定的比例后的余值计征。其计算公式为：

$$应纳税额=应纳房产原值×（1-扣除比例）×1.2\%$$

如前所述，房产原值是"固定资产"科目中记载的房屋原价，减除一定比例是省、自治区、直辖市人民政府规定的 10% ~ 30% 的减除比例，计征的适用税率为 1.2% 。

【例6-8】海通公司的经营用房原值为3 000万元，按照当地规定允许减除30%后按余值计税，适用税率为1.2% 。

要求：计算该公司应缴纳的房产税。

【解析】应纳税额=3 000×（1-30%）×1.2%=25.2（万元）

2.从租计征的计算

从租计征是按房产的租金收入计征，其计算公式为：

$$应纳税额=租金收入×12\%（或4\%）$$

【例6-9】海通公司出租房屋8间，年租金收入为200 000元（不含增值税），适用税率为12% 。

要求：计算该公司应缴纳的房产税。

【解析】应纳税额=200 000×12%=24 000（元）

四、房产税的税收优惠

房产税的税收优惠是根据国家政策需要和纳税人的负担能力制定的。由于房产税属于地方税，因此给予地方一定的减免权限，有利于地方因地制宜地处理问题。

目前，房产税优惠政策主要有：

（1）国家机关、人民团体、军队自用的房产免征房产税。

（2）由国家财政部门拨付事业经费的单位，如学校、医疗卫生单位、托儿所、幼儿园、敬老院、文化、体育、艺术这些实行全额或差额预算管理的事业单位所有的，本身业务范围内使用的房产免征房产税。

（3）宗教寺庙、公园、名胜古迹自用的房产免征房产税。

（4）个人所有非营业用的房产免征房产税。

（5）对行使国家行政管理职能的中国人民银行总行（含国家外汇管理局）所属分支机构自用的房产，免征房产税。

五、房产税的缴纳

（一）纳税义务发生时间

（1）纳税人将原有房产用于生产经营，从生产经营之月起缴纳房产税。

（2）纳税人自行新建房屋用于生产经营，从建成的次月起缴纳房产税。

（3）纳税人委托施工企业建设的房屋，从办理验收手续的次月起缴纳房产税。

（4）纳税人购置新建商品房，自房屋交付使用的次月起缴纳房产税。

（5）纳税人购置存量房，自办理房屋权属转移、变更登记手续，房地产权属登记机关签发房屋权属证书的次月起缴纳房产税。

（6）纳税人出租、出借房产，自交付出租、出借本企业房产的次月起缴纳房产税。

（7）房地产开发项目自用、出租、出借本企业建造的商品房，自房屋使用或交付的次月起缴纳房产税。

（8）自2009年1月1日起，纳税人因房产的实物或权利状态发生变化而依法终止房产税纳税义务的，其应纳税款的计算应截止到房产的实物或权利状态发生变化的当月末。

（二）纳税期限

房产税实行按年计算、分期缴纳的征收方法，具体纳税期限由省、自治区、直辖市人民政府确定。

（三）纳税地点

房产税在房产所在地缴纳。房产不在同一地方的纳税人，应按房产的坐落地点分别向房产所在地的税务机关纳税。

（四）纳税申报

为便利纳税人办理纳税申报，自2019年10月1日起，实行城镇土地使用税和房产税合并申报。纳税申报表包括城镇土地使用税 房产税纳税申报表、城镇土地使用税 房产税减免税明细申报表、城镇土地使用税 房产税税源明细表。

■■ ■■ ■ **任务实施**

实践活动1

【活动目标】

通过案例分析，进一步熟练掌握房产税的计算。

【活动要求】

根据案例资料，对房产税进行纳税分析，并会计算房产税。

【活动实施】

海昌市居民王某有两套住房，市场价值200万元，2019年7月1日王某将其中一套价值120万元的住房出租给某企业办公，每月租金为8 000元（不含增值税），另一套自己居住。

要求：根据上述资料，分析并计算王某应缴纳的房产税。

【活动指导】

本题考查的是房产税的税率。我国现行房产税采用比例税率，根据计税依据不同，分设两种税率。依照房产价值计算纳税的，税率为1.2%；依照房产租金收入计算纳税的，税率为12%；个人按市场价格出租的居民住房，可暂减按4%的税率征收房产税。因此，王某每月租金收入8 000元，从7月1日起到年底共6个月，适用税率为4%。其应纳税额为 1 920 元（8 000×6×4%）。

实践活动2

【活动目标】

通过社会实践，进一步熟悉房产税的主要法律规定。

【活动要求】

运用学习到的房产税知识，分析自己家中的一处房产在购置过程中是如何计算并缴纳房产税的，填写关于房产税的调查表。

【活动实施】

见表6-7。

表6-7　　　　　　　　　　　　关于房产税的调查表

调查项目	调查内容	备注
纳税人		
计税依据		
税率		
应纳税额的计算		
纳税环节		

【活动指导】

在调查时可以参考上述关于房产税的调查表的调查项目，也可以根据实际情况调整或自己设计调查表。

任务6.5　车船税的计算与缴纳

■■■■■ 任务描述

车船税属于财产税，征收车船税一方面可以加强对车船使用的管理，促进车船的合理配置；另一方面还可以调节财富分配，体现社会公平。本任务主要学习车船税的概念、特征、纳税人、税目、税率等主要税收法律规定，学生应全面认识车船税，为进一步掌握车船税的计算与缴纳做好理论知识的准备。

【案例导入】

李娜的哥哥给新车买保险时，发现里面有一项是车船税，向李娜咨询："什么是车船税？为什么要缴纳车船税？车船税应如何计算？"李娜一下子面对这么多问题，也不是很确定，于是决定详细了解一下车船税的相关内容。

■ ■ ■ ■ 知识准备

一、车船税的概念

车船税，是指在中国境内的车辆、船舶的所有人或者管理人按照《中华人民共和国车船税法》缴纳的一种税。

二、车船税的主要法律规定

（一）纳税义务人

车船税的纳税义务人，是指在中国境内的车辆、船舶（以下简称车船）的所有人或者管理人。车船税的纳税义务人应当依照《中华人民共和国车船税法》的规定缴纳车船税。

从事机动车交通事故责任强制保险业务的保险机构为机动车车船税的扣缴义务人。纳税人应该在购买机动车交通事故责任强制保险的同时缴纳车船税。

【想一想】

为什么规定保险机构代收代缴机动车的车船税？

（二）征税范围

车船税的征税范围，是指在中国境内属于《中华人民共和国车船税法》所附车船税税目税额表规定的车辆、船舶。

1.车辆

车辆包括机动车辆和非机动车辆。机动车辆，是指依靠燃油、电力等能源作为动力运行的车辆，如汽车、拖拉机、无轨电车等。非机动车辆，是指依靠人力、畜力运行的车辆，如三轮车、自行车、畜力驾驶车等。

2.船舶

船舶包括机动船舶和非机动船舶。机动船舶，是指依靠燃料等能源作为动力运行的船舶，如客轮、货船、气垫船等。非机动船舶，是指依靠人力或者其他力量运行的船舶，如木船、帆船、舢板等。

（三）税目与税率

车船税采用定额税率，即对征税的车船规定单位固定税额（见表6-8）。

车辆的具体适用税额由省、自治区、直辖市人民政府依照《中华人民共和国车船税法》确定。

船舶的具体适用税额由国务院在车船税法所附车船税税目税额表规定的税额幅度内确定。

表6-8　　　　　　　　　　　　车船税税目税额表

税目		按发动机气缸容量（排气量）分档	计税单位	年基准税额	备注
乘用车		1.0升（含）以下的	每辆	60元~360元	核定载客人数9人（含）以下
		1.0升以上至1.6升（含）的		300元~540元	
		1.6升以上至2.0升（含）的		360元~660元	
		2.0升以上至2.5升（含）的		660元~1 200元	
		2.5升以上至3.0升（含）的		1 200元~2 400元	
		3.0升以上至4.0升（含）的		2 400元~3 600元	
		4.0升以上的		3 600元~5 400元	
商用车	客车		每辆	480元~1 440元	核定载客人数9人以上，包括电车
	货车		整备质量（每吨）	16元~120元	包括半挂牵引车、三轮汽车和低速载货汽车等
其他车辆	挂车		整备质量（每吨）	按照货车税额的50%计算	
	专用作业车		整备质量（每吨）	16元~120元	不包括拖拉机
	轮式专用机械车		整备质量（每吨）	16元~120元	不包括拖拉机
	摩托车		每辆	36元~180元	
船舶	机动船舶		净吨位（每吨）	3元~6元	拖船、非机动驳船分别按照机动船舶税额的50%计算
	游艇		艇身长度（每米）	600元~2 000元	

三、车船税的计算

（一）计税依据

（1）乘用车、商用客车、摩托车，以"辆"为计税依据。

（2）商用货车、挂车、专用作业车、轮式专用机械车，以"整备质量"为计税依据。

（3）船舶，以"净吨位"为计税依据。

（4）游艇，以"艇身长度"为计税依据。

（二）应纳税额的计算

（1）乘用车、摩托车和商用客车应纳税额的计算。其计算公式为：

$$应纳税额=应税车辆数量×单位税额$$

（2）商用车货车、挂车等应纳税额的计算。其计算公式为：

$$应纳税额=整备质量吨位数×单位税额$$

（3）机动船应纳税额的计算。其计算公式为：

$$应纳税额=净吨位数×单位税额$$

（4）游艇应纳税额的计算。其计算公式为：

$$应纳税额=艇身长度×单位税额$$

【例6-10】安顺运输公司拥有载货汽车10辆（每辆货车整备质量为10吨），载人大客车15辆，小客车8辆。

要求：计算该公司应缴纳的车船税（注：载货汽车每吨年税额为90元，载人大客车每辆年税额为1 000元，小客车每辆年税额为600元）。

【解析】（1）载货汽车的应纳税额=90×10×10=9 000（元）

（2）载人大客车的应纳税额=1 000×15=15 000（元）

（3）小客车的应纳税额=600×8=4 800（元）

全年的应纳税额=9 000+15 000+4 800=28 800（元）

【例6-11】阳光航运公司2019年拥有机动船18艘，其中净吨位数为500吨的有8艘、2 000吨的有10艘。已知单位税额分别为净吨位500吨的4元/吨、净吨位2 000吨的5元/吨。

要求：计算该公司2019年应缴纳的车船税。

【解析】应纳税额=8×500×4+10×2 000×5=116 000（元）

四、车船税的税收优惠

下列车船免征车船税：

（1）捕捞、养殖渔船。

（2）军队、武装警察部队专用的车船。

（3）警用车船。

（4）依照法律规定应当予以免税的外国驻华使领馆、国际组织驻华代表机构及其有关人员的车船。

自 2012 年 1 月 1 日起，对节约能源的车船，减半征收车船税；对使用新能源的车船，免征车船税。

省、自治区、直辖市人民政府根据当地实际情况，可以对公共交通车船，农村居民拥有并主要在农村地区使用的摩托车、三轮汽车和低速载货汽车定期减征或者免征车船税。

五、车船税的缴纳

（一）纳税义务发生时间

车船税的纳税义务发生时间，为车船管理部门核发的车船登记证书或者行驶证书所记载日期的当月。

纳税人未按照规定到车船管理部门办理应税车船登记手续的，以车船购置发票所载开具时间的当月作为车船税的纳税义务发生时间。对未办理车船登记手续且无法提供车船购置发票的，由主管税务机关核定纳税义务发生时间。

【小提示】

纳税人投保"交强险"时，由保险机构在销售"交强险"时代收代缴车船税；不投保"交强险"的纳税人，需到主管税务机关申报缴纳车船税。

（二）纳税期限

车船税按年申报缴纳。纳税年度，自公历 1 月 1 日起至 12 月 31 日止。具体申报纳税期限由省、自治区、直辖市人民政府确定。

由扣缴义务人代收代缴机动车车船税的，车船税的纳税期限为纳税人购买"交强险"的签单日。

（三）纳税地点

车船税的纳税地点为车船的登记地或者车船税扣缴义务人所在地。依法不需要办理登记的车船，车船税的纳税地点为车船的所有人或者管理人所在地。

扣缴义务人代收代缴车船税的，纳税地点为扣缴义务人的所在地。纳税人自行申报缴纳车船税的，纳税地点为车船登记地的主管税务机关所在地。

（四）纳税申报

车船税按年申报缴纳，并如实填写车船税纳税申报表，见表 6-9。具体申报纳税期限由省、自治区、直辖市人民政府规定。

■ ■ ■ ■ **任务实施**

实践活动 1

【活动目标】

通过练习，进一步熟悉车船税的概念和主要法律规定。

表6-9

车船税纳税申报表

税款所属时间: 年 月 日至 年 月 日

填表日期: 年 月 日

金额单位: 元（列至角分）

纳税人识别号: □□□□□□□□□□□□□□□□□□

纳税人名称								纳税人身份证照类型			
纳税人身份证照号码								居住（单位）地址			
联系人								联系方式			

以下由申报人填写

序号	（车辆）号牌号码/（船舶）登记号码	车船识别代码（车架号/船舶识别号）	征收品目	计税单位	计税单位的数量	单位税额	年应缴税额	本年减免税额	减免性质代码	减免税证明号	当年应缴税额	本年已缴税额	本期年应补（退）税额
	1	2	3	4	5	6	7=5×6	8	9	10	11=7-8	12	13=11-12
合计	—	—	—	—					—	—			

申报车辆总数（辆） | | 申报船舶总数（艘） |

纳税人声明	本纳税申报表是根据《中华人民共和国车船税法》和国家有关税收规定填报的, 是真实的、可靠的、完整的。	
纳税人（签章）	代理人（签章）	代理人身份证号

以下由税务机关填写

受理人	受理日期 年 月 日	受理税务机关（章）

本表一式两份, 一份纳税人留存, 一份税务机关留存。

【活动要求】

下列选择题中有四个选项，请根据车船税的基本知识，选择出一个或多个正确选项。

【活动实施】

1.关于车船税，小轿车的计税依据为（　　）。

A.购买价格　　　　　　　　　　B.辆

C.净吨位　　　　　　　　　　　D.整备质量

2.下列车船中，可享受车船税减免政策的有（　　）。

A.货运车船　　　　　　　　　　B.农用汽车

C.警用车船　　　　　　　　　　D.捕捞用渔船

【活动指导】

1.本题考查的是车船税的计税依据分为辆、整备质量、净吨位和艇身长度4种计税标准。其中，载客汽（电）车、摩托车的计税依据为车辆的辆数。答案为B。

2.本题考查的是车船税的税收优惠，其中警用车船和捕捞用渔船属于免税项目。答案为CD。

实践活动2

【活动目标】

通过社会实践，进一步熟悉车船税的主要法律规定。

【活动要求】

小组合作进行社会调查，完成一份PPT展示调查成果。

【活动实施】

1.小组合作进行社会调查：购买新车时，车船税是如何形成的，如何计算的，又是如何缴纳的？

2.合作完成一份PPT展示调查成果。

【活动指导】

1.小组成员分工明确，全体参与。

2.提前做好社会调查的准备。

3.PPT制作精良，内容详实，阐述简练。

任务6.6　印花税的计算与缴纳

■■■■■ **任务描述**

印花税是世界各国普遍征收的一个税种，具有覆盖面广、税率低、税负轻、纳税人自行完税等特点。本任务主要学习印花税的概念、特征、纳税人、税目、税率等主要税收法律规定，学生应全面认识印花税，并进一步掌握印花税的计算与缴纳。

【案例导入】

细心的李娜在代理会计记账的过程中发现，所有企业的会计账簿都有像邮票一样的票样，询问会计师后，李娜了解到这是印花税票。在会计师的带领下，李娜参与办理了青岛天空有限责任公司印花税纳税申报。李娜翻阅了青岛天空有限责任公司的相关资料，如下所示：

1.基本资料

企业名称：青岛天空有限责任公司　　法人代表：刘鹏

注册资本：50万元　　　经营范围：热水器、散热器

经营地址：青岛市四方区宁夏路100号　　企业性质：其他责任有限公司

纳税人识别号：913702025602105822　　电话号码：0532-89558160

开户银行及账号：建设银行37101986523102430841

2.经济业务

青岛天空有限责任公司（下面简称天空公司），2019年2月1日开业，领受房屋产权证、工商营业执照、商标注册证、土地使用证各1件；与其他企业订立转移专有技术使用权书据1件，所载金额50万元；订立产品购销合同3份，所载金额150万元；订立借款合同1份，所载金额60万元。此外，企业的营业账簿中，"实收资本"科目载有资金400万元。

请根据上述资料计算该企业2019年应缴纳的印花税。

■■■■■ 知识准备

一、印花税概述

（一）印花税的概念

印花税是对经济活动和经济交往中书立、使用、领受应税凭证的单位和个人征收的一种税。由于该税的纳税人是通过在应税凭证上粘贴"印花税票"来完成纳税义务的，因此称为印花税。

（二）印花税的特征

印花税具有覆盖面广、税率低、税负轻、纳税人自行完税等特征。

印花税票是缴纳印花税的完税凭证，由国家税务总局负责监制。其票面金额以人民币为单位，分为壹角、贰角、伍角、壹圆、贰圆、伍圆、拾圆、伍拾圆、壹佰圆9种。

二、印花税的主要法律规定

（一）纳税义务人

印花税的纳税义务人，是在中国境内书立、使用、领受印花税法所列举的凭证并应依法履行纳税义务的单位和个人。

所谓单位和个人，是指国内各类企业、事业、机关、团体、部队以及中外合资企业、合作企业、外资企业、外国公司和其他经济组织及其在华机构等单位和个人。

上述单位和个人，按照书立、使用、领受应税凭证的不同，可以分别确定为立合同人、立据人、立账簿人、领受人、使用人和各类电子应税凭证的签订人。

1.立合同人

立合同人，是指合同的当事人。所谓当事人，是指对凭证有直接权利义务关系的单位和个人，但不包括合同的担保人、证人、鉴定人。各类合同的纳税人是立合同人。各类合同，包括购销、加工承揽、建筑工程承包、财产租赁、货物运输、仓储保管、借款、财产保险、技术合同或者具有合同性质的凭证。

2.立据人

立据人是产权转移数据的纳税人，是指土地、房屋权属转移过程中买卖双方的当事人。

3.立账簿人

营业账簿的纳税人是立账簿人。所谓立账簿人，是指设立并使用营业账簿的单位和个人。例如，企业单位因生产、经营需要，设立了营业账簿，该企业即为纳税人。

【小提示】

对应税凭证，凡由两方或两方以上当事人共同书立的，其当事人各方都是印花税的纳税人，应各就其所持凭证的计税金额履行纳税义务。

4.领受人

权利许可证照的纳税人是领受人。领受人，是指领取或接受并持有该项凭证的单位和个人。例如，某人的发明创造，经申请依法取得国家专利机关的专利证书，该人即为纳税人。

5.使用人

在国外书立、领受、但在国内使用的应税凭证，其纳税人是使用人。

6.各类电子应税凭证的签订人

各类电子应税凭证的签订人，是指以电子形式签订的各类应税凭证的当事人。

（二）征税范围

印花税的征税范围为税法列举的应税凭证，税法未列举的不纳税。现行税法列举的应税凭证包括经济合同、产权转移书据、营业账簿、权利许可证照和经财政部门确定征税的其他凭证5类。具体范围如下：

1.经济合同

印花税只对依法订立的经济合同以及具有合同性质的凭证征收。这里的经济合同，是指依据《中华人民共和国合同法》的有关规定订立的合同。具有合同性质的凭证，是指具有合同效力的协议、契约、合约、单据、确认书及其他各种名称的凭证。在印花税税目税率表中列举了以下10种合同和具有合同性质的应税凭证：

（1）购销合同。

购销合同包括供应、预购、采购、购销结合及协作、调剂、补偿、贸易等合同。

此外，购销合同还包括出版单位与发行单位之间订立的图书、报纸、期刊和音像制品的应税凭证，如订购单、订书单等，以及包括发电厂与电网之间、电网与电网之间（国家电网公司系统、南方电网公司系统内部各级电网互供电量除外）签订的购售电合同。但是，电网与用户之间签订的供用电合同不属于印花税举例征税的凭证，不征收印花税。

（2）加工承揽合同。

加工承揽合同包括加工、定做、修缮、修理、印刷广告、测绘、测试等合同。

（3）建设工程勘察设计合同。

建设工程勘察设计合同包括勘察、设计合同的总承包合同、分包合同和转包合同。

（4）建筑安装工程承包合同。

建筑安装工程承包合同包括建筑、安装工程承包合同的总承包合同、分包合同和转包合同。

（5）财产租赁合同。

财产租赁合同包括租赁房屋、船舶、飞机、机动车辆、机械、器具、设备等合同，还包括企业、个人出租门店、柜台等签订的合同。

（6）货物运输合同。

货物运输合同包括民用航空、铁路运输、海上运输、公路运输和联运等合同，以及作为合同使用的单据。

（7）仓储保管合同。

仓储保管合同包括仓储、保管合同，以及作为合同使用的仓单、栈单等。

（8）借款合同。

银行及其他金融组织与借款人（不包括银行同业拆借）所签订的借款合同，以及只填开借据并作为合同使用、取得银行借款的借据。银行及其他金融机构经营的融资租赁业务，是一种以融物方式达到融资目的的业务，实际上是分期偿还的固定资金借款，因此融资租赁合同也属于借款合同。

（9）财产保险合同。

财产保险合同包括财产、责任、保证、信用等保险合同，以及作为合同使用的单据。财产保险合同分为企业财产保险、机动车辆保险、货物运输保险、家庭财产保险和农牧业保险5类。"家庭财产两全保险"属于家庭财产保险性质，其合同在财产保险合同之列，应照章纳税。

（10）技术合同。

技术合同包括技术开发、转让、咨询、服务等合同，以及作为合同使用的单据。其中，技术转让合同包括专利申请权转让和非专利技术转让。

技术咨询合同，是当事人就有关项目的分析、论证、预测和调查订立的技术合同。但一般的法律、会计、审计等方面的咨询不属于技术咨询，其所立合同不贴印花。

技术服务合同，是当事人一方委托另一方就解决有关特定技术问题，如为改进产品结构、改良工艺流程、提高产品质量、降低产品成本、保护资源环境、实现安全操作、提高经济效益等提出实施方案所订立的技术合同。技术服务合同包括技术服务合同、技术培训合同和技术中介合同，但不包括以常规手段或者为生产经营目的进行一般加工、修理、修缮、广告、印刷、测绘、标准化测试，勘察、设计等所书立的合同。

2.产权转移书据

产权转移书据包括财产所有权和版权、商标专用权、专利权、专有技术使用权等转移书据和专利实施许可合同、土地使用权出让合同、土地使用权转让合同、商品房销售合同等权力转移合同。

所谓产权转移书据，是指单位和个人产权的买卖、继承、赠与、交换、分割等所立的书据，以及企业股权转让所立的书据，并包括个人无偿赠送不动产所签订的"个人无偿赠与不动产登记表"。当纳税人完税后，税务机关（或其他征收机关）应在纳税人印花税完税凭证上加盖"个人无偿赠与"印章。

3.营业账簿

营业账簿，是指单位或者个人记载生产经营活动的财务会计核算账簿。营业账簿按其反映内容的不同，可分为记载资金的账簿和其他账簿。

（1）记载资金的账簿，是指反映生产经营单位资本金数额增减变化的账簿。

对金融系统营业账簿，要结合金融系统财务会计核算的实际情况进行具体分析。凡银行用以反映资金存贷经营活动、记载经营资金增减变化、核算经营成果的账簿，如各种日记账、明细账和总账都属于营业账簿，应按照规定缴纳印花税；银行根据业务管理需要设置的各种登记簿，如空白重要凭证登记簿、有价单证登记簿、现金收付登记簿等，其记载的内容与资金活动无关，仅用于内部备查，属于非营业账簿，均不征收印花税。

（2）其他账簿，是反映除资金资产以外的其他生产经营活动内容的账簿，即除记载资金的账簿以外的归属于财务会计体系的生产经营用账册。其他账簿免征印花税。

4.权利许可证照

权利许可证照包括政府部门发给的房屋产权证、工商营业执照、商标注册证、专利证、土地使用证。

5.经财政部门确定征税的其他凭证

适用于中国境内并在中国境内具备法律效力的应税凭证，无论在中国境内还是在中国境外书立，均应依照印花税的规定贴花。

（三）税率

印花税的税率设计遵循"税负从轻、共同负担"的原则，所以税率比较低。凭证的当事人，即对凭证有直接权利与义务关系的单位和个人均应就其所持凭证依法纳税。

印花税的税率有两种形式，即比例税率和定额税率。

1.比例税率

印花税的比例税率分为四个档次，分别是0.05‰、0.3‰、0.5‰、1‰。

（1）适用0.05‰税率的，为借款合同。

（2）适用0.3‰税率的，为购销合同、建筑安装工程承包合同、技术合同。

（3）适用0.5‰税率的，为加工承揽合同、建筑工程勘察设计合同、货物运输合同、产权转移书据，以及"营业账簿"税目中记载资金的账簿。

（4）适用1‰税率的，为财产租赁合同、仓储保管合同、财产保险合同。

2.定额税率

在印花税的13个税目中，权利许可证照适用定额税率，按件贴花，税额为5元。这样规定主要是考虑到该应税凭证比较特殊，无法计算金额，采用定额税率便于纳税人缴纳，便于税务机关征管。印花税税目税率表，见表6-10。

表6-10　　　　　　　　　　　　印花税税目税率表

税目	范围	税率	纳税人	说明
1.购销合同	包括供应、预购、采购、购销结合及协作、调剂、补偿、易货等合同	按购销金额的0.3‰贴花	立合同人	
2.加工承揽合同	包括加工、定做、修缮、修理、印刷、广告、测绘、测试等合同	按加工或承揽收入的0.5‰贴花	立合同人	
3.建设工程勘察设计合同	包括勘察、设计合同	按收取费用的5‰贴花	立合同人	
4.建筑安装工程承包合同	包括建筑、安装工程承包合同	按承包金额的3‰贴花	立合同人	
5.财产租赁合同	包括租赁房屋、船舶、飞机、机动车辆、机械、器具、设备等合同	按租赁额的1‰贴花；税额不足1元的按1元贴花	立合同人	
6.货物运输合同	包括民用航空、铁路运输、海上运输、内河运输、公路运输和联运合同	按运输费用的5‰贴花	立合同人	单据作为合同使用的，按合同贴花
7.仓储保管合同	包括仓储、保管合同	按仓储保管费用的1‰贴花	立合同人	仓单或栈单作为合同使用的，按合同贴花
8.借款合同	银行及其他金融组织和借款人（不包括银行同业拆借）所签订的借款合同	按借款金额的0.05‰贴花	立合同人	单据作为合同使用的，按合同贴花
9.财产保险合同	包括财产、责任、保证、信用等保险合同	按投保金额的1‰贴花	立合同人	单据作为合同使用的，按合同贴花

续表

税目	范围	税率	纳税人	说明
10.技术合同	包括技术开发、转让、咨询、服务等合同	按所载金额的0.3‰贴花	立合同人	
11.产权转移书据	包括财产所有权和产权、商标专用权、专利权、专有技术使用权等转移书据	所载金额的0.5‰贴花	立据人	股权转让书据自2008年4月24日起调为千分之一
12.营业账簿	生产经营用账册	记载资金的账簿按实收资本和资本公积合计金额的0.5‰贴花	立账簿人	
13.权利许可证照	包括政府部门发给的房屋产权证、工商营业执照、商标注册证、专利证、土地使用证	按件贴花5元	领受人	

三、印花税的计算

印花税税额的计算分别采用从价定率和从量定额两种方法。

(一)从价定率计算方法

1.计税依据

(1)各类经济合同,以合同上记载的金额、收入或费用为计税依据。具体如下:

①购销合同的计税依据为合同记载的购销金额。

②加工承揽合同的计税依据为加工或承揽收入的金额。

③建设工程勘察设计合同的计税依据为收取的费用。

④建筑安装工程承包合同的计税依据为承包金额。

⑤财产租赁合同的计税依据为租赁金额。经计算,税额不足1元的,按1元贴花。

⑥货物运输合同的计税依据为取得运输费金额(即运费收入),不包括所运货物的金额、装卸费和保险费等。

⑦仓储保管合同的计税依据为收取的仓储保管费用。

⑧借款合同的计税依据为借款金额。

⑨财产保险合同的计税依据为支付(收取)的保险费,不包括所保财产的金额。

⑩技术合同的计税依据为合同所载的价款、报酬或使用费用。

⑪产权转移书据的计税依据为所载金额。

⑫"营业账簿"税目中记载资金的账簿的计税依据为"实收资本"和"资本公积"两项的合计金额。

（2）产权转移书据，以书据所载金额为计税依据。股份制试点企业向社会公开发行的股票，因购买、继承、赠予所书立的股权转移书据，其计税依据为证券市场当日成交价格。

（3）记载资金的账簿，以"实收资本"和"资本公积"两项的合计金额为计税依据。对跨地区经营的分支机构的营业账簿在计税贴花时，为了避免对同一资金重复计税，规定上级单位记载资金的账簿，应按扣除拨给下属机构资金数额后的其余部分计算贴花。

2.应纳税额的计算方法

从价定率计征印花税应纳税额的计算公式为：

$$应纳税额=应税凭证计税金额（或应税凭证件数）×比例税率$$

（二）从量定额计算方法

1.计税依据

对除记载资金的账簿之外的其他账簿和权利许可证照，以计税凭证的数量为计税依据。

2.应纳税额的计算方法

从量定额计征印花税应纳税额的计算公式为：

$$应纳税额=凭证数量×定额税率$$

【案例导入分析】

李娜对天空公司2019年2月份应缴纳的印花税计算如下：

（1）企业领受权利许可证照的应纳税额。

应纳税额=4×5=20（元）

（2）企业订立产权转移书据的应纳税额。

应纳税额=500 000×0.5‰=250（元）

（3）企业订立购销合同的应纳税额。

应纳税额=1 500 000×0.3‰=450（元）

（4）企业订立借款合同的应纳税额。

应纳税额=600 000×0.05‰=30（元）

（5）企业记载资金的账簿的应纳税额。

应纳税额=4 000 000×0.5‰÷2=1 000（元）

（6）2019年企业应缴纳的印花税。

应纳税额=20+250+450+30+1 000=1 750（元）

四、印花税的税收优惠

（1）对已缴纳印花税凭证的副本或者抄本免税。

（2）对财产所有人将财产赠给政府、社会福利单位、学校所立的书据免税。

（3）对国家指定的收购部门与村民委员会、农民个人书立的农副产品收购合同免税。

（4）对无息、贴息贷款合同免税。

（5）对外国政府或者国际金融组织向我国政府及国家金融机构提供优惠贷款所书立的合同免税。

（6）对地产管理部门与个人签订的用于生活居住的租赁合同免税。

（7）对农业、牧业保险合同免税。

（8）对特殊货运凭证免税。

（9）对符合企业改制过程中有关印花税征免规定的免税。

五、印花税的缴纳

（一）纳税方法

印花税的纳税办法，根据税额大小、贴花次数以及税收征收管理的需要，分别采用以下3种纳税办法：

1.自行贴花

纳税人书立、领受或者使用应税凭证的同时，纳税义务既已产生，应根据纳税凭证的性质和适用税率，自行计算应纳税额，自行购买印花税票，自行一次贴足印花税票并加以注销或划销。这种办法一般适用于应税凭证较少或同一凭证纳税次数较少的纳税人。

对已经贴花的凭证，修改后所载金额增加的，其增加部分应当补贴印花税票。凡多贴印花税票者，不得申请退税或者抵用。

2.汇贴或汇缴

对一份凭证应纳税额超过500元的，应当向当地税务机关申请填写缴款书或者完税凭证，将其中一联贴在应税凭证上或者由税务机关在凭证上加注完税标记代替贴花。这种办法一般适用于应纳税额较大或者贴花次数频繁的纳税人。

3.委托代征

委托代征，是指通过税务机关的委托，经由发放或者办理应税凭证的单位代为征收印花税税款。工商行政管理机关在核发的各类营业执照和商标注册证的同时，负责代售印花税票，并监督领受单位和个人贴花。税务机关委托市监督管理局代售印花税票，按代售金额5%的比例支付代售手续费。

（二）纳税环节

印花税应当在书立或领受时贴花，具体是指在合同签订时、账簿启用时和证照领受时贴花。如果合同是在国外签订，并且不便在国外贴花的，应在将合同带入境时办理贴花纳税手续。

（三）纳税地点

印花税一般实行就地纳税。对全国性商品物资订货会（包括展销会、交易会等）上所签订合同的印花税，由纳税人回其所在地后及时办理贴花完税手续；对地方主办、不涉及省际关系的订货会、展销会上所签合同的印花税，其纳税地点由各省、自治区、直辖市人民政府自行确定。

（四）纳税申报

印花税的纳税人应按照《中华人民共和国印花税暂行条例》的有关规定及时办理纳税申报，并如实填写印花税纳税申报表，见表6-11。

表6-11

印花税纳税申报表

税款所属时间： 年 月 日至 年 月 日

纳税人识别号（统一社会信用代码）：□□□□□□□□□□□□□□□□□□

纳税人名称：

金额单位：元（列至角分）

纳税人信息	名称					
	登记注册类型			所属行业	□单位 □个人	
	身份证件类型			身份证件号码		
	联系方式					

应税凭证	计税金额或件数	核定征收		适用税率	本期应纳税额	本期已缴税额	本期减免税额		本期应补（退）税额
		核定依据	核定比例				减免性质代码	减免额	
	1	2	3	4	5=1×4+2×3×4	6	7	8	9=5-6-8
购销合同				0.3‰					
加工承揽合同				0.5‰					
建设工程勘察设计合同				0.5‰					
建筑安装工程承包合同				0.3‰					
财产租赁合同				1‰					
货物运输合同				0.5‰					
仓储保管合同				1‰					

续表

应税凭证	计税金额或件数	核定征收		适用税率	本期应纳税额	本期已缴税额	本期减免税额		本期应补（退）税额
		核定依据	核定比例				减免性质代码	减免额	
	1	2	3	4	5=1×4+2×3×4	6	7	8	9=5-6-8
借款合同				0.05‰					
财产保险合同				1‰					
技术合同				0.3‰					
产权转移书据				0.5‰					
营业账簿（记载资金的账簿）		—		0.5‰					
权利许可证照		—		5元					
合计	—	—		—					

以下由纳税人填写

纳税人声明　本纳税申报表是根据《中华人民共和国印花税暂行条例》和国家有关税收规定填报的，是真实的、可靠的、完整的。

| 纳税人（签章） | 代理人（签章） | 代理人身份证号 |
| | | |

以下由税务机关填写

| 受理人 | 受理日期　　年　月　日 | 受理税务机关（章） |
| | | |

本表一式两份，一份纳税人留存，一份税务机关留存。

■ ■ ■ ■ **任务实施**

实践活动1

【活动目标】

通过案例分析，进一步熟练掌握印花税的计算。

【活动要求】

根据案例资料，结合印花税的相关知识对印花税进行分析，并会计算印花税。

【活动实施】

福茂公司2019年1月开业，领受房产证、工商营业执照、商标注册证、土地使用证各1件；订立转移专用技术使用权书据1件，所载金额200万元；订立产品销货合同1份，所载金额500万元；订立借款合同1份，所载金额100万元；订立财产保险合同1份，保险金额4万元。此外，公司营业账簿中资金账簿记载实收资本和资本公积两项合计金额800万元。

要求：请分析并计算该公司应缴纳的印花税。

【活动指导】

本题考查的是印花税的税目、税率，以及应纳税额的计算。印花税税率设有比例税率和定额税率两种形式，印花税税额的计算分别采用从价定率和从量定额两种方法。

从价定率：应纳税额=应税凭证计税金额×比例税率

从量定额：应纳税额=凭证数量×定额税率

（1）公司领受权利许可证照的应纳税额。

应纳税额=4×5=20（元）

（2）公司订立产权转移书据的应纳税额。

应纳税额=2 000 000×0.5‰=1 000（元）

（3）公司订立购销合同的应纳税额。

应纳税额=5 000 000×0.3‰=1 500（元）

（4）公司订立借款合同的应纳税额。

应纳税额=1 000 000×0.05‰=50（元）

（5）公司订立财产保险合同的应纳税额。

应纳税额=40 000×1‰=40（元）

（6）公司记载资金的账簿的应纳税额。

应纳税额=8 000 000×0.5‰=4 000（元）

（7）当年公司应缴纳的印花税。

应纳税额=20+1 000+1 500+50+40+4 000=6 610（元）

实践活动2

【活动目标】

通过社会实践，进一步熟悉印花税的主要法律规定。

【活动要求】

采用小组合作的形式，利用网络查阅印花税的发展历史，并完成500字的调查报告。

【活动实施】

以小组为单位，通过查阅资料全面了解印花税，完成一份调查报告。

【活动指导】

建议从印花税的起源、发展、现状、作用等多方面进行调查。

任务6.7 城市维护建设税和教育费附加的计算与缴纳

■ ■ ■ ■ 任务描述

城市维护建设税和教育费附加是对缴纳增值税、消费税的单位和个人征收的一种税，属于特定目的税，具有附加税性质。本任务重点学习城市维护建设税和教育费附加的纳税人、计税依据和计算方法。

【案例导入】

李娜在实习工作期间非常好学，努力钻研业务，她发现只要是缴纳增值税或消费税的纳税人，都需要缴纳城市维护建设税。细心的李娜还发现城市维护建设税和教育费附加常常联系在一起，都采用相同的计税依据来进行核算。在会计师的带领下，李娜参与办理了森林地板有限责任公司城市维护建设税和教育费附加的纳税申报。她翻阅了森林地板有限责任公司的相关资料，如下所示：

1.基本资料

企业名称：森林地板有限责任公司　　法人代表：张宏

注册资本：100万元　　经营范围：实木地板、复合地板

经营地址：青岛市崂山区大华路70号　　企业性质：其他责任有限公司

纳税人识别号：913702028023041255　　电话号码：0532-89976543

开户银行及账号：建设银行　37101986523109203015

2.经济业务

2019年9月实际缴纳的增值税30万元、消费税70万元。

请结合上述资料计算该公司应缴纳的教育费附加和地方教育附加。

■ ■■ ■■ ■ 知识准备

一、城市维护建设税概述

（一）城市维护建设税的概念

城市维护建设税是对缴纳增值税、消费税的单位和个人征收的一种税，是我国为了加强城市的维护建设，扩大和稳定城市维护建设的资金来源，对有经营收入的单位和个人征收的税种。

【知识链接】

城市维护建设税属于特定目的的税，城市维护建设税的开征有利于调动地方政府加强城市维护建设的积极性，扩大和稳定城市维护建设资金的来源，体现了"谁上税，谁受益"的原则。在促进城市开发和改造，改善城镇企业和居民生产、生活环境等方面有着重大意义。

（二）城市维护建设税的主要法律规定

1.纳税义务人

城市维护建设税的纳税义务人是指负有缴纳增值税和消费税（以下简称"两税"）义务的单位和个人，包括国有企业、集体企业、私营企业、股份制企业、其他企业和行政单位、事业单位、军事单位、社会团体、其他单位，以及个体工商户和其他个人。

2.适用税率

城市维护建设税按纳税人所在地不同，设置了3档地区差别比例税率：

（1）纳税人所在地为市区的，税率为7%。

（2）纳税人所在地为县城、镇的，税率为5%。

（3）纳税人所在地不在市区及县城、镇的，税率为1%。

（三）城市维护建设税的计算

城市维护建设税的计税依据，是指纳税人实际缴纳的"两税"税额。城市维护建设税纳税人的应纳税额大小是由纳税人实际缴纳的"两税"税额决定的，其计算公式为：

$$应纳税额=（增值税+消费税）×适用税率$$

【例6-12】 森林有限责任公司2019年9月实际缴纳的增值税300 000元、消费税700 000元。

要求：计算该公司应缴纳的城市维护建设税。

【解析】 应纳税额=（300 000+700 000）×7%=1 000 000×7%=70 000（元）

（四）城市维护建设税的税收优惠

城市维护建设税原则上不单独减免，但因城市维护建设税又具附加税性质，当减免主税（增值税、消费税）时，相应的城市维护建设税也要减免。具体有以下3种情况：

（1）城市维护建设税随"两税"的减免而减免。

（2）对因减免"两税"而发生的退税，同时退还已纳的城市维护建设税。

（3）海关对进口产品代征的"两税"，不征收城市维护建设税；但对出口产品退还"两税"的，不退还已缴纳的城市维护建设税。

按照小微企业普惠性税收减免政策规定，自2019年1月1日至2021年12月31日，由省、自治区、直辖市人民政府根据本地区实际情况以及宏观调控需要，确定对增值税小规模纳税人可以在50%的税额幅度内减征资源税、城市维护建设税、房产税、城镇土地使用税、印花税（不含证券交易印花税）、耕地占用税和教育费附加、地方教育附加。

（五）城市维护建设税的缴纳

1.纳税环节

城市维护建设税的纳税环节，是指城市维护建设税法规定的纳税人应当缴纳城市维护建设税的环节。城市维护建设税的缴纳环节，实际就是纳税人缴纳"两税"的环节。纳税人只要发生"两税"的纳税义务，就要在同样的环节，分别计算缴纳城市维护建设税。

2.纳税地点

城市维护建设税以纳税人实际缴纳的"两税"税额为计税依据，分别与"两税"同时缴纳。因此，纳税人缴纳"两税"的地点，就是该纳税人缴纳城市维护建设税的地点。但是属于下列情况的，纳税地点为：

（1）代征代扣"两税"的单位和个人，其城市维护建设税的纳税地点为代征代扣地。

（2）对流动经营无固定纳税地点的单位和个人，应随同"两税"在经营地按适用税率缴纳。

3.纳税期限

由于城市维护建设税是由纳税人在缴纳"两税"的同时缴纳的，因此其纳税期限与"两税"的纳税期限一致。

4.纳税申报

城市维护建设税的纳税人应按照《中华人民共和国城市维护建设税暂行条例》的有关规定及时办理纳税申报，并如实填写附加税（费）纳税申报表，见表6-12。

二、教育费附加和地方教育附加概述

（一）教育费附加和地方教育附加的概念

教育费附加和地方教育附加是对缴纳增值税和消费税的单位和个人，就其实际缴纳的"两税"税额为计算依据征收的一种附加费。

（二）教育费附加和地方教育附加的纳税义务人

凡缴纳增值税和消费税的单位和个人，均为教育费附加和地方教育附加的纳税义

表6-12

城市维护建设税 教育费附加 地方教育附加申报表

税款所属时间: 年 月 日至 年 月 日

纳税人识别号(统一社会信用代码): □□□□□□□□□□□□□□□□□□

纳税人名称:

金额单位: 元(列至角分)

本期是否适用增值税小规模纳税人减征政策 (减免性质代码_城市维护建设税: 07049901, 减免性质代码_教育费附加: 61049901, 减免性质代码_地方教育附加: 99049901)	□是 □否	减征比例_城市维护建设税(%)	
		减征比例_教育费附加(%)	
		减征比例_地方教育附加(%)	
本期是否适用试点建设培育产教融合型企业抵免政策	□是 □否	当期新增投资额	
		上期留抵可抵免金额	
		结转下期可抵免金额	

税(费)种	计税(费)依据					税率 (征收率)	本期 应纳税 (费)额	本期减免税(费)额		本期增值税小规模纳税人减征额	试点建设培育产教融合型企业		本期已缴税(费)额	本期应补(退)税(费)额
	增值税		消费税	营业税	合计			减免性质代码	减免税(费)额		减免性质代码	本期抵免金额		
	一般增值税	免抵税额												
	1	2	3	4	5=1+2+3+4	6	7=5×6	8	9	10	11	12	13	14=7-9-10-12-13
城市维护建设税														
教育费附加														
地方教育附加														
一						一					一	一		
合计														

谨声明: 本纳税申报表是根据国家税收法律法规及相关规定填报的,是真实的、可靠的、完整的。

纳税人(签章):

经办人:

经办人身份证号:

代理机构签章:

代理机构统一社会信用代码:

受理人:

受理税务机关(章):

受理日期: 年 月 日

年 月 日

务人。凡代征增值税和消费税的单位和个人，也是代征教育费附加和地方教育附加的义务人。自2010年12月1日起，外商投资企业、外国企业及外籍人员均须缴纳教育费附加。

（三）教育费附加和地方教育附加的计算

1.计税依据

教育费附加和地方教育附加对缴纳增值税和消费税的单位和个人征收，以其实际缴纳的"两税"税额为计征依据，分别与"两税"同时缴纳。

【小提示】

教育费附加的计征依据和计算方法与城市维护建设税相同。

2.计征比例

教育费附加计征比率曾几经变化。按照1994年2月7日《国务院关于教育费附加征收问题的紧急通知》的规定，现行教育费附加的征收比率为3%，地方教育附加的征收率为2%。

3.计算方法

应缴纳的教育费附加的税额是由纳税人实际缴纳的"两税"税额决定的。其计算公式为：

$$应纳税额＝（增值税+消费税）×教育费附加率（3\%或2\%）$$

【案例导入分析】

教育费附加的应纳税额＝（300 000+700 000）×3%＝30 000（元）

地方教育附加的应纳税额＝（300 000+700 000）×2%＝20 000（元）

（四）教育费附加和地方教育附加的税收优惠

（1）对海关进口的产品征收的增值税、消费税，不征收教育费附加。

（2）对由于减免增值税和消费税而发生退税的，可同时退还已征收的教育费附加；但对出口产品退还增值税、消费税的，不退还已征的教育费附加。

（3）对国家重大水利工程建设基金免征教育费附加。

（4）自2016年2月1日起，将免征教育费附加、地方教育附加的范围，由现行按月纳税的月销售额或营业额不超过3万元（按季度纳税的季度销售额或营业额不超过9万元）的纳税义务人，扩大到按月纳税的月销售额或营业额不超过10万元（按季度纳税的季度销售额或营业额不超过30万元）的纳税义务人。

（五）教育费附加和地方教育附加的缴纳

教育费附加的纳税地点、纳税环节、纳税期限、纳税申报与城市维护建设税相同。

■■ ■■ ■ **任务实施**

实践活动1

【活动目标】

通过案例分析，进一步熟练掌握城市维护建设税和教育费附加的计算。

【活动要求】

根据城市维护建设税和教育费附加的相关知识，对城市维护建设税和教育费附加进行分析计算。

【活动实施】

天宇公司设立在北京市市区，2019年9月实际缴纳的增值税20万元、消费税15万元。

要求：请分析并计算天宇公司2019年9月应缴纳的城市维护建设税、教育费附加和地方教育附加。

【活动指导】

本题首先考查了城市维护建设税和教育费附加的计税依据，即以实际缴纳的"两税"税额为计税依据。

其次，考查了城市维护建设税和教育费附加的适用税率，该企业设立于市区，城市维护建设税税率为7%、教育费附加税率为3%、地方教育附加税率为2%。

（1）城市维护建设税：应纳税额=（200 000+150 000）×7%=24 500（元）

（2）教育费附加：应纳税额=（200 000+150 000）×3%=10 500（元）

（3）地方教育附加：应纳税额=（200 000+150 000）×2%=7 000（元）

实践活动2

【活动目标】

通过实训将城市维护建设税和教育费附加的计算与会计核算相结合，将知识融会贯通。

【活动要求】

根据实训资料完成会计处理。

【活动实施】

东方公司2019年10月缴纳的增值税340 000元、消费税300 000元。

要求：计算该公司2019年10月应缴纳的城市维护建设税和教育费附加，并完成会计处理。

【活动指导】

1.应纳税额的计算

（1）城市维护建设税：应纳税额=（340 000+300 000）×7%=44 800（元）

（2）教育费附加：应纳税额=（340 000+300 000）×3%=19 200（元）

2.会计处理

（1）计提税金时：

借：税金及附加　　　　　　　　　　　　　　　　　　　64 000

　　贷：应交税费——应交城市维护建设税　　　　　　　　　　44 800

　　　　　　　　——应交教育费附加　　　　　　　　　　　　19 200

（2）缴纳税金时：

借：应交税费——应交城市维护建设税　　　　　　　　44 800
　　　　　　——应交教育费附加　　　　　　　　　　192 00
　　贷：银行存款　　　　　　　　　　　　　　　　　　　　　64 000

任务6.8　耕地占用税的计算与缴纳

■■■■ 任务描述

本任务主要学习耕地占用税的概念、特征、纳税人、税目、税率等主要税收法律规定，学生应全面认识耕地占用税，并在此基础上学习耕地占用税的计算与缴纳。

【案例导入】

李娜继续在诚信代理记账公司进行毕业前的实习工作。她代理记账的一家木业公司，正准备扩大公司厂房规模，需占用一片耕地，这必然涉及耕地占用税。为此，李娜刻苦学习，了解并掌握了耕地占用税的概念、税率、应纳税额的计算和纳税申报工作。

■■■■ 知识准备

一、耕地占用税概述

（一）耕地占用税的概念

耕地占用税是国家对占用耕地建设建筑物、构筑物或者从事非农业建设的单位和个人，就其实际占用的耕地面积征收的一种税。

（二）耕地占用税的特征

我国现行耕地占用税有以下特征：

1.具有特定的征税对象

耕地占用税以建设建筑物、构筑物或者从事非农业建设占用耕地为课税对象。对占用耕地建设农田水利设施的，不征收耕地占用税；对占用非耕地建房或从事非农业建设的，也不征收耕地占用税。

2.实行地区差别比例税率

适应不同地区纳税人的承受能力，体现人口多、经济发达地区占用耕地从严控制的合理负担原则。

3.实行一次课征制

耕地占用税实行一次课征制，纳税人完税以后，在使用、转让和继承过程中不再缴纳耕地占用税。

4.税款实行专款专用，构成农业发展的主要资金来源

开征耕地占用税可以有效地限制乱占滥用耕地，保护农用土地资源，保证农业特别是粮食生产持续稳定增长；征收的税款全部用于农业，作为农业综合开发资金的重要来源，用于开发宜农荒地、滩涂以及改造中低产田等方面，以补偿被占用的耕地，增强农业发展后劲。

二、耕地占用税的主要法律规定

（一）纳税义务人

占用耕地建设建筑物、构筑物或者从事非农业建设的单位和个人，为耕地占用税的纳税义务人。"单位"包括国有企业、集体企业、私营企业、股份制企业、外商投资企业、外国企业以及其他企业和事业单位、社会团体、国家机关、部队以及其他单位；"个人"包括个体工商户和其他个人。

（二）课税对象

耕地占用税的课税对象是占用农用耕地建设建筑物、构筑物或者从事非农业建设的行为。

耕地，是指用于种植农作物的土地。占用林地、牧草地、农田水利用地、养殖水面以及渔业水域滩涂等其他农用地建房或者从事非农业建设的，比照本条例的规定征收耕地占用税。因建设直接为农业生产服务的生产设施而占用前款规定的农用地的，不征收耕地占用税。

纳税人因建设项目施工或者地质勘查临时占用耕地，应当依照规定缴纳耕地占用税。纳税人在批准临时占用耕地期满之日起1年内依法复垦，恢复种植条件的，全额退还已缴纳的耕地占用税。

占用园地、林地、草地、农田水利用地、养殖水面、渔业水域滩涂以及其他农用地建设建筑物、构筑物或者从事非农业建设的，依照规定缴纳耕地占用税。对占用农用地建设直接为农业生产服务的生产设施的，不征收耕地占用税。

（三）税率

耕地占用税实行有幅度的定额税率，以县级行政区域为单位分设4个档次的税额，具体规定为：

（1）人均耕地不超过1亩的地区，每平方米为10元至50元。

（2）人均耕地超过1亩但不超过2亩的地区，每平方米为8元至40元。

（3）人均耕地超过2亩但不超过3亩的地区，每平方米为6元至30元。

（4）人均耕地超过3亩的地区，每平方米为5元至25元。

耕地占用税的适用税额由各省、自治区、直辖市人民政府根据人均耕地面积和经济发展等情况，在规定的税额幅度内提出，报同级人民代表大会常务委员会决定，并报全国人民代表大会常务委员会和国务院备案。各省、自治区、直辖市耕地占用税适用税额的平均水平，不得低于耕地占用税平均税额表规定的平均税额。

在人均耕地低于0.5亩的地区，各省、自治区、直辖市人民政府可以根据当地经济发展情况，适当提高耕地占用税的适用税额，但提高的部分不得超过上述第2档确

定的适用税额的50%。

占用基本农田的，应当按照上述条款或者前述第2档确定的当地适用税额，加按150%征收。

财政部和国家税务总局就耕地占用税的平均税额制定了相应标准。各省、自治区、直辖市耕地占用税平均税额为：上海45元/平方米；北京40元/平方米；天津35元/平方米；江苏、浙江、福建、广东均30元/平方米；辽宁、湖北、湖南均25元/平方米；河北、安徽、江西、山东、河南、四川、重庆均22.5元/平方米；广西、海南、贵州、云南、陕西均20元/平方米；山西、吉林、黑龙江均17.5元/平方米；内蒙古、西藏、甘肃、青海、宁夏、新疆均12.5元/平方米。

三、耕地占用税的计算

耕地占用税以纳税人用于建设建筑物、构筑物或者从事非农业建设实际占用的耕地面积为计税依据。

$$应纳税额=应税土地面积×单位税额$$

【例6-13】某县城关镇2019年9月发生以下占用耕地的事项：县化工厂经批准扩建，占用耕地12亩；某部驻军新建营房占用耕地10亩；拓宽公路占用耕地15亩；批准30户农户新建住宅，占用耕地9亩。该镇耕地占用税的适用税额为18元/平方米，公路用地税额为2元/平方米，一亩耕地折666.67平方米。

要求：计算各纳税人应缴纳的耕地占用税。

【解析】（1）军事设施占用耕地免税。

（2）县化工厂：应纳税额=12×666.67×18=144 000.72（元）

（3）公路部门：应纳税额=15×666.67×2=20 000.10（元）

（4）30户农户新建住宅：应纳税额=9×666.67×（18÷2）=54 000.27（元）

四、耕地占用税的税收优惠

（一）下列情形免征耕地占用税

（1）军事设施占用耕地。

（2）学校、幼儿园、养老院、医院占用耕地。

（二）下列情形免征或减征耕地占用税

（1）铁路线路、公路线路、飞机场跑道、停机坪、港口、航道占用耕地，减按每平方米2元的税额征收耕地占用税。根据实际需要，国务院财政、税务主管部门商国务院有关部门并报国务院批准后，可以对其免征或减征耕地占用税。

（2）农村居民占用耕地新建住宅，按照当地适用税额减半征收耕地占用税。其中，农村居民经批准搬迁，新建自用住宅占用耕地不超过原宅基地面积的部分，免征耕地占用税。

农村烈士遗属、因公牺牲军人遗属、残疾军人以及符合农村最低生活保障条件的农村居民，在规定用地标准以内新建自用住宅，免征耕地占用税。

规定免征或减征耕地占用税后，纳税人改变原占地用途，不再属于免征或减征耕地占用税情形的，应当按照当地适用税额补缴耕地占用税。

纳税人临时占用耕地，应当按规定缴纳耕地占用税。纳税人在批准临时占用耕地的期限内恢复所占用耕地原状的，全额退还已经缴纳的耕地占用税。

五、耕地占用税的缴纳

（一）纳税义务发生时间

耕地占用税的纳税义务发生时间为纳税人收到自然资源主管部门办理占用耕地手续的书面通知的当日。纳税人应当自纳税义务发生之日起30日内申报缴纳耕地占用税。

（二）纳税期限

耕地占用税由税务机关负责征收。自然资源主管部门在通知单位或者个人办理占用耕地手续时，应当同时通知耕地所在地同级税务机关。获准占用耕地的单位和个人应当在收到自然资源主管部门的通知之日起30日内缴纳耕地占用税。自然资源主管部门凭耕地占用税完税凭证或者免税凭证及其他有关文件发放建设用地批准书。

（三）纳税申报

耕地占用税的纳税人应按照条例的有关规定及时办理纳税申报，并如实填写耕地占用税纳税申报表，见表6-13。

【例6-14】亿隆肉联厂，地处山东省海滨县城关路，2019年9月经批准扩建，占用耕地12亩。山东省规定耕地占用税的适用税额为22.5元/平方米，一亩耕地折666.67平方米。

要求：计算该厂应缴纳的耕地占用税。

【解析】应纳税额=12×666.67×22.5=180 000.90（元）

■■ ■■ ■ **任务实施**

实践活动

【活动目标】
通过练习，进一步熟悉耕地占用税的主要法律规定。

【活动要求】
请判断下列表述是否正确，正确的划"√"，错误的划"×"。

【活动实施】
凡是占用耕地的单位和个人都是耕地占用税的纳税人。（　　　）

【活动指导】
本题考查的是耕地占用税的纳税人。占用耕地建设建筑物、构筑物或者从事非农业建设的单位和个人，为耕地占用税的纳税人。因此，该题表述错误。

表6-13

耕地占用税纳税申报表

填表日期：　　年　月　日

纳税人识别号（统一社会信用代码）：□□□□□□□□□□□□□□□□□□

纳税人名称：　　　　　　　　　　　　　　　　金额单位：元（列至角分）；面积单位：平方米

土地占用信息	占地方式	□1.经批准按次转用 □2.经批准单独选址转用 □3.经批准临时占用 □4.未批先占	项目（批次）名称	批准占地文号	批准占地部门	经批准占地面积	书面通知日期（或经批准改变原占地用途日期）	批准时间
	损毁耕地	实际占地日期（或未经批准改变原占地用途日期）	□挖损 □采矿塌陷 □压占 □污染		损毁耕地认定日期			

申报计税信息	*税款所属期起	*税款所属期止	本期是否适用增值税小规模纳税人减征政策（减免性质代码：14049901）□是 □否		减征比例（%）		
税收编号	*占地位置	*占地用途	*征收品目	计税面积	其中：减税面积	免税面积	适用税额	计征税额	减免性质代码	减税税额	免税税额	本期增值税小规模纳税人减征额	已缴税额	应补（退）税额
合计														

谨声明：本纳税申报表是根据国家税收法律法规及相关规定填报的，是真实的、可靠的、完整的。

纳税人（签章）：

经办人：

经办人身份证号：

代理机构签章：

代理机构统一社会信用代码：

受理人：

受理税务机关（章）：

受理日期：　　年　月　日

任务6.9 土地增值税的计算与缴纳

■ ■ ■ 任务描述

本任务主要学习土地增值税的概念、特征、纳税人、税目、税率等主要税收法律规定，学生应全面认识土地增值税，并在此基础上学习土地增值税的计算与缴纳。

【案例导入】

李娜继续在诚信代理记账公司进行毕业前的实习工作。她代理记账的一家房地产开发公司，涉及土地增值税业务。为此，李娜刻苦学习，了解并掌握了土地增值税的概念、税率、应纳税额的计算和纳税申报工作。

■ ■ ■ 知识准备

一、土地增值税概述

（一）土地增值税的概念

土地增值税是国家对有偿转让国有土地使用权、地上建筑物及其附着物的单位和个人，就其转让房地产所取得的增值额征收的一种税。

（二）土地增值税的特征

（1）土地增值税是以纳税人有偿转让房地产取得的增值额为征收对象，有利于维护国家权益、增加财政收入。

（2）土地增值税采用超率累进税率，能够合理调节土地增值收益。

（3）土地增值税是以房地产产权变更环节为纳税环节，有利于规范房地产市场的交易秩序。

二、土地增值税的主要法律规定

（一）纳税义务人

土地增值税的纳税义务人是转让国有土地使用权及地上一切建筑物和其他附着物产权，并取得收入的单位和个人。纳税义务人包括机关、团体、部队、企业事业单位、个体工商业户及国内其他单位和个人，还包括外商投资企业、外国企业及外国机构、华侨、港澳台同胞及外国公民等。

（二）征税范围

土地增值税的课税对象是有偿转让国有土地使用权及地上建筑物和其他附着物产权所取得的增值额。

1.征税范围的一般规定

（1）土地增值税只对转让国有土地使用权的行为征税，对转让非国有土地和出让国有土地的行为均不征税。

（2）土地增值税既对转让土地使用权征税，也对转让地上建筑物和其他附着物的产权征税。土地增值额是纳税人转让房地产所取得的全部增值额，而非仅仅是土地使用权转让的收入。

（3）土地增值税只对有偿转让的房地产征税，对以继承、赠与等方式无偿转让的房地产，则不予征税。

2.征税范围的具体规定

（1）以房地产进行投资、联营。对于以房地产进行投资、联营的，如果投资、联营的一方以土地（房地产）作价入股进行投资或作为联营条件的，暂免征收土地增值税。但是，投资、联营企业若将上述房地产再转让的，属于征收土地增值税的范围。

（2）合作建房。对于一方出地，一方出资金，双方合作建房，建成后分房自用的，暂免征收土地增值税。但是，如果建成后转让的，属于征收土地增值税的范围。

（3）交换房地产。交换房地产行为既发生了房地产产权、土地使用权的转移，交换双方又取得了实物形态的收入，按照规定属于征收土地增值税的范围。但对个人之间互换自有居住用房地产的，经当地税务机关核实，可以免征土地增值税。

（4）房地产抵押。房地产在抵押期间不征收土地增值税。待抵押期满后，视该房地产是否转移产权来确定是否征收土地增值税。对因房地产抵债而发生房地产产权转让的，属于征收土地增值税的范围。

（5）房地产出租。出租人取得了收入，但没有发生房地产产权的转让，不属于征收土地增值税的范围。

（三）税率

土地增值税税率设计的基本原则是增值多的多征、增值少的少征、无增值的不征。按照这个原则，土地增值税采用四级超率累进税率。土地增值税超率累进税率表，见表6-14。

表6-14　　　　　　　　　土地增值税超率累进税率表

级数	增值额与扣除项目金额的比率	税率（%）	速算扣除系数（%）
1	不超过50%的	30	0
2	超过50%~100%的部分	40	5
3	超过100%~200%的部分	50	15
4	超过200%的部分	60	35

三、土地增值税的计算

（一）计税依据

土地增值税以纳税人转让房地产所取得的增值额为计税依据。增值额为纳税人转让房地产所取得的收入减除规定的扣除项目金额后的余额。

1.收入的确定

转让房地产所取得的收入，包括货币收入、实物收入和其他收入，不包括增值税。

纳税人发生下列情况的，按房地产评估价格计算纳税：

（1）隐瞒、虚报房地产成交价格的。

（2）转让房地产的成交价格低于评估价格的。

（3）未提供扣除项目金额或提供不实的。

2.扣除项目金额

（1）取得土地使用权所支付的金额，即纳税人为取得土地使用权所支付的土地价款和按国家统一规定缴纳的有关费用。

（2）开发土地和新建房及配套设施的成本，即房地产开发的成本，是指纳税人的房地产开发项目实际发生的成本，包括土地征用及拆迁补偿费、前期工程费、建筑安装工程费、基础设施费、公共配套设施费、开发间接费等。

（3）开发土地和新建房及配套设施的费用，即房地产开发费用，是指与房地产开发项目有关的销售费用、管理费用和财务费用。财务费用中的利息支出，凡能够按转让房地产项目计算分摊并提供金融机构证明的，允许据实扣除，但最高不能超过按商业银行同类同期贷款利率计算的金额。其他房地产开发费用按取得土地使用权所支付的金额和房地产开发成本金额之和的5%以内计算扣除。凡不能按转让房地产项目计算分摊或不能提供金融机构证明的，房地产开发费用按取得土地使用权所支付的金额和房地产开发成本金额之和的10%以内计算扣除。

（4）旧房及建筑物的评估价格，是指在转让已使用的房屋及建筑物时，由政府批准设立的房地产评估机构评定的重置成本价乘以成新度折扣率后的价格。

（5）与房地产转让有关的税金，是指在转让房地产时缴纳的城市维护建设税、印花税。因转让房地产缴纳的教育费附加，也可视同税金予以扣除。

（6）财政部规定的其他扣除项目。对从事房地产开发的纳税人，可按取得土地使用权所支付的金额与土地和新建房及配套设施的成本之和，加计20%扣除。

另外，纳税人成片受让土地使用权后，分期分批开发、转让房地产的，其扣除项目金额的确定可按转让土地使用权的面积占总面积的比例计算分摊，也可按税务机关确认的其他方式计算分摊。

（二）应纳税额的计算

土地增值税以转让房地产的增值额为计税依据，按超率累进税率计算应纳税额。

计算的基本原理和方法是：首先，以出售房地产的总收入额减除扣除项目金额，求得增值额；其次，确定土地增值率，即增值额与扣除项目金额的比值；再次，根据土地增值率的高低确定适用税率；最后，用增值额乘以适用税率求得应纳税额。

以下就转让房地产的不同情况，分别介绍应纳税额的计算方法。

1.转让土地使用权和出售新建房及配套设施应纳税额的计算方法

（1）计算增值额。

$$增值额=出售房地产的总收入额-扣除项目金额$$

（2）计算增值率。

$$增值率=增值额÷扣除项目金额×100\%$$

（3）税率的确定及应纳税额的计算。

根据增值率，查税率表确定适用税率，依据适用税率计算应纳税额。

$$应纳税额=增值额×适用税率-扣除项目金额×速算扣除系数$$

【例6-15】某房地产开发公司2019年9月出售一幢写字楼，收入总额为20 000万元（不含增值税）。开发该写字楼有关支出如下：支付地价款及各种费用1 800万元；房地产开发成本6 200万元；财务费用中的利息支出1 000万元（可按转让项目计算分摊，并提供金融机构证明）；转让环节缴纳的有关城市维护建设税及教育费附加共计1 110万元。该公司所在地政府规定的其他房地产开发费用速算扣除系数为5%。

要求：计算该房地产开发公司应缴纳的土地增值税。

【解析】（1）取得土地使用权支付的地价款及各种费用为1 800万元。

（2）房地产开发成本为6 200万元。

（3）房地产开发费用=1 000+（1 800+6 200）×5%=1 400（万元）

（4）允许扣除的税费为1 110万元。

（5）从事房地产开发的纳税人加计扣除20%。

加计扣除额=（1 800+6 200）×20%=1 600（万元）

（6）允许扣除项目金额的合计=1 800+6 200+1 400+1 110+1 600=12 110（万元）

（7）增值额=20 000-12 110=7 890（万元）

（8）增值率=7 890÷12 110×100%=65.15%

（9）应纳税额=7 890×40%-12 110×5%=3 156-605.5=2 550.50（万元）

2.出售旧房应纳税额的计算方法

（1）计算评估价格。

$$评估价格=重置成本价×成新度折扣率$$

（2）汇集扣除项目金额。

（3）计算增值率。

（4）依据增值率确定适用税率。

（5）依据适用税率计算应纳税额。

$$应纳税额=增值额×适用税率-扣除项目金额×速算扣除系数$$

四、土地增值税的税收优惠

根据《中华人民共和国土地增值税暂行条例》的规定，有下列情形之一的免征土地增值税：

（1）纳税人建造普通标准住宅出售，增值额未超过扣除项目金额20%的。

（2）因国家建设需要依法征用、收回的房地产。

（3）个人因工作调动或改善居住条件而转让原自用住房的。

（4）对个人销售住房暂免征收土地增值税。

五、土地增值税的缴纳

（一）纳税义务发生时间

纳税人应于转让房地产合同签订之日起7日内到房地产所在地税务机关办理纳税申报，并在税务机关核定的期限内缴纳税款。

（二）纳税地点

　　土地增值税由土地所在地的税务机关负责征收。跨两个或两个以上地区的土地，凡独立核算单位在土地所在地的，在独立核算单位所在地缴纳；凡独立核算单位不在土地所在地的，由上级税务机关根据具体情况确定。

　　纳税人按规定办理纳税手续后，持纳税凭证到房产、土地管理部门办理产权变更手续。房地产管理部门应当向当地税务机关提供有关房屋及建筑物产权、土地使用权、房地产评估价格、土地出让金数额及产权变更等方面的资料，并协助税务机关做好土地增值税的征管工作。

（三）纳税申报

　　土地增值税的纳税人应按照条例的有关规定及时办理纳税申报，并如实填写土地增值税纳税申报表，见表6-15至表6-18。

表6-15　　　　　　　　　　**土地增值税项目登记表**

（从事房地产开发的纳税人适用）

纳税人识别号：□□□□□□□□□□□□□□□□□□　　　　填表日期：　　年　　月　　日

纳税人名称：　　　　　　　　　　　　　　金额单位：元（列至角分）；面积单位：平方米

项目名称		项目地址		业别	
经济性质		主管部门			
开户银行		银行账号			
地　址		邮政编码		电话	
土地使用权受让（行政划拨）合同号			受让（行政划拨）时间		
建设项目起讫时间		总预算成本		单位预算成本	
项目详细坐落地点					
开发土地总面积		开发建筑总面积		房地产转让合同名称	
转让次序	转让土地面积（按次填写）	转让建筑面积（按次填写）		转让合同签订日期（按次填写）	
第1次					
第2次					
⋮					
备注					
以下由纳税人填写					
纳税人声明	本表是根据《中华人民共和国土地增值税暂行条例》及其实施细则和国家有关税收规定填报的，是真实的、可靠的、完整的。				
纳税人（签章）		代理人（签章）		代理人身份证号	
以下由税务机关填写					
受理人		受理日期	年　月　日	受理税务机关（章）	

表6-16   **土地增值税纳税申报表（一）**

（从事房地产开发的纳税人预征适用）

税款所属时间：　年　月　日至　年　月　日   填表日期：　年　月　日

项目名称：　　　　　　　　项目编号：

纳税人识别号：□□□□□□□□□□□□□□□□□金额单位：元（列至角分）；面积单位：平方米

房产类型	房产类型子目	收入				预征率（%）	应纳税额	税款缴纳	
		应税收入	货币收入	实物收入及其他收入	视同销售收入			本期已缴税额	本期应缴税额
	1	2=3+4+5	3	4	5	6	7=2×6	8	9=7-8
普通住宅									
非普通住宅									
其他类型房地产									
合计	—					—			

以下由纳税人填写		
纳税人声明	本纳税申报表是根据《中华人民共和国土地增值税暂行条例》及其实施细则和国家有关税收规定填报的，是真实的、可靠的、完整的。	
纳税人（签章）	代理人（签章）	代理人身份证号
以下由税务机关填写		
受理人	受理日期　　年　月　日	受理税务机关（章）

本表一式两份，一份纳税人留存，一份税务机关留存。

表6-17 土地增值税纳税申报表（二）

（从事房地产开发的纳税人清算适用）

税款所属时间： 年 月 日至 年 月 日 填表日期： 年 月 日

纳税人识别号：□□□□□□□□□□□□□□□□□□ 金额单位：元（列至角分）；面积单位：平方米

纳税人名称		项目名称		项目编号		项目地址	
所属行业		登记注册类型		纳税人地址		邮政编码	
开户银行		银行账号		主管部门		电话	
总可售面积				自用和出租面积			
已售面积		其中：普通住宅已售面积		其中：非普通住宅已售面积		其中：其他类型房地产已售面积	

项　　　　目	行次	金　额			
		普通住宅	非普通住宅	其他类型房地产	合计
一、转让房地产收入总额（1=2+3+4）	1			200 000 000	200 000 000
其中 货币收入	2			200 000 000	200 000 000
其中 实物收入及其他收入	3				
其中 视同销售收入	4				
二、扣除项目金额合计（5=6+7+14+17+20+21）	5			121 000 000	121 000 000
1.取得土地使用权所支付的金额	6			18 000 000	18 000 000
2.房地产开发成本（7=8+9+10+11+12+13）	7			62 000 000	62 000 000
其中 土地征用及拆迁补偿费	8			5 000 000	5 000 000
其中 前期工程费	9			6 000 000	6 000 000
其中 建筑安装工程费	10			27 000 000	27 000 000
其中 基础设施费	11			7 000 000	7 000 000
其中 公共配套设施费	12			8 000 000	8 000 000
其中 开发间接费用	13			9 000 000	9 000 000
3.房地产开发费用（14=15+16）	14			14 000 000	14 000 000
其中 利息支出	15			10 000 000	10 000 000
其中 其他房地产开发费用	16			4 000 000	4 000 000

续表

项　　目	行次	金　额			
		普通住宅	非普通住宅	其他类型房地产	合计
4.与转让房地产有关的税金等（17=18+19）	17			11 000 000	11 000 000
其中 城市维护建设税	18			7 700 000	7 700 000
教育费附加	19			3 300 000	3 300 000
5.财政部规定的其他扣除项目	20			16 000 000	16 000 000
6.代收费用	21			79 000 000	79 000 000
三、增值额（22=1-5）	22			65.29%	
四、增值额与扣除项目金额之比（%）（23=22÷5）	23			40%	
五、适用税率（%）	24			5%	
六、速算扣除系数（%）	25			25 550 000	25 550 000
七、应缴土地增值税税额（26=22×24-5×25）	26				
八、减免税额（27=29+31+33）	27				
其中 减免税（1） 减免性质代码（1）	28				
减免税额（1）	29				
减免税（2） 减免性质代码（2）	30				
减免税额（2）	31				
减免税（3） 减免性质代码（3）	32				
减免税额（3）	33				
九、已缴土地增值税税额	34			10 000 000	10 000 000
十、应补（退）土地增值税税额（35=26-27-34）	35			15 550 000	15 550 000

以下由纳税人填写	
纳税人声明	本纳税申报表是根据《中华人民共和国土地增值税暂行条例》及其实施细则和国家有关税收规定填报的，是真实的、可靠的、完整的。

纳税人（签章）		代理人（签章）		代理人身份证号	

以下由税务机关填写

受理人		受理日期		年　月　日	受理税务机关（章）	

　　本表一式两份，一份纳税人留存，一份税务机关留存。

表6-18 土地增值税纳税申报表（三）

（非从事房地产开发的纳税人适用）

税款所属时间： 年 月 日至 年 月 日　　　　　　填表日期： 年 月 日

纳税人识别号：□□□□□□□□□□□□□□□□□□ 金额单位：元（列至角分）；面积单位：平方米

纳税人名称			项目名称		项目地址		
所属行业		登记注册类型		纳税人地址		邮政编码	
开户银行		银行账号		主管部门		电话	

项　目			行次	金　额
一、转让房地产收入总额（1=2+3+4）			1	
其中	货币收入		2	
	实物收入		3	
	其他收入		4	
二、扣除项目金额合计 （1）5=6+7+10+15 （2）5=11+12+14+15			5	
（1）提供评估价格	1.取得土地使用权所支付的金额		6	
	2.旧房及建筑物的评估价格（7=8×9）		7	
	其中	旧房及建筑物的重置成本价	8	
		成新度折扣率	9	
	3.评估费用		10	
（2）提供购房发票	1.购房发票金额		11	
	2.发票加计扣除金额（12=11×5%×13）		12	
	其中：房产实际持有年数		13	
	3.购房契税		14	
	4.与转让房地产有关的税金等（15=16+17+18）		15	
	其中	城市维护建设税	16	
		印花税	17	
		教育费附加	18	

续表

项　目	行次	金　额
三、增值额（19=1-5）	19	
四、增值额与扣除项目金额之比（%）（20=19÷5）	20	
五、适用税率（%）	21	
六、速算扣除系数（%）	22	
七、应缴土地增值税税额（23=19×21-5×22）	23	
八、减免税额（减免性质代码：　　　）	24	
九、已缴土地增值税税额	25	
十、应补（退）土地增值税税额（26=23-24-25）	26	
以下由纳税人填写		
纳税人声明	本纳税申报表是根据《中华人民共和国土地增值税暂行条例》及其实施细则和国家有关税收规定填报的，是真实的、可靠的、完整的。	
纳税人（签章）	代理人（签章）	代理人身份证号
以下由税务机关填写		
受理人	受理日期　　　　　　　年 月 日	受理税务机关（章）

本表一式两份，一份纳税人留存，一份税务机关留存。

【例6-16】临海市万福房地产开发公司2019年9月出售一幢写字楼，收入总额为20 000万元（不含增值税），开发该写字楼有关支出如下：支付地价款及各种费用1 800万元；房地产开发成本为6 200万元（土地征用及拆迁补偿费500万元、前期工程费600万元、建筑安装工程费2 700万元、基础设施费700万元、公共配套设施费800万元、开发间接费用900万元）；财务费用中的利息支出为1 000万元（可按转让项目计算分摊，并提供金融机构证明）；转让环节缴纳的有关城市维护建设税及教育费附加共计1 100万元。该公司所在地政府规定的其他房地产开发费用速算扣除系数为5%。该公司已预缴土地增值税1 000万元。

要求：计算该公司应缴纳的土地增值税并填报纳税申报表（见表6-17）。

【解析】（1）取得土地使用权支付的地价款及各种费用为1 800万元。

（2）房地产开发成本为6 200万元。

（3）房地产开发费用=1 000+（1 800+6 200）×5%=1 400（万元）

（4）允许扣除的税费为1 100万元。

（5）从事房地产开发的纳税人加计扣除20%。

加计扣除额=（1 800+6 200）×20%=1 600（万元）

允许扣除项目金额的合计=1 800+6 200+1 400+1 100+1 600=12 100（万元）

（6）增值额=20 000-12 100=7 900（万元）

（7）增值率=7 900÷12 100×100%=65.29%

（8）应纳税额=7 900×40%-12 100×5%=3 160-605=2 555（万元）

（9）应补土地增值税税额=2 555-1 000=1 555（万元）

■ ■ ■ **任务实施**

实践活动

【活动目标】

通过练习，进一步熟悉土地增值税的主要法律规定。

【活动要求】

下列选择题中有四个选项，请根据土地增值税的主要法律规定，选择出一个或多个正确选项。

【活动实施】

房地产企业在计算土地增值税时，不得扣除的税金有（　　　）。

A.增值税　　　　　　　　　　　B.城市维护建设税

C.教育费附加　　　　　　　　　D.车辆购置税

【活动指导】

本题考查的是在计算土地增值税时，不允许扣除的税金。因增值税属于价外税，不得扣除。答案为A。

任务6.10 契税的计算与缴纳

■ ■ ■ **任务描述**

本任务主要学习契税的概念、特征、纳税人、税目、税率等主要税收法律规定，学生应全面认识契税，并在此基础上学习契税的计算与缴纳。

【案例导入】

李娜继续在诚信代理记账公司进行毕业前的实习工作。她代理记账的一家木业公司近期准备在市中心购置一套沿街房做产品展销厅，涉及契税的缴纳。为此，李娜刻苦学习，了解并掌握了契税的概念、税率、应纳税额的计算和纳税申报工作。

■■■■■ 知识准备

一、契税概述

(一) 契税的概念

契税是以所有权发生转移变动的不动产为课税对象，向产权承受人征收的一种税。

(二) 契税的特征

契税与其他税种相比，具有如下特征：

1. 契税属于财产转移税

契税以发生转移的不动产，即土地和房屋为课税对象，具有财产转移课税性质。土地、房屋产权未发生转移的，不征收契税。

2. 契税由财产承受人缴纳

一般税种都以确定的销售者为纳税人，即卖方纳税。契税则属于土地、房屋产权发生交易过程中的财产税，由承受人纳税，即买方纳税。对买方征税的主要目的在于承认不动产转移生效，承受人纳税后，便可拥有转移过来的不动产产权或使用权，法律保护纳税人的合法权益。

二、契税的主要法律规定

(一) 纳税义务人

在中国境内转移土地、房屋权属，承受的单位和个人为契税的纳税义务人。

(二) 征税范围

契税的课税对象为发生土地使用权和房屋所有权权属转移的土地和房屋。契税的征收范围包括单位和个人所有在中国境内的转移土地、房屋权属的行为，具体指下列行为：

1. 国有土地使用权出让

2. 土地使用权转让

土地使用权转让，是指土地使用者以出售、赠与、交换或者其他方式将土地使用权转移给其他单位和个人的行为，但不包括农村集体土地承包经营权的转移。

土地使用权出售，是指土地使用者以土地使用权作为交换条件，取得货币、实物或者其他经济利益的行为。

土地使用权赠与，是指土地使用者将土地使用权无偿转让给受赠者的行为。

土地使用权交换，是指土地使用者之间相互交换土地使用权的行为。

3. 房屋买卖

房屋买卖，是指以货币为媒介，出卖者向购买者让渡房产所有权的交易行为。以下几种特殊情况，视同买卖房屋：

(1) 以房产抵债或实物交换房屋。

经当地政府和有关部门批准，以房产抵债和实物交换房屋，均视同房屋买卖，应由产权承受人，按房屋现值缴纳契税。

（2）以房产作投资或作股权转让。

这种交易属于房屋产权转移，应根据国家房地产管理的有关规定，办理房屋产权交易和产权变更登记手续，视同房屋买卖，由产权承受方按买价乘以契税税率缴纳契税。

以自有房产作股投入本人经营企业，免征契税。以自有房产投入本人独资经营的企业，产权所有人和使用人未发生变化的，不需办理房产变更手续，也不需办理契税。

（3）买房拆料或翻建新房，应照章征收契税。

4.房屋赠与

房屋赠与，是指房屋产权所有人将房屋无偿转让给他人所有。以获奖方式取得房屋产权的，其实质是接受赠与房产，应照章缴纳契税。

5.房屋交换

房屋产权相互交换，双方交换价值相等，免征契税，办理免征契税手续。其价值不等的，按超出部分由支付差价方缴纳契税。

（三）税率

契税实行3%~5%的幅度比例税率。实行幅度比例税率是考虑到我国经济发展的不平衡、各地经济差别较大的实际情况。因此，各省、自治区、直辖市人民政府可以在3%~5%的幅度比例税率规定范围内，按照本地区的实际情况确定契税税率。

三、契税的计算

（一）计税依据

契税的计税依据按照土地、房屋交易的不同情况确定：

（1）国有土地使用权出让、土地使用权出售、房屋买卖，其计税依据为成交价格。成交价格，是指土地、房屋权属转移合同确定的价格，包括承受者应付的货币、实物、无形资产和其他经济利益，不包含增值税。

（2）土地使用权赠与、房屋赠与，其计税依据由征收机关参照土地使用权出售、房屋买卖的市场价格核定。

（3）土地使用权交换、房屋交换，其计税依据是所交换的土地使用权、房屋的价格差额。双方价格不相等的，由多支付货币、实物、无形资产和其他经济利益的一方按该差额计算纳税；交换价格相等的，免征契税。

（4）以划拨方式取得土地使用权的，经批准转让房屋时，由房地产转让者补交契税，其计税依据为补交的土地使用权出让费用或者土地收益。

此外，对成交价格明显低于市场价格而无正当理由的，或者交换土地使用权、房屋的价格差额明显不合理且无正当理由的，由征税机关参照市场价格核定。

（二）应纳税额的计算

契税的计算公式为：

$$应纳税额=计税依据×比例税率$$

【例6-17】李女士2019年9月将一栋私有房屋出售给张先生，房屋成交价格为100 000元；又将另一处住房与王先生交换，并支付换房差价款20 000元。

要求：计算有关纳税人应缴纳的契税（以上价款均不含增值税，当地政府规定比例税率为3%）。

【解析】张先生的应纳税额=100 000×3%=3 000（元）

李女士的应纳税额=20 000×3%=600（元）

四、契税的税收优惠

（1）国家机关、事业单位、社会团体、军事单位承受土地、房屋用于办公、教学、医疗、科研和军事设施的，免征契税。

（2）城镇职工按规定第一次购买公有住房的，免征契税。对个人首次购买90平方米及以下普通住房的，契税税率暂统一下调到1%。

（3）因自然灾害、战争等不可抗力丧失住房而重新购买住房的，酌情给予减征或免征契税。

（4）财政部规定的其他减征、免征契税的项目。

五、契税的缴纳

（一）纳税义务发生时间

契税的纳税义务发生时间是纳税人签订土地、房屋权属转移合同的当天，或者纳税人取得其他具有土地、房屋权属转移合同性质凭证的当天。

（二）纳税期限

纳税人应自纳税义务发生之日起10日内，向土地、房屋所在地的契税征收机关办理纳税申报，并在征收机关核定的期限内缴纳税款。

（三）纳税申报

契税在土地、房屋所在地的征收机关缴纳。纳税人办理完纳税事宜后，征收机关应向纳税人开具契税完税凭证。纳税人持契税完税凭证和其他规定的文件材料，依法向土地管理部门、房产管理部门办理有关土地、房屋的权属变更登记手续。土地管理部门和房产管理部门应向契税征收机关提供有关资料，并协助契税征收机关依法征收契税。

契税的纳税人应按照条例的有关规定及时办理纳税申报，并如实填写契税纳税申报表，见表6-19。

【例6-18】临海市春晓水泥厂，计划在东河区设立分厂，2019年10月27日从东河美雅置业有限公司购得一处房产，支付价款5 000万元，2019年11月5日到房产局办理产权过户手续。

要求：计算该厂应缴纳的契税（适用的契税税率为3%）。

【解析】应纳税额=5 000×3%=150（万元）

表6-19   **契税纳税申报表**

填表日期：　　年　月　日

纳税人识别号：□□□□□□□□□□□□□□□□□金额单位：元（列至角分）；面积单位：平方米

承受方信息	名称		□单位 □个人			
	登记注册类型		所属行业			
	身份证照类型		联系人		联系方式	
转让方信息	名称		□单位 □个人			
	纳税人识别号		登记注册类型		所属行业	
	身份证照类型		身份证照号码		联系方式	
土地房屋权属转移信息	合同签订日期		土地房屋坐落地址		权属转移对象	设立下拉列框*
	权属转移方式	设立下拉列框	用途	设立下拉列框	家庭唯一普通住房	□90平方米以上 □90平方米及以下
	权属转移面积		成交价格		成交单价	
税款征收信息	评估价格		计税价格		税率	
	计征税额		减免性质代码		减免税额	应纳税额

以下由纳税人填写			
纳税人声明	本纳税申报表是根据《中华人民共和国契税暂行条例》和国家有关税收规定填报的，是真实的、可靠的、完整的。		
纳税人（签章）	代理人（签章）　`		代理人身份证号

以下由税务机关填写			
受理人	受理日期　　年　月　日		受理税务机关（章）

本表一式两份，一份纳税人留存，一份税务机关留存。

■■■■ **任务实施**

实践活动

【活动目标】

通过练习，进一步熟悉契税的计算。

【活动要求】

下列选择题中有四个选项，请根据契税的法律规定，选择出一个正确选项。

【活动实施】

某公司2019年9月以3 800万元购得某写字楼作为办公用房使用，该写字楼原值6 000万元，累计折旧2 000万元。如果适用的契税税率为4%，该公司应缴纳的契税为（　　）万元。

A.160　　　　　　　B.152　　　　　　　C.240　　　　　　　D.8

【活动指导】

本题考查的是契税的计算。契税以成交价格作为计税依据，应纳税额=3 800×4%=152（万元）。答案为B。

任务6.11　车辆购置税的计算与缴纳

■■■■ **任务描述**

本任务中学生应通过学习车辆购置税的概念、特征、纳税人、税目、税率等主要税收法律规定，全面认识车辆购置税，并在此基础上学习车辆购置税的计算与缴纳。

【案例导入】

李娜继续在诚信代理记账公司进行毕业前的实习工作。她代理记账的一家木业公司近期准备购买一辆别克轿车，涉及车辆购置税的缴纳。为此，李娜认真查找有关资料，了解并掌握了车辆购置税的概念、税率、应纳税额的计算和纳税申报工作。

■■■■ **知识准备**

一、车辆购置税概述

（一）车辆购置税的概念

车辆购置税是对在中国境内购置应税车辆的单位和个人，就其购置的应税车辆征收的一种税。

（二）车辆购置税的作用

（1）有利于增加财政收入，筹集建设资金，促进交通基础设施的进一步完善。

（2）进一步规范政府行为，理顺税费关系，深化和完善财税体制改革。

二、车辆购置税的主要法律规定

（一）纳税义务人

在中国境内购买、进口、自产、受赠、获奖或者以其他方式取得并自用应税车辆的单位和个人，为车辆购置税的纳税义务人。"单位"包括国有企业、集体企业、私营企业、股份制企业、外商投资企业、外国企业以及其他企业和事业单位、社会团体、国家机关、部队和其他单位；"个人"包括个体经商户和其他个人。

（二）征税范围

车辆购置税的征收范围包括汽车、电车、挂车、摩托车和农用运输车。

（三）税率

车辆购置税的税率为10%。

三、车辆购置税的计算

车辆购置税实行从价定率计算应纳税额，其计算公式为：

$$应纳税额 = 计税价格 × 税率$$

计税价格根据不同情况，按照下列规定确定：

（1）纳税人购买自用应税车辆的计税价格，为纳税人购买应税车辆而支付给销售者的全部价款，不包括增值税。纳税人购车发票的价格包括增值税税款的，在确定车辆购置税计税价格时，应将其换算为不含增值税的销售价格。其计算公式为：

$$计税价格 = 含增值税的销售价格 ÷ (1+13\%)$$

（2）纳税人进口自用的应税车辆的计税价格。其计算公式为：

$$计税价格 = 关税完税价格 + 关税 + 消费税$$

（3）纳税人自产自用应税车辆的计税价格，按照纳税人生产的同类应税车辆的销售价格确定，不包括增值税。

（4）纳税人以受赠、获奖或者其他方式取得自用应税车辆的计税价格，按照购置应税车辆时相关凭证载明的价格确定，不包括增值税。

纳税人申报的应税车辆计税价格明显偏低，又无正当理由的，由税务机关依照《中华人民共和国税收征收管理法》的规定核定。

【例6-19】李某于2019年10月16日购买自用普通桑塔纳轿车一辆，含税售价为108 000元。

要求：计算李某应缴纳的车辆购置税。

【解析】应纳税额=108 000÷（1+13%）×10%=9 557.52（元）

四、车辆购置税的税收优惠

（1）依照法律规定应当予以免税的外国驻华使馆、领事馆和国际组织驻华机构及其有关人员自用的车辆。

（2）中国人民解放军和中国人民武装警察部队列入装备订货计划的车辆。

（3）悬挂应急救援专用号牌的国家综合性消防救援车辆。

（4）设有固定装置的非运输专用作业车辆。

（5）城市公交企业购置的公共汽电车辆。

自 2018 年 1 月 1 日至 2020 年 12 月 31 日，对购置新能源汽车免征车辆购置税。自 2018 年 7 月 1 日至 2021 年 6 月 30 日，对购置挂车减半征收车辆购置税。

五、车辆购置税的缴纳

（一）纳税期限

纳税人应当在向公安机关、交通管理部门办理车辆注册登记前，缴纳车辆购置税。

车辆购置税的纳税义务发生时间为纳税人购买应税车辆的当日。纳税人应当自纳税义务发生之日起 60 日内申报缴纳车辆购置税。

车辆购置税采取单一环节的一次课征制度，购置已征车辆购置税的车辆，不再征收车辆购置税。

（二）纳税地点

纳税人购置应税车辆，应当向车辆登记注册地的主管税务机关申报缴纳车辆购置税；纳税人购置无需办理车辆登记注册手续的应税车辆，应当向纳税人所在地的主管税务机关申报缴纳车辆购置税。

（三）纳税申报

纳税人办理纳税申报时应如实填写车辆购置税纳税申报表（见表6-20），同时提供以下资料：

（1）纳税人身份证明。

（2）车辆价格证明。

（3）车辆合格证明。

（4）税务机关要求提供的其他资料。

【例6-20】临海市信达会计服务公司 2019 年 9 月，从汽车销售公司购买一辆轿车自用，支付价款 221 000 元（含增值税），另支付车辆装饰费 5 000 元，支付的各项价款均由销售公司开具机动车统一发票。

要求：计算该公司应缴纳的车辆购置税（车辆购置税税率为10%）。

【解析】应纳税额＝（221 000＋5 000）÷（1+13%）×10%=20 000（元）

表6-20   **车辆购置税纳税申报表**

填表日期：　年　月　日　　　　　　金额单位：元（列至角分）

纳税人名称		申报类型	□征税　□免税　□减税
证件名称		证件号码	
联系电话		地址	
合格证编号（货物进口证明书号）		车辆识别代号/车架号	
厂牌型号			
排量（cc）		机动车销售统一发票代码	
机动车销售统一发票号码		不含税价	
海关进口关税专用缴款书（进出口货物征免税证明）号码			

关税完税价格		关税		消费税	
其他有效凭证名称		其他有效凭证号码		其他有效凭证价格	
购置日期		申报计税价格		申报免（减）税条件或者代码	
是否办理车辆登记		车辆拟登记地点			

纳税人声明：

　　本纳税申报表是根据国家税收法律法规及相关规定填报的，我确定它是真实的、可靠的、完整的。

纳税人（签名或盖章）：

委托声明：

　　现委托（姓名）_____（证件号码）_____办理车辆购置税涉税事宜，提供的凭证、资料是真实的、可靠的、完整的。任何与本申报表有关的往来文件，都可交予此人。

委托人（签章）：　　　　　　　　被委托人（签章）：

以下由税务机关填写					
免（减）税条件代码					
计税价格	税率	应纳税额	免（减）税额	实纳税额	滞纳金金额
受理人：		复核人（适用于免、减税申报）：		主管税务机关（章）	
年　月　日		年　月　日			

■ ■ ■ ■ **任务实施**

实践活动

【活动目标】

通过练习，进一步熟悉车辆购置税的计算。

【活动要求】

下列选择题中有四个选项，请根据车辆购置税的法律规定，选择出一个正确选项。

【活动实施】

张先生2019年10月，从瑞达汽贸公司购买一辆轿车自用，支付价款339 000元（含增值税），支付的各项价款均由销售公司开具机动车统一发票。车辆购置税税率为10%，张先生应缴纳的车辆购置税为（　　）元。

A.30 000　　　　　　B.33 900　　　　　　C.39 000　　　　　　D.35 000

【活动指导】

本题考查的是车辆购置税的计算。纳税人购买自用应税车辆的计税价格，为纳税人购买应税车辆而支付给销售者的全部价款和价外费用，不包括增值税。应纳税额=339 000÷（1+13%）×10%=30 000（元）。答案为A。

任务6.12　环境保护税的计算与缴纳

■ ■ ■ ■ **任务描述**

本任务中学生应通过学习环境保护税的纳税人、适用税目税额等主要税收法律规定，全面认识环境保护税，并在此基础上学习环境保护税的计算与缴纳。

【案例导入】

李娜毕业后一直在华龙板材厂工作。她了解到从2018年1月1日起，全国开征环境保护税。为此，李娜认真学习有关规定，了解并掌握了环境保护税的税目税额、应纳税额的计算和纳税申报工作。

■ ■ ■ ■ **知识准备**

一、环境保护税概述

（一）环境保护税的概念

环境保护税是对在中国领域和中国管辖的其他海域，直接向环境排放应税污染物的企业事业单位和其他生产经营者征收的一种税。

（二）环境保护税的作用

（1）有利于提高纳税人的环保意识和遵从度，强化企业治污减排的责任。

（2）有利于构建促进经济结构调整、发展方式转变的绿色税制体系。

二、环境保护税的主要法律规定

《中华人民共和国环境保护税法》于2018年1月1日起施行。为促进各地保护和改善环境、增加环境保护投入，国务院决定环境保护税全部作为地方收入。

（一）纳税义务人

在中国领域和中国管辖的其他海域，直接向环境排放应税污染物的企业事业单位和其他生产经营者为环境保护税的纳税人。

向依法设立的污水集中处理场所、生活垃圾集中处理场所排放应税污染物的，在符合国家和地方环境保护标准的设施、场所贮存或者处置固体废物的，不属于直接向环境排放污染物，不用缴纳环境保护税。

（二）征税范围与税目税额

环境保护税的征税范围包括环境保护税税目税额表和应税污染物污染当量值（见表6-21至表6-26）规定的应税大气污染物、水污染物、固体废物和噪声。

表6-21　　　　　　　　　　　　　环境保护税税目税额表

税　目		计税单位	税　额
大气污染物		每污染当量	1.2元
水污染物		每污染当量	1.4元
固体废物	冶炼渣	每吨	25元
	粉煤灰	每吨	30元
	炉渣	每吨	25元
	煤矸石	每吨	5元
	尾矿	每吨	15元
	其他固体废物（含半固态、液态废物）	每吨	25元
噪声污染	建筑施工噪声	建筑面积每平方米	3元
	工业噪声	超标1分贝	每月350元
		超标2分贝	每月440元
		超标3分贝	每月550元
		超标4分贝	每月700元
		超标5分贝	每月880元

续表

税　目		计税单位	税　额
噪声污染	工业噪声	超标6分贝	每月1 100元
		超标7分贝	每月1 400元
		超标8分贝	每月1 760元
		超标9分贝	每月2 200元
		超标10分贝	每月2 800元
		超标11分贝	每月3 520元
		超标12分贝	每月4 400元
		超标13分贝	每月5 600元
		超标14分贝	每月7 040元
		超标15分贝	每月8 800元
		超标16分贝	每月11 200元

表6-22　　　　　　　　　　　　第一类水污染物污染当量值

污染物	污染当量值（千克）
1.总汞	0.0005
2.总镉	0.005
3.总铬	0.04
4.六价铬	0.02
5.总砷	0.02
6.总铅	0.025
7.总镍	0.025
8.苯并（a）芘	0.0000003
9.总铍	0.01
10.总银	0.02

表6-23 第二类水污染物污染当量值

污染物	污染当量值（千克）
11. 悬浮物（SS）	4
12. 生化需氧量（BOD₅）	0.5
13. 化学需氧量（CODcr）	1
14. 总有机碳（TOC）	0.49
15. 石油类	0.1
16. 动植物油	0.16
17. 挥发酚	0.08
18. 总氰化物	0.05
19. 硫化物	0.125
20. 氨氮	0.8
21. 氟化物	0.5
22. 甲醛	0.125
23. 苯胺类	0.2
24. 硝基苯类	0.2
25. 阴离子表面活性剂（LAS）	0.2
26. 总铜	0.1
27. 总锌	0.2
28. 总锰	0.2
29. 彩色显影剂（CD-2）	0.2
30. 总磷	0.25
31. 单质磷（以P计）	0.05
32. 有机磷农药（以P计）	0.05
33. 乐果	0.05
34. 甲基对硫磷	0.05
35. 马拉硫磷	0.05
36. 对硫磷	0.05
37. 五氯酚及五氯酚钠（以五氯酚计）	0.25
38. 三氯甲烷	0.04
39. 可吸附有机卤化物（AOX）（以Cl计）	0.25

续表

污染物	污染当量值（千克）
40.四氯化碳	0.04
41.三氯乙烯	0.04
42.四氯乙烯	0.04
43.苯	0.02
44.甲苯	0.02
45.乙苯	0.02
46.邻-二甲苯	0.02
47.对-二甲苯	0.02
48.间-二甲苯	0.02
49.氯苯	0.02
50.邻二氯苯	0.02
51.对二氯苯	0.02
52.对硝基氯苯	0.02
53. 2，4-二硝基氯苯	0.02
54.苯酚	0.02
55.间-甲酚	0.02
56. 2，4-二氯酚	0.02
57. 2，4，6-三氯酚	0.02
58.邻苯二甲酸二丁脂	0.02
59.邻苯二甲酸二辛脂	0.02
60.丙烯腈	0.125
61.总硒	0.02

说明：1.第一、二类污染物的分类依据为《污水综合排放标准》（GB8978-1996）。

2.同一排放口中的化学需氧量（COD_{cr}）、生化需氧量（BOD_5）和总有机碳（TOC），只征收一项。

表6-24　　　　pH值、色度、大肠菌群数、余氯量水污染物污染当量值

污染物		污染当量值
1.pH值	（1）0-1，13-14	0.06吨污水
	（2）1-2，12-13	0.125吨污水
	（3）2-3，11-12	0.25吨污水
	（4）3-4，10-11	0.5吨污水
	（5）4-5，9-10	1吨污水
	（6）5-6	5吨污水
2.色度		5吨水·倍
3.大肠菌群数（超标）		3.3吨污水
4.余氯量（用氯消毒的医院废水）		3.3吨污水

说明：1.大肠菌群数和余氯量只征收一项。

2.pH5-6，是指大于等于5，小于6；pH9-10，是指大于9，小于等于10，依此类推。

表6-25　　　　禽畜养殖业、小型企业和第三产业水污染物污染当量值

类型		污染当量值
1.禽畜养殖业	牛	0.1头
	猪	1头
	鸡、鸭等家禽	30羽
2.小型企业		1.8吨污水
3.饮食、娱乐服务业		0.5吨污水
4.医院	消毒	0.14床
		2.8吨污水
	不消毒	0.07床
		1.4吨污水

说明：1.本表仅适用于计算无法进行实际监测或物料衡算的禽畜养殖业、小型企业和第三产业等小型排污者的水污物污染当量数。

2.仅对存栏规模大于50头牛、500头猪、5 000羽鸡、鸭等的禽畜养殖场收费。

3.医院病床数大于20张的按本表计算污染当量数。

表6-26 大气污染物污染当量值

污染物	污染当量值（千克）
1.二氧化硫	0.95
2.氮氧化物	0.95
3.一氧化碳	16.7
4.氯气	0.34
5.氯化氢	10.75
6.氟化物	0.87
7.氰化氢	0.005
8.硫酸雾	0.6
9.铬酸雾	0.0007
10.汞及其化合物	0.0001
11.一般性粉尘	4
12.石棉尘	0.53
13.玻璃棉尘	2.13
14.碳黑尘	0.59
15.铅及其化合物	0.02
16.镉及其化合物	0.03
17.铍及其化合物	0.0004
18.镍及其化合物	0.13
19.锡及其化合物	0.27
20.烟尘	2.18
21.苯	0.05
22.甲苯	0.18
23.二甲苯	0.27
24.苯并（a）芘	0.000002
25.甲醛	0.09
26.乙醛	0.45
27.丙烯醛	0.06
28.甲醇	0.67

续表

污 染 物	污染当量值（千克）
29. 酚类	0.35
30. 沥青烟	0.19
31. 苯胺类	0.21
32. 氯苯类	0.72
33. 硝基苯	0.17
34. 丙烯腈	0.22
35. 氯乙烯	0.55
36. 光气	0.04
37. 硫化氢	0.29
38. 氨	9.09
39. 三甲胺	0.32
40. 甲硫醇	0.04
41. 甲硫醚	0.28
42. 二甲二硫	0.28
43. 苯乙烯	25
44. 二硫化碳	20

环境保护税实行从量定额征收。应税大气污染物和水污染物的具体适用税额的确定和调整，由各省、自治区、直辖市人民政府统筹考虑本地区环境承载能力、污染物排放现状和经济社会生态发展目标要求，在环境保护税税目税额表规定的税额幅度内提出，报同级人民代表大会常务委员会决定，并报全国人民代表大会常务委员会和国务院备案。

三、环境保护税的计算

环境保护税实行从量定额征收。其计算公式为：

$$应纳税额 = 应税污染物的计税依据 \times 具体适用税额$$

（一）应税污染物的计税依据

（1）应税大气污染物按照污染物排放量折合的污染当量数确定。

（2）应税水污染物按照污染物排放量折合的污染当量数确定。

（3）应税固体废物按照固体废物的排放量确定。

（4）应税噪声按照超过国家规定的标准分贝数确定。

应税大气污染物、水污染物的污染当量数，以该污染物的排放量除以该污染物的污染当量值计算。每种应税大气污染物、水污染物的具体污染当量值，依照应税污染物的污染当量值执行。计算公式为：

$$应税大气污染物、水污染物的污染当量数 = 排放量 \div 污染当量值$$

每一排放口或者没有排放口的应税大气污染物，按照污染当量数从大到小排序，对前三项污染物征收环境保护税。

每一排放口的应税水污染物，按照应税污染物的污染当量值，区分第一类水污染物和其他类水污染物，按照污染当量数从大到小排序，对第一类水污染物按照前五项征收环境保护税，对其他类水污染物按照前三项征收环境保护税。

（二）排放量和噪声的分贝数的计算方法与顺序

（1）安装使用符合国家规定和监测规范的污染物自动监测设备的，按照污染物自动监测数据计算。

（2）未安装使用污染物自动监测设备的，按照监测机构出具的符合国家有关规定和监测规范的监测数据计算。

（3）因排放污染物种类多等原因不具备监测条件的，按照国务院环境保护主管部门规定的排污系数、物料衡算方法计算。

（4）不能按照本条第一项至第三项规定的方法计算的，按照各省、自治区、直辖市人民政府环境保护主管部门规定的抽样测算的方法核定计算。

【例6-21】某企业2019年10月份向大气直接排放二氧化硫、氟化物各10千克，一氧化碳、氯化氢各100千克，假设大气污染物的污染当量税额按环境保护税税目税额表最低标准1.2元计算，该企业只有一个排放口。

要求：计算该企业10月份应缴纳的环境保护税（结果保留两位小数）。

【解析】（1）计算各污染物的污染当量数：

二氧化硫：污染当量数=$10 \div 0.95 = 10.53$

氟化物：污染当量数=$10 \div 0.87 = 11.49$

一氧化碳：污染当量数=$100 \div 16.7 = 5.99$

氯化氢：污染当量数=$100 \div 10.75 = 9.30$

（2）按污染物的污染当量数排序：

氟化物（11.49）＞二氧化硫（10.53）＞氯化氢（9.30）＞一氧化碳（5.99）

选取前三项污染物（每一排放口或者没有排放口的应税大气污染物，对前三项污染物征收环境保护税）。

（3）计算应纳税额：

氟化物：应纳税额=$11.49 \times 1.2 = 13.79$（元）

二氧化硫：应纳税额=$10.53 \times 1.2 = 12.64$（元）

氯化氢：应纳税额=$9.3 \times 1.2 = 11.16$（元）

【例6-22】假设某企业2019年10月份产生尾矿1 000吨，其中综合利用的尾矿300

吨（符合国家和地方环境保护标准），在符合国家和地方环境保护标准的设施中贮存200吨。

要求：计算该企业10月份应缴纳的环境保护税。

【解析】应纳税额=（1 000-300-200）×15=7 500（元）

四、环境保护税的税收优惠

（一）暂予免征环境保护税

（1）农业生产（不包括规模化养殖）排放应税污染物的。

（2）机动车、铁路机车、非道路移动机械、船舶和航空器等流动污染源排放应税污染物的。

（3）依法设立的城乡污水集中处理场所、生活垃圾集中处理场所排放相应应税污染物，不超过国家和地方规定的排放标准的。

（4）纳税人综合利用的固体废物，符合国家和地方环境保护标准的。

（5）国务院批准免税的其他情形（由国务院报全国人民代表大会常务委员会备案）。

（二）减征环境保护税

（1）纳税人排放应税大气污染物或者水污染物的浓度值低于国家和地方规定的污染物排放标准30%的，减按75%征收环境保护税。

（2）纳税人排放应税大气污染物或者水污染物的浓度值低于国家和地方规定的污染物排放标准50%的，减按50%征收环境保护税。

五、环境保护税的缴纳

（一）纳税义务发生时间

纳税义务发生时间为纳税人排放应税污染物的当日。

（二）纳税地点

纳税人应当向应税污染物排放地的税务机关申报缴纳环境保护税。

（三）纳税申报

1.按期申报

按月计算，按季申报缴纳，应当自季度终了之日起15日内，向税务机关办理纳税申报并缴纳税款。

2.按次申报

不能按固定期限计算缴纳的，可以按次申报缴纳，应当自纳税义务发生之日起15日内，向税务机关办理纳税申报并缴纳税款。

3.纳税申报附送资料

向税务机关报送所排放应税污染物的种类、数量，大气污染物、水污染物的浓度值，以及税务机关根据实际需要要求纳税人报送的其他纳税资料。

4.纳税人申报资料异常或未按期申报的处理

税务机关可以提请环境保护主管部门进行复核，环境保护主管部门应当自收到税务机关的数据资料之日起15日内向税务机关出具复核意见。税务机关应当按照环境保护主管部门复核的数据资料调整纳税人的应纳税额。

环境保护税纳税申报表（A表），见表6-27。

表6-27　　　　　　　　　　环境保护税纳税申报表（A表）

税款所属时间：　　年 月 日至　　年 月 日　　　　　　　　填表日期：　　年 月 日

金额单位：元（列至角分）

*纳税人名称		(公章)	*统一社会信用代码（纳税人识别号）							
税源编号	*排放口名称或噪声源名称	*税目	*污染物名称	*计税依据或超标噪声综合系数	*单位税额	*本期应纳税额	本期减免税额	*本期已缴税额	*本期应补（退）税额	
1	2	3	4	5	6	7=5×6	8	9	10=7-8-9	
合计	—	—	—	—	—					

授权声明	如果你已委托代理人申报，请填写下列资料： 　　为代理一切税务事宜，现授权_____ （地址）_____为本纳税人的代理申报人，任何与本申报表有关的往来文件，都可寄予此人。 　　　　　　　　　　　　授权人签字：	申报人声明	本纳税申报表是根据国家税收法律法规及相关规定填写的，我确定它是真实的、可靠的、完整的。 　　　　　　　　　　声明人签字：

经办人：　　　主管税务机关（章）：　　　受理人：　　　受理日期：　　年 月 日

本表一式两份，一份纳税人留存，一份税务机关留存。

说明：本表适用于按照《中华人民共和国环境保护税法》第十条前三项方法计算应税污染物排放量的纳税人填报。表内带*的为必填项。

■　■　■ **任务实施**

实践活动

【活动目标】

通过练习，进一步熟悉环境保护税的计算。

【活动要求】

下列选择题中有四个选项，请根据环境保护税的法律规定，选择出正确的选项。

【活动实施】

下列关于环境保护税的计税依据说法正确的是（   ）。

A.应税大气污染物按照污染物排放量折合的污染当量数确定

B.应税水污染物按照污染物排放量折合的污染当量数确定

C.应税固体废物按照固体废物的排放量确定

D.应税噪声按照国家规定的标准分贝数确定

【活动指导】

本题考查的是环境保护税的计税依据。应税噪声按照超过国家规定的标准分贝数确定。答案为ABC。

项目小结

本项目主要介绍了其他税费，税费金额虽然较少，但是征收范围广泛，具有重要的经济调节作用，是国家主体税种不可缺少的补充。在学习时应注意区分每个税种的征税范围和应纳税额的计算方法，并熟悉其纳税申报工作。

主要参考文献

[1] 中国注册会计师协会. 税法——2019年度注册会计师全国统一考试辅导教材[M]. 北京：经济科学出版社，2019.

[2] 全国注册税务师执业资格考试教材编写组. 税法Ⅰ——2019年度全国注册税务师执业资格考试教材 [M]. 北京：中国税务出版社，2019.

[3] 全国注册税务师执业资格考试教材编写组. 税法Ⅱ——2019年度全国注册税务师执业资格考试教材 [M]. 北京：中国税务出版社，2019.